エリア・スタディーズ 42

パナマを知るための70章【第2版】

国本伊代（編著）

明石書店

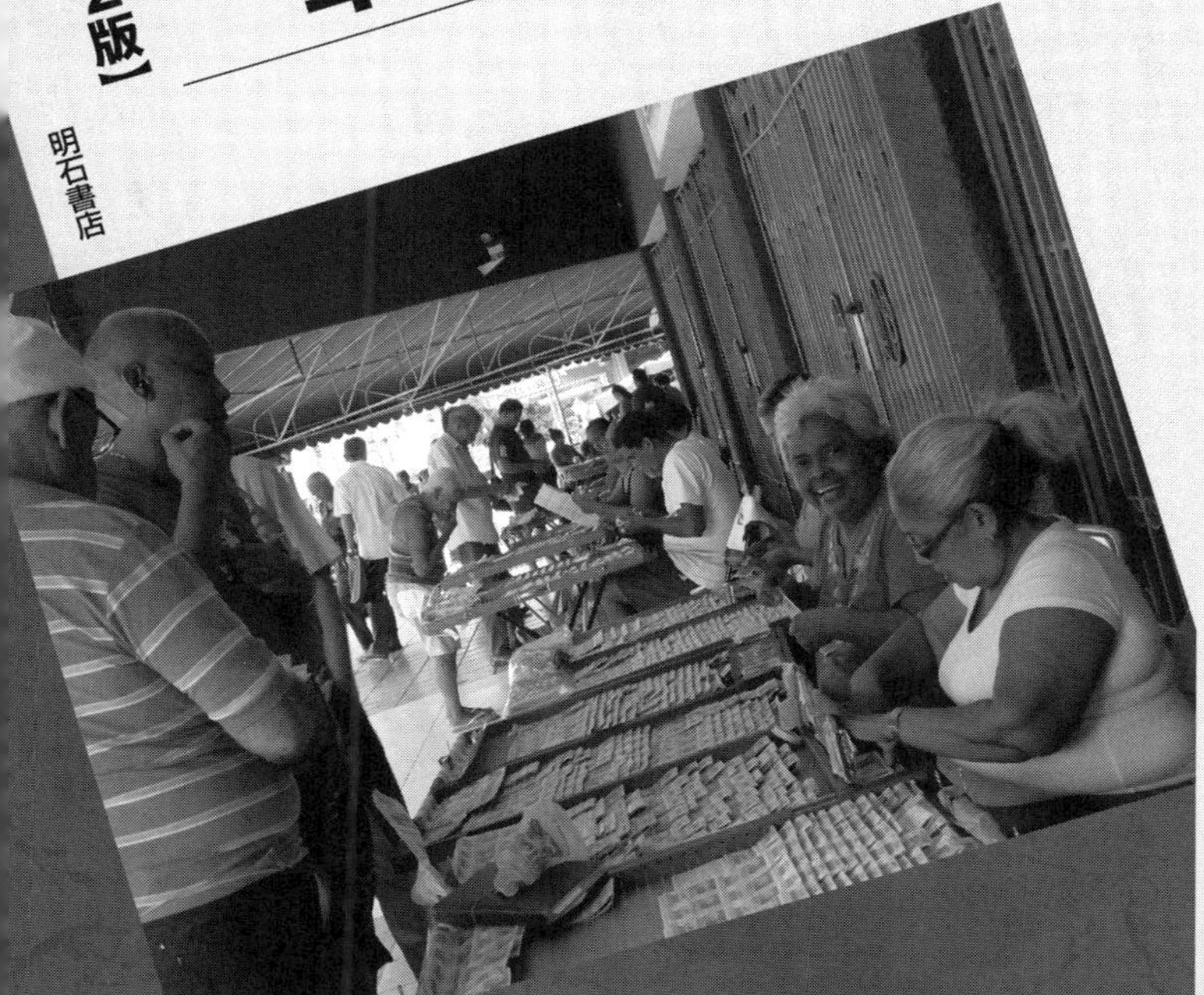

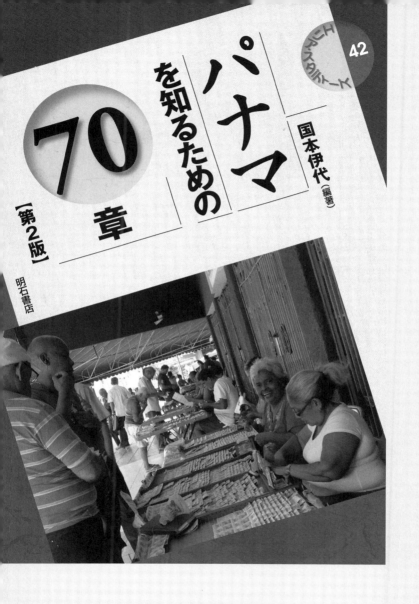

はじめに

本書は２００４年に出版した『パナマを知るための55章』の改訂増補版である。この改訂版をつくるにあたっては、旧版が出版されてから13年の間にパナマが大きな変貌を遂げたため２００４年以前の歴史を扱った章は修正せずに残したが、残りの章は全面的に書き直すか、新たに執筆して70章とした。また旧版は３名（国本伊代、小林志郎、小澤卓也）の共著としてまとめたが、今回の改訂版を出すにあたっては諸事情から国本が編者となり、執筆者も専門分野が異なる若い研究者を誘ってより広い視野から21世紀のパナマを紹介しようと試みた。読者の皆さんが先進国グループに迫ろうとする勢いのある魅力的な小国パナマの多様な姿を知り、訪れてみたいと考えられたらこれほど嬉しいことはない。

パナマは中米地峡の東南端に位置する人口４００万人ほどの小国だが、知名度は国際的に高い。もちろん人類の歴史に残る記念碑的建造物として誰もが知っている「パナマ運河」が存在することで、パナマという国は世界的に知られている。しかも１９１４年に完成した運河は既に百年を超えた歴史を経てなお現在も正常に使用されており、それどころか２０１６年に完成した第三閘門運河によって太平洋と大西洋とを結ぶ運河の商業的重要性は一段と高まっている。長年にわたって米国が支配してきた運河と運河地帯の完全返還を受けたパナマは、急ピッチで運河と運河地帯の自国化に努めてきた。１９７７年のトリホス・カーター条約で約束した「１９９９年末までの運河と運河地帯の全面返還」を完了させた米国の協力も少なくなかったが、パナマは国を挙げてこの歴史的事業に取り組んできた。

同時に運河地帯の開発によって破壊が進んだ熱帯密林に対しては大規模な植林運動を展開して、パナマは世界有数の環境保護国となっている。さらに、運河地帯に集中した経済活動と人口によって生じている大きな地域格差を是正するためのさまざまな地域開発計画にも取り組んでいる。かつては想像もできなかった運河以外のパナマの名声が、現在ではスペシャリティ・コーヒーの産地や欧米からの退職年金生活者の移住地として知られるようにもなった。このような2010年代のパナマの新しい姿を読者の皆さんに紹介したいと執筆者一同が取り組んだのが本書である。

本書ではいくつかの表記が統一されていない。例えば、アメリカ合衆国、アメリカ、米国という表記が執筆者によってそれぞれ使われている。旧版をそのまま残した章の場合、頁の組み方まで変えることになるので、敢えて統一せず旧版を生かした。可能な限り表記の統一を試みたが、このように内容によっては執筆者個人の判断に委ねてあることをご理解いただければ幸いである。

最後に、旧版で担当された政治史に関する章の掲載を許可してくださった小澤卓也氏および現地調査でさまざまな情報を提供していただいたパナマ駐在の日本大使館、国際協力機構（JICA）、日系企業の関係者に感謝を申し上げたい。また11名に上る執筆者の原稿を迅速かつ手際よく整理して下さった明石書店編集部の本書担当編集者李晋煥氏に、執筆者全員を代表して謝意を表したい。

２０１７年12月

編者　国本伊代

パナマを知るための70章【第2版】

目次

Ⅲ　運河建設の夢の実現に向けて

Ⅳ パナマ運河の建設

Ⅴ 米国がつくったパナマ運河とパナマの運命

Ⅶ モノ・カネ・ヒトの交差点

Ⅷ グローバル化の中のパナマ社会の変化と課題

IX 自立と国際的地位を確立したパナマ

X 多民族社会の変容と21世紀の姿

I

数字で読む世界の中の21世紀のパナマ

Ⅰ

数字で読む世界の中の21世紀のパナマ

1

国土

★運河で東西に二分割された熱帯の小国★

南北アメリカ大陸をむすぶ中米地峡の南端に位置するパナマは、なんとなく国土が南北に細長く延びているという錯覚を抱きがちだが、パナマの国土は図１でみるように東西に細長く延びている。そして南北に約51キロから２００キロの幅で北側のカリブ海へ弓が反るように湾曲し、南側のパナマ湾を抱え込むような形になっている。およそ５００年前の１５１３年にカリブ海側から地峡を縦断して太平洋岸に到達した最初のヨーロッパ人バルボアが、太平洋を「南の海」と名付けた理由がこれではっきりとわかる。

パナマの国土面積は北海道を一回り小さくした７万５５１７平方キロで、国土の78％が山地と丘陵である。西側の隣国コスタリカから延びる中央山系がパナマ国土の西部を貫き、ちょうど運河地帯で途切れる。一方、東の隣国コロンビアから延びているオリエンタル北部山系がカリブ海沿岸に沿ってパナマ国土の中央部まで延びている。これらの東西の山脈が途切れて国土を２つに分断しているところがパナマ地峡であり、この地峡部に建設されているのがパナマ運河である。北西から南東に向いて開いている地峡部の一番低い地点に位置するが、運河の最高

第1章
国　土

図1　パナマの国土

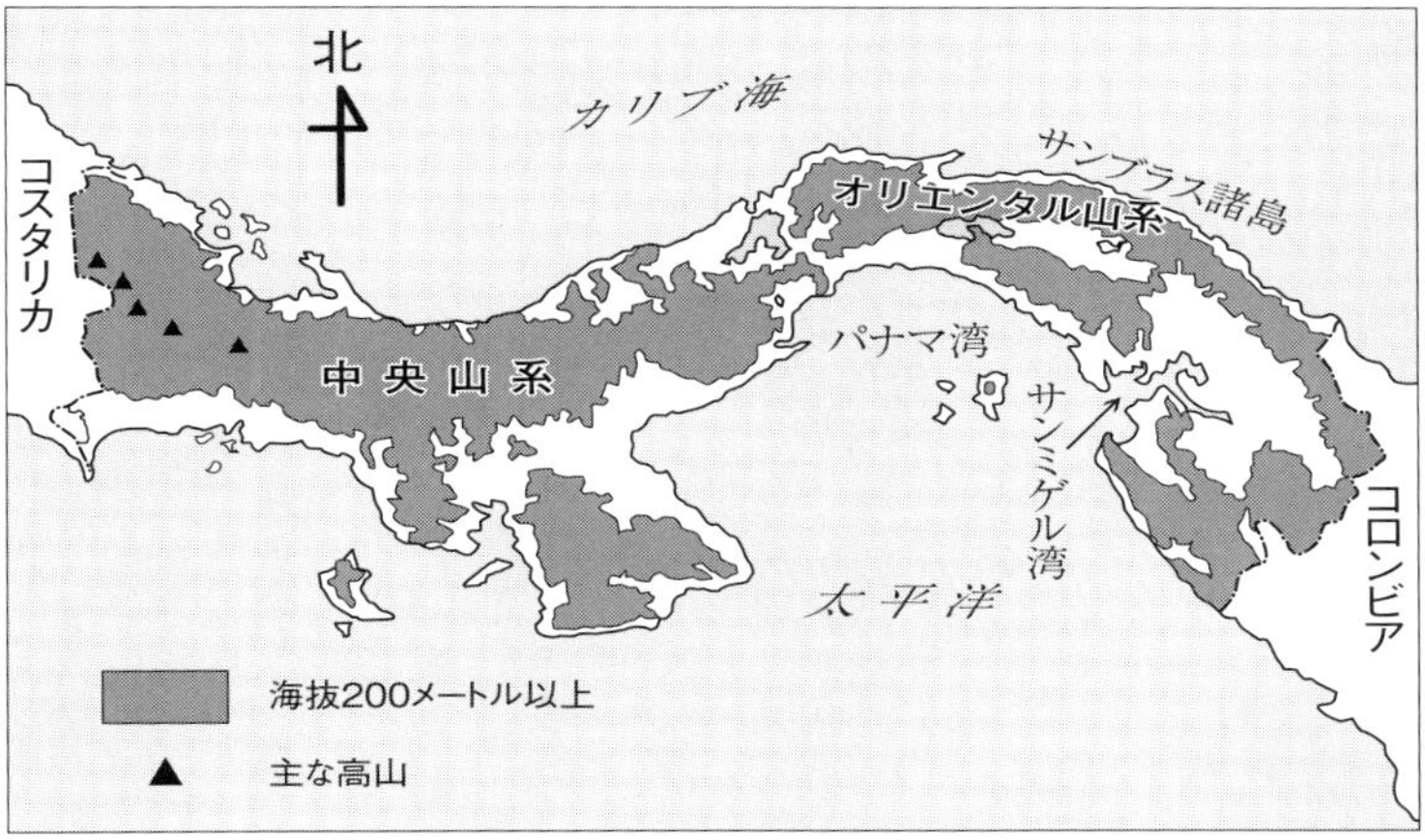

地点が海抜93メートルあるため水位を調整する7つの閘《こう》門《もん》が船舶の通行を管理している（2016年に開通した新第三閘門運河については28章を参照）。全長81キロある運河を、船は通常8～10時間で通過する。この81キロの運河地帯の直線距離は69キロである。

山地と丘陵地帯が大半を占める国土には、パナマ地峡の西部を横断している中央山系に3000メートル級の高峰と火山が集中している。パナマの最高峰バルー火山（3475メートル）をはじめとしてファブレガ山（3335メートル）、イタムット山（3279メートル）などの高山がそびえている。

このようにパナマ地峡を挟んだ東西の国土を分水嶺が背骨のように東西に貫いているため、河川は分水嶺の北側ではカリブ海へ流れ、南側では太平洋に流れ込む。川は短いが雨量が多いため、水量は豊かである。もっとも長い川はダリエン県を流れるチュクナケ川で、全長231キロに達し、数多くの支流を抱え、太平洋側のサンミゲル湾に流入する。第2のトゥイラ川は全長230

キロ、3位の206キロあるバヤノ川と続き、6位までみなパナマ地峡の東部に位置し、太平洋に流れ込んでいる。カリブ海側に流れ込む最大の川は運河の歴史と深く関わっている第7位のチャグレス川で、全長125キロある。

国土の北側と南側に広がる海岸線は長く、天然の良港に恵まれている。海岸線はカリブ海側で全長1288キロに及び、パナマ運河の出口にあたるクリストバル港、隣国コスタリカに近いバナナの積出港であるアルミランテ港は、ともに重要な港である。カリブ海沿岸の東側半分には、366の島からなるサンブラス諸島が点在する。

一方、太平洋岸の海岸線は全長1701キロあり、サンミゲル湾やパナマ湾などの大きな湾がある。最大のパナマ湾には、ラスペルラス諸島を含めて1000にのぼる小島が点在している。

気候は、地峡部を挟んだ東部と西部で、また横断する山脈を挟んだカリブ海岸と太平洋岸で、大きく異なっている。西部のカリブ海側は一年中大量の雨が降る熱帯雨林気候地帯となっており、とりわけ5～12月に大量の雨が降り、年間雨量は4000ミリに達する。年間平均気温は27度で、高温多雨の北西部はうっそうたる密林となっている。一方、この西部の太平洋側では気候が雨季と乾季に分かれており、年間雨量は2000ミリ程度である。その結果、西部太平洋側では低木林が混ざるサバナとなっている。一方、地峡の東部では年間平均雨量が3000ミリあり、ダリエン地区に代表される熱帯雨林地帯が広がっている。この恵まれた雨量を利用してパナマはエネルギーの約半分を水力発電に依存している。

運河が建設される以前の20世紀初頭のパナマ地峡では、陸地の98％が森林で覆われていた。しかし2016年の資料によると、森林の面積は国土の約45%であった。全国保護区システム（SINAP）によると、2004年の報告書では15カ所の国立公園を含め何らかの保護の網がかけられた計49の地域は2000年には国土の約23%に達していた。パナマが環境保護政策に積極的に取り組みだしたのは1990年代になってからで、森林と水資源の保全が最重要課題となっている。パナマ運河建設時に造成されたガツン湖の水源が枯渇することは、パナマ経済の要でもある運河の運行を不能とすることが明らかになったからである。なお国際的なレベルで見ると、国土の33%をさまざまなタイプの保護区が占めている2016年のパナマは、世界でも10位以内に入る自然保護大国でもある。

パナマ運河建設時に造られたガツン人造湖の遠景（筆者撮影　2017年）

土壌は地域によって大きな差異があるものの、全般的に農業に適していない。高温多雨の熱帯雨林地帯では、表土が薄く、地味がやせている。とりわけカリブ海側では年間を通じて大量の雨が降るため、農業は難しい。北西部の低地でバナナが栽培されているほか、乾季と雨季がある西部太平洋側では農牧畜業が行われている。そして地峡に近い西部中央部では、コーヒー・プランテーションが経済活動の中心となっている。このようなパナマの農業は国内総生産（GDP）の約2%を占めるにすぎない。

（国本伊代）

2

人びと

★過密都市部と過疎地に二分された人口の分布★

国土面積7万5517平方キロに400万強（2017年推計）の人口が住むパナマ共和国は、国土の中央部を東西に切断するパナマ運河の太平洋側のパナマ市首都圏とカリブ海側のコロン市圏に人口が極度に集中し、国土の西部と東部の広大な熱帯密林地帯と山岳地帯は極端な過疎地帯となっている。

人口の歴史的推移をまとめた表1で見るように、スペイン植民地時代末期のパナマ地域の人口はおよそ9万であった。19世紀後半に起こった人口の急増は、1850年に始まったパナマ地峡鉄道の建設とそれに続く運河建設のために集められた地域外からの労働移民の流入によるものである。

それでもパナマ地域がコロンビアから分離独立した1903年当時の人口は30万にも達していなかった。パナマが実施した

表1　パナマの人口の歴史的推移

年	人口
1803*	87,312
1851*	138,108
1896*	311,054
1904*	275,675
1911	336,742
1920	446,098
1930	467,459
1940	622,576
1950	805,285
1960	1,075,541
1970	1,428,082
1980	1,824,796
1990	2,329,326
2000	2,839,177
2010	3,322,576
2016	3,705,246

［出所］*印：Jaén Suárez, *La población del Istmo de Panamá.* ほかは国勢調査および INEC データ。

図2　地方行政区9県と県と同格の２つの先住民特別区（番号は表3を参照）

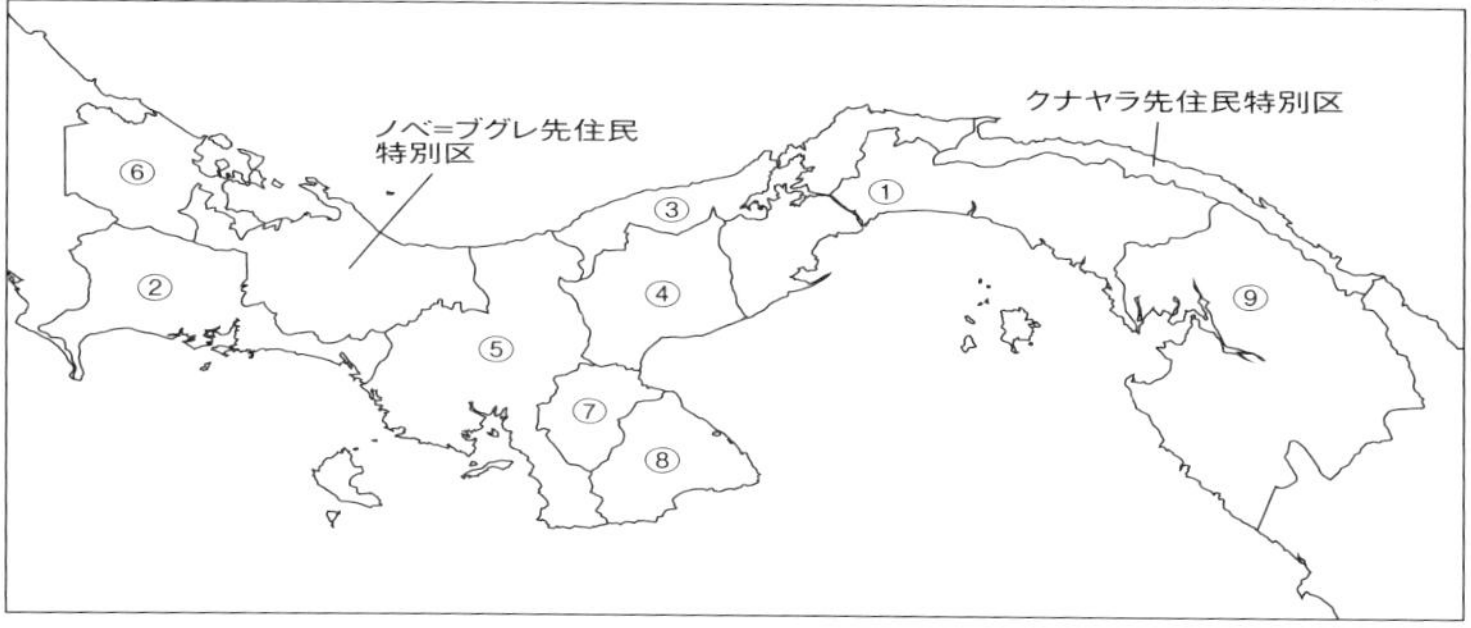

１９１１年の最初の国勢調査から第２回の国勢調査までの10年間に、人口は年平均３・１％の割合で増加している。この高い増加率は１９１４年に完成した米国によるパナマ運河の建設工事のために導入した外国人労働者が運河の完成後もパナマに留まったことを意味する。しかし１９２０年代の増加が極度に小さくなっていることから推測できるように、これらの外国人労働者は帰国するか他国へ移動していった。その後のパナマの人口は１９６０年代から９０年代にかけて各10年間にほぼ30％前後の人口増加を記録したが、21世紀に入ってからの人口増加率は低下傾向にあることがわかる。

　このような人口増加の推移を経験してきたパナマの人口の分布は、図２で示した県（プロビンシア）と64章で紹介されているコマルカ（先住民特別区）に分かれている国土に不均衡に分散している。コマルカと呼ばれる先住民特別区については64章で詳しくとりあげられているので、ここでは触れない。直近の国勢調査である２０１０年の統計によると、総人口３３２万２５７６人のうち約45％がパナマ市首都圏に住んでおり、パナマ第２の都市コロンと合わせると総人口の６割強がパナマ運河両端の出入り口に位置する都市部に集中していた。

表2　県別人口・面積・人口密度　(2010年国勢調査)

県　名 (数字は地図1に対応)	人　口	面積 (km²)	人口密度	県庁所在地
①パナマ	1,663,913	11,670.9	142.6	パナマ市
②コロン	409,821	6,547.7	47.8	ダビッド市
③チリキ	232,748	4,868.4	46.4	コロン市
④コクレ	228,676	4,927.0	53.2	ペノノメー市
⑤ベラグアス	226,641	10,629.6	21.3	サンティアゴ市
⑥ボカスデルトーロ	121,952	4,643.9	26.2	ボカスデルトーロ市
⑦エレーラ	107,911	2,340.7	46.1	チトレー市
⑧ロスサントス	88,487	3,804.6	26.3	ラスタブラス市
⑨ダリエン	46,951	11,896.5	3.9	ラパルマ市
合　計	3,127,100	61,329.3	51.0	

［出所］INEC. 2010年国勢調査。5つの先住民特別区の人口と面積はふくまれていない。

表2にまとめた県別人口密度を見ると、人口の点在の仕方が一目瞭然である。人口密度がもっとも高いパナマ県の143人に対して、もっとも人口が希薄なダリエン県は3・9人であった。人口密度が1000人を超えているのは次の3大都市のみで、コロン市の1万4430人、第2位のパナマ市の4310人、第3位のダビッドが1239人であった。ダリエン県の県庁所在地ラパルマ市はダリエン県の総人口の約9割を占めているものの、人口は4205人にすぎなかった。しかもラパルマ市の人口は1990年の国勢調査では1万1632人、次の2000年の国勢調査で3884人にまで激減した後にやや回復傾向にあるものの、わずか4000人強にすぎない。ダリエン県全体の人口密度は3・9人で、ラパルマ市の密度は8人である。ちなみにコロン市の高い人口密度は狭い港湾都市部の密度で、マカオの2万3333人とシンガポールの8044人の中間にあたる。

運河のカリブ海側に位置するコロン市とその周辺部は、もともとは1852年に地峡鉄道建設の労働者用のキャンプ地として利用されたカリブ海沿岸の小さな島で、鉄道工事が終わった56年の人口は8000人ほどであった。フランスと米国の運河建設の時代を経て拡張したコロン市は、大火や黄熱病の蔓延などを経験した後の20世紀に入ってからスペイン植民地時代の重要な港であったポルトベーロにとって代わり、現在では大陸部と地続きになって、太平洋側のパナマ市とともにパナマ運河のカリブ海側を統括する重要な地点となっている。一方パナマ市はコロン市とは異なり、スペイン植民地時代から地峡部の最重要都市であり続けてきた。それでも19世紀半ばの人口は５０００人ほどの小さな町にすぎなかった。１世紀半の間にほぼ２００倍に人口を増やし、60章で紹介するような近代的な国際都市へと変貌している。

２大都市のコロン市とパナマ市を除くと、人口が５万を超える都市は西部のチリキ県の県庁所在地であるダビッド市（８万２９０７人）、西パナマ県のビスタアレグレ市（５万５３６９人）、およびエレーラ県の県庁所在地チトレー市（５万６８４人）のみである。なお西パナマ県は２０１３年に旧パナマ県を運河によって二分して分離独立した新しい県で、２０１０年の国勢調査に基づき作成した表２ではパナマ県に含まれている。

パナマは多民族国家である。２０１０年の国勢調査によると、総人口の65％をヨーロッパ系白人と先住民の混血であるメスティソが占め、黒人系が16％、先住民が12％、ヨーロッパ系白人が６％で、残る約１％（約３万人）がその他の民族となっている。ただし過去２回の国勢調査では民族別ないしは宗教別の統計を取っていないほかに、この四半世紀のパナマ社会の大きな変動を考慮すると、21世紀のパナマの多民族社会の姿をより具体的に紹介するのは難しい。本書のＸ部で紹介する多民族社会の変貌のなかで取り上げたパナマの多民族性は、21世紀の姿のごく一部を紹介しているに過ぎない。ほぼ20年にわたって経済成長を続けてきたパナマは、伝統的に寛容な「難民・亡命者受入国」であることに加えて、高度経済成長と拡張運河工事に伴う労働移民の受け入れによって、多様な移民社会を出現させているからである。

（国本伊代）

3

政　治

★民主化を定着させた政治の成果と現状★

パナマの政治は、米国の対パナマ運河政策に左右されてきた。1903年に独立してからパナマ運河と運河地帯が完全に返還された1999年末までの歴史は、実質的に米国によって建国され、米国に支配された歴史であった。しかしこの間にパナマは4つの憲法（1904年、41年、46年、72年）を制定しており、立憲主義政治の確立を志してきた。最後の1972年に制定された憲法はすでに5回改正されているが、それが現行憲法である。

最初の1904年憲法は、新生パナマ共和国の国防を米国に依存し、政治の安定のための軍事介入権を米国に認めて、ほぼ米国の属国としてコロンビアから独立を達成したことを表明している。しかし41年の憲法では人種差別の条項を撤廃し、国民国家形成への第一歩を踏み出した。46年の憲法ではパナマの民族主義が明確に主張され、女性の参政権と先住民の権利が認められて、主権国家と国民統合を目指す基本理念が明示された。そして72年の憲法で「国政は行政府と国内治安を担当する国家警備隊（実質的な軍部）の協議によって行われる」として、事実上の軍部による政治への介入権を認めた。この国家警備隊の政治介入を認めたことがパナマの政治を不安定にし、クーデタが頻発する原因となった。しかし77年のトリホス・カーター条約によってパナマ運河の返還が確定したあと、パナマは83年に大幅な改憲を行い、国家警備隊を国防軍という名称に変更し、同時に軍部による政治介入を排除した。

このような独立国家形成に向けた歴史を持つパナマの現行の政治体制は、1972年に制定され、83年に大幅な改定が行われた現行憲法に基づくものである。18歳以上の国民によって直接選出される大統領が統括する行政府と一院制の立法府および司法府による三権分立が確立した共和体制をとっている。1989年の総選挙以降に行われた5回の選挙によって、概ねパナマの政治は民主化が定着したと評価されている。

パナマ共和国の大統領制は米国式大統領制を採用している。従って大統領は元首であると同時に内閣の首班であり、閣僚・会計検査院長官・選挙裁判所長官の任命権を持っている。米国の大統領制と異なる点は、任期が5年で、連続再選が禁止されていることである。ただし1期5年をあければ、立候補は可能である。選挙は、セットになっている大統領・副大統領選挙、71議席からなる一院制の国会議員選挙、プロビンシアと呼ばれる県の知事および県会議員選挙、日本の市町村にあたるコレヒミエントと呼ばれる地方自治体の長と地方義会議員および中米議会議員（PARLACEN）の選挙が、まとめて5年に1度（5月の第1日曜日）実施される。なお最後に挙げた中米議会議員とは中米地域5カ国（グアテマラ、エルサルバドル、ホンジュラス、ニカラグア、パナマ）とカリブ海域のドミニカ共和国で構成されている中米統合機構の一部で、各メンバー国は大統領選挙と同時に中米議会議員20名を選出するもので、あらかじめ指名されている候補者か

選挙裁判所の概観（筆者撮影　2017年）

ら国民が選出する。パナマでは1989年から2014年までに行われた5回の総選挙で5名の文民大統領が選出されて任期を全うしており、先に紹介したように、民主政治は定着している。

このようにパナマの政治は、国際的なレベルでみると文民統制が定着した先進国型である。世界の210前後の独立国・地域の政治について、①政治の安定度、②法治度、③民主度、④腐敗度、⑤政府機能の有効性という5つの視点からまとめた世界銀行の「統治指数」(WGI)によると、ラテンアメリカ諸国は政府への不信感と政治の腐敗度が非常に高い。この国際比較におけるパナマの政治は、各項目で順位にかなりの差があるものの、概ね中の中位に位置していた。各項目とも上位10カ国は北欧諸国、シンガポール、ニュージランドが占め、中間以下(176~211カ国)の以下の国のほとんどはアフリカ、中近東、アジアの一部、そしてラテンアメリカ諸国20カ国のうち7項目中全部が100番以下の7カ国、5項目と6項目が100番以下の国が8カ国あった。チリとウルグアイの2国はほぼ先進国並みの水準にあったが、コスタリカは「政治の民主化度」が日本よりも高い一方で、法治度や法規制の健全性および政府機能の有効性と政治的安定性が大きく低下していた。これら先進国のレベルに近い3カ国に次ぐ位置にあるのがパナマである。パナマ政治の問題点は法律の運用にあり、政治家・公務員などの汚職と腐敗を規制する制度的欠陥が大きく、汚職と腐敗を規制する近代的な法律を備えていても、それらを活用する各種の公的組織が機能していないことが問題となっている。

それでもパナマの選挙の透明性は必ずしも劣悪な水準にあるわけではない。2014年5月8日に実施された総選挙では9つの県と2つの先住民特別区(県に相当)から国会議席71を占める代議員が選出され、592の地方自治体議会選挙ではパナマ選挙裁判所に多数の異議申し立てが行われ、11

表３　県別国会選挙区数と議員定数

県　名	選挙区数		議員定数	
	2004年	2014年	2004年	2014年
①ボカスデルトーロ	1	1	2	2
②コクレ	4	4	5	5
③コロン	2	2	5	5
④チリキ	7	6	10	9
⑤ダリエン	2	2	2	2
⑥エレーラ	3	3	3	3
⑦ロスサントス	2	2	3	2
⑧西パナマ	—	4	—	8
⑨パナマ	10	6	37	26
⑩ベラグアス	5	4	6	5
⑪グナ＝ヤーラ特別区	2	2	2	2
⑫ノベ＝ブグレ特別区	3	3	3	3
合　計	42	39	78	71

［出所］パナマ選挙裁判所広報。

月から12月にかけての5回の日曜日に再選挙が11の国会議席、26の地方自治体長、８つの地方自治体議員選挙が実施された。パナマの選挙裁判所は１９４６年の憲法改正とともに設立された歴史のある独立機関で、選挙の透明性を高める努力を続けている。

しかし選出された政治家の汚職と腐敗は、法治国家としては低位にある。トランスペアレンシー・インターナショナルの２０１６年の汚職度指数でパナマは１７６カ国の87位で、汚職度38という世界的に政治の汚職度の高いラテンアメリカの典型的なレベルにあった。汚職度とは、汚職のないレベルを１００とし、すべてが汚職である状態を0とする数値で、１６年の汚職度の最も低いデンマークとニュージランドの指数は90であった。50以下の指数は汚職対策が極めて不十分な状態であることを示している。パナマにおける直近の大統領の汚職問題はリカルド・マルティネリ前大統領（２００９〜１４年）の巨額な収賄罪で、世界中に配信されたニュースで記憶に新しい。１９９９〜２００４年に大統領職にあったパナマ初の女性大統領ミレヤ・モスコソの汚職と縁故主義の腐敗政治も有名であった。

（国本伊代）

4

経済

★持続的経済成長を遂げた21世紀の経済繁栄の姿★

パナマ経済は1950年から73年の石油危機に至る間、年平均6・4%という高い成長率を保ってきた。これは冷戦の過程で米国がパナマにおける軍事基地を拡張し、対ラテンアメリカ政策に重点を置いた時期にあたる。70年代前半の石油危機で落ち込んだ経済は78年には再び成長をはじめた。しかし図3でみるように80年代には大きな下落を2回経験し、とくにラテンアメリカ諸国を襲った累積債務危機が深刻化した88年にはマイナス13%を記録した。90年代になると、95年に成長率を下げたものの97年には回復し、リーマンショックを受けた2009年には再び2%に落ち込んだが、翌10年から2017年に至るまで順調な経済成長を遂げてきている。この長期にわたる経済成長によって21世紀のパナマ社会は大きく変貌した。

パナマ経済の最大の特徴は、サービス産業が基幹産業となっていることである。これは17世紀から現代に至るパナマの特質でもある。そもそも16世紀初頭にはじまるスペイン人による地峡縦断ルートの確立が現代パナマのルーツであり、パナマは国際交通の要衝として発展してきた。スペイン本国による統制貿易の自由化で18世紀にその独占的地位を失ったが、１８５０年代に地峡縦断鉄道が建設されて再び大西洋と太平洋を結ぶ世界の十字路としての役割を取り戻し、やがて運河の建設によってその「物流の十字路」の地位は確固たるものになった。こうしてパナマは、運河とともに独立１２０年の歴史を歩んできたのである。

２０１６年の新第三閘門運河の巨額な建設工事と拡張運河の経営が順調に進むなかで（28章参照）、運河の出入り口に位置する太平洋側のパナマ市とカリブ海側のコロン市の両市とその周辺部は大きく変貌した。これらの2つの地域にパナマ経済の約80％が集中し、経済構造は表4でみるように、サービス部門である第3次産業が突出しており、国内消費財のほとんどは輸入されている。このサービス部門には、パナマ運河の管理運営を含む運輸・港湾・通信分野の他に、コロン自由貿易地区・船籍登録・金融・商業・法務・観光・国際機関および国際会議の誘致など、多種多様のサービス産業が含まれている。運輸の基軸であるパナマ運河の管理と運営を担うパナマ運河庁は職員約1万人を擁し、中立を守る国際交通路としての運河に対する全責任を担っている。

　パナマは、運河だけでなく空路においても、国際航空路線が交差する南北アメリカ大陸の中継地点でもある。世界の主要航空会社が乗り入れているだけでなく、米国の主要都市との間に直行便があるため乗り継ぎ地点として重要な機能を果たしている（47章参照）。

図3　パナマ経済の成長率推移

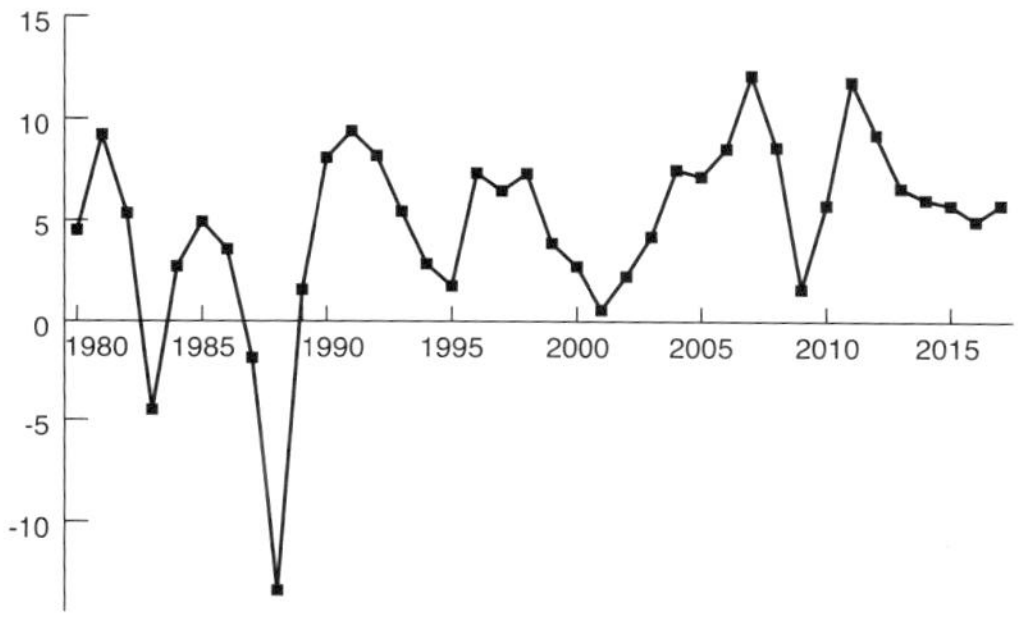

［出所］IMF. World Economic Outlook Detabases (April 2017).

表4　国内総生産におけるパナマ経済の産業別構造

年	1次産業	2次産業	3次産業
1990	8.7	9.8	81.5
2000	6.5	8.0	85.5
2016	2.7	14.3	83.0

［出所］*Centroamérica in cifas 1980-2000.* CIA, *The World Factbook 2017*

コロン自由貿易地区もまた、パナマ経済の特異な構造の一部を担っている。1948年に自由貿易のための特別地区として運河のカリブ海側の入り口に建設されたもので、52年に活動を開始してからすでに65年を経た現在、香港に次ぐ世界第2位の規模を持つ自由貿易地区へと発展した。コロン市に隣接した35ヘクタールの面積で開始された特別地区は2016年現在では1065ヘクタールへと30倍近くにまで拡大され、3100社が店舗と事務所を構えている（42章参照）。この自由貿易地区は、ラテンアメリカ諸国への商品の流通および加工センターとして発達しただけでなく、パナマの重要なサービス部門の担い手となっている。

1970年に設置されたオフショア金融センターとしてのパナマには世界の主な銀行が進出している（48章参照）。さらに船籍登録サービスではパナマは世界第1位で、世界の船舶（商船保有船腹量）の約20％はパナマ船籍となっている。しかしパナマがこれらの船を所有しているわけではない。62章で紹介するように、便宜置籍船制度と呼ばれるサービスを利用して世界の大手船会社が船籍をパナマに登録することによって税金・乗組員の人件費などを大幅に削減できる制度を利用しているからである。

観光産業もまた、21世紀に入って重視されているサービス部門である。第1章で紹介したように国土は多様な自然環境に恵まれているうえ、500年の歴史遺産を保存するパナマの観光資源は多様で、中米6カ国中最多の6つの世界遺産をユネスコに認定されている。またパナマ運河自体が観光資源の開発とサービス提供の基軸になっており、さらに近年では米国の年金生活者向けのリゾート開発や医療観光にも力を入れている。観光産業促進政策では、地峡中央部運河地帯と地方との大きな経済格差を是正するために、とくに地域の自然環境の特性を生かした観光開発と関連公共事業の取り組みが積極的に進められている（54章参照）。

以上のようなサービス部門によって支えられているパナマ経済は、構造的に輸入額が輸出の４～7倍に達している。パナマの農業は伝統的に未発達であった。斜面が多く、高温多湿の土地は農業に適していない。またパナマの開発そのものが中米地峡を利用した輸送が主たる目的であったことから開発の中心はほぼ国土の中央部にあたる地峡地帯に人口が集中し、商業・運輸を中心とする経済構造が発達し、食料と消費財のほとんどは近隣諸国に依存してきた。１９８０年代前半にはホンジュラスとコスタリカとともに中米の三大バナナ生産国となって、バナナが重要な輸出商品となった時代もあった。しかし９０年代のパナマ病によって荒廃したバナナ・プランテーションに代わって、21世紀にはメロンやコーヒーが輸出商品として台頭している。あまり知られていないのがパナマの地下資源である。銅・金・銀・モリブデンの埋蔵が確認されており、21世紀に入ってから鉱山開発が進んでいる。銅の埋蔵量は世界有数とされ、露天掘りによる採掘がおこなわれている。しかし環境問題にも深くかかわる鉱山開発に対する国内世論は鉱山開発に必ずしも好意的ではない。

このような経済成長とその成果は、とくに総人口の約45％が集中するパナマ市首都圏をこの10数年間で大きく変えた。高層ビルが林立するパナマ新市街地、修復され観光スポットとなった魅力的な旧市街地、市内を南北に貫く地下鉄第1号線の開通と2号線の近々完成予定、国際的な学園研究都市となった旧米軍基地の一部、同じく国内線専用の空港となった旧米空軍基地など、10年前のパナマ市の姿しか知らない者にとっては驚きであろう。

（国本伊代）

5

社会

★経済成長によって出現した社会の光と影★

4章で紹介したような経済成長を続けたパナマ社会の状況を、表5で簡略にまとめた国際比較を示す数字で紹介しよう。国連が世界の国々の発展状況を毎年まとめて公表している『人間開発報告書』によると、2015年のパナマは、世界188カ国のうち「人間開発指数」では60位であった。「人間開発指数」とは、平均寿命・教育水準・生活水準という人間の生活を豊かにする3つの基本的要素について各国の達成度を測定し、数値化したものである。具体的には出生時の平均余命指数、成人識字率と小・中・高等教育レベルの合計就学率から割り出した教育指数、1人当たりの実質国内総生産を指数化したものなどを総合したものである。2015年に対象となった188カ国は、最上位国グループ（51カ国）、上位国グループ（53カ国）、中位国グループ（40カ国）、下位国グループ（25カ国）の4つのグループに分かれているが、60位に位置するパナマは上位国の最上位グループに入る。ちなみに188カ国中の1位はノルウエーで、日本は17位であった。

このような位置にあるパナマは、総合的に開発途上国としては上位の豊かさと社会の成熟さを達成している。2015年

表5　国際比較でみるパナマの社会指標

項　　目	パナマ	LA 地域	日本
人間開発指数の順位（188カ国・地域中）	60	28 ～163	17
1人当たりの GDP（米ドル）	20,885	14,041	35,804
出生時平均寿命（年齢）	77.8	74.2	83.7
15歳以上の識字率（%）	95	—	—
人口1万人対比医師数（人）	16.5	19.6	23
新生児千人当たりの死亡率（人）	14.6	15.1	2
出産時産婦10万人当たりの死亡率（人）	94	175	5
合計特殊出生率（人）	2.5	2.2	1.4

［出所］UN, Human Development Report 2016.

の1人当たりの国内総生産額2万885ドルは、先進国である日本の3万5804ドルと比べると明らかに低い。しかしこの数字はラテンアメリカ地域では最上位先進国グループに入っている37位のチリ（2万2145ドル）に次ぐ高さで、「世界の先進国クラブ」とも呼ばれる経済協力開発機構（OECD）の一員であるメキシコ（1万6502ドル）より高い。政治の安定と持続的経済成長の結果、パナマの中間層は2002年の28％から2014年には44％に拡大し、中等・高等教育を受けた中間層の社会上昇が認められると世界銀行は評価している。

社会の基礎的条件も、国連が示す世界の上位国の中ではその上位の水準にある。改善された衛生施設・病院・飲料水、社会保障制度の確立によって無料で受けられる医療サービスもある。公立学校における教育も初等教育から高等教育まで、基本的にはほぼ無料で受けることができる。しかし他方で深刻な社会問題も抱えている。それは、先進国グループに迫る豊かさを経済成長によって達成しているパナマ社会に存在する地域格差と階層間格差であり、治安の悪化である。

国民の間における経済格差はパナマ独自のものではない。世界中が新自由主義経済政策を追求してきた結果、各国の国民間の経済格差は大きく広がり、かつて1990年代半ばの日本は世界でも格差のもっとも少ない国の1つとして知られていたが、それから四半世紀を経た日本は格差の大きな社会へと変貌している。国民の所得配分の不平等度を測るジニ係数によると、日本の1995年のジニ係数は0・23で

表6　パナマにおける格差と貧困層の変化の推移

年	ジニ係数	貧困家庭	上位20%*
1990	58.2	7.1%	60.6%
1995	—	7.6%	60.5%
2000	57.9	8.0%	60.8%
2005	54.0	9.6%	57.9%
2010	51.9	11.1%	56.4%
2014	50.7	11.4%	55.1%

［出所］World Bank Group, Poverty & Equity Database.
＊上位20％がGDPに占める割合。

あったが、２０１６年には０・36という開発途上国並みの格差社会を出現させている。このような日本とは反対に、パナマは持続した経済成長のおかげで「貧困層を激減させ、中間層を拡大させた優等生である」と米州開発銀行（ＢＩＤ）が指摘するほどの変化を達成した。世界銀行の数字によると、２００６～１２年の間に国民の貧困層は総人口の25％から10％へと縮小した。貧困層の定義は国によって異なるために一概に日本の貧困とパナマの貧困の内容を比較することは難しいが、ＯＥＣＤが定義する日本の貧困率は16・1％（２０１５年）で、パナマの貧困率10％よりもかなり高い。

しかしパナマ社会の貧困問題は、表6でみるように、所得配分の不平等性が経済成長を続けてきた間にもほとんど変わらなかったことである。ラテンアメリカ地域は経済格差が世界でもっとも大きい地域であることで知られているが、そのなかでも社会騒乱がいつ発生してもおかしくない社会の極度の不安定さを示すとされるジニ係数０・４を超える国がほとんどである。その格差社会を改善できない理由はラテンアメリカ地域の政治的・社会的・歴史的要因から説明できるが、要するに平等社会を実現させる制度的改革に対する既得権層の抵抗が圧倒的に強いことにほかならない。社会的不安定度が増すとされる０・4を超えているラテンアメリカ諸国のほとんどの国の治安の悪さは危機的状況にある。パナマの場合、観光客が足を踏み入れることを危険視する地域が各地にあり、組織犯罪集団が支配するダリエン地区やコロン地域のような長年にわたって世界的に知られている危険地帯が存在する。

パナマにおける貧困問題の深刻さを示す別の指標は、総人口の12％を占める先住民集団の貧困問題でもある。64〜67章で紹介されているように、パナマ社会における先住民問題は多様であり、放置された少数民族という存在だけでは伝えられないパナマ国家の一部として存在している。しかし特別区という一種の保護区の設定と独自の伝統文化を尊重するという立法上の「先住民政策」は、必ずしも問題の解決につながっていない。パナマの場合、66章で紹介されているように「リーガルプルーラリズム」という国家内の「ミニ国家」的な法体系の機能を積極的に認めようとしてきたパナマの先住民特別区は、貧困の集積地であるといっても過言ではないからである。国連の人間開発部局が2015年にまとめたパナマの「多次元貧困」の実態を紹介した資料によると、先住民特別区に住む人口の80〜98%が極貧状態で暮らしていた。この数値は、教育・衛生・生活水準という3つの大きな区分をさらに9つの項目に分けて数値化して算出されたもので、遠隔の特別区内では教育を十分に受けられないこと、電気が届いておらず、処理されて改善された水も十分に行き届かず、生活環境が著しく劣悪な中で暮らす住民が多様な貧困要因に囲まれて「貧困の悪循環」に陥っていることを示したものである。長期にわたる経済成長によって変貌を遂げた都市部の生活環境との格差は拡大する一方であることがわかるが、都市部の貧困層もそれに劣らず劣悪な環境で暮らしている。

パナマ社会の影の部分に、男女格差を示すジェンダーギャップがある。次章で紹介するように女性の高等教育への進学率は31%の男性に対して47%という1・5倍の高さにあるが、パナマ女性の就労率は中進国では極めて低い水準にある。高学歴の女性が専業主婦として家庭内に留まり、マチスモと呼ばれる極端な男性優位主義の社会が温存されている結果であると指摘されている。　（国本伊代）

6

教育

★先進国を目指す教育改革★

パナマの教育環境は全体像で見る限り高い。１９６０年代から７０年代にかけて教育の普及が図られ、すでに21世紀初頭には初等教育は全国に普及していた。パナマ文部省の報告書「能力開発」（ＭＥＤＵＣＡ、２０１０年）においても、「初等教育はほぼ１００％普及し、教師の92％は正規の教員資格を有している」とされている。そして公立小学校の約79％に生徒用のコンピューターが備えられている。この資料を裏付けているのが国連の『人間開発報告書』のデータである。

表７でみるように、15歳以上の識字率や25歳以上の人口で少なくとも中等教育を受けた国民の割合はラテンアメリカ地域の平均よりも、また「先進国クラブ」と呼ばれる経済協力開発機構（ＯＥＣＤ）のメンバー国であるメキシコよりも高い。しかし他方で、該当年齢層の中等教育および高等教育を受ける割合は極端に低下している。これは国際機関がまとめるマクロな統計数字が示す概要であるだけでなく、パナマ国内でしばしば問題視されている「教育水準の向上の必要性」の背景をよく反映したものである。

中等教育における問題は20年以上も前から改善すべきテー

表7　教育関係統計指標

国　名	15歳以上の識字率	25歳以上の中等教育率	該当年齢層に対する生徒数（%）			国家予算に占める教育費
			初等教育	中等教育	高等教育	
パナマ	95.0%	68.6%	105%	75%	29%	3.3%
メキシコ	94.4%	57.4%	103%	91%	30%	5.2%
LA平均	93.2%	58.1%	107%	95%	44%	5.4%
日本	—	91.8%	102%	102%	62%	3.8%

［出所］UN　*Human Development Report 2016.*

マとして取り上げられてきた。中等教育は前期と後期にそれぞれ3年間に分かれているが、問題はこれらの中等教育を担う学校のほとんどが都市部に集中していることにあるとされる。僻地はもとより地方における中等教育の機会が限定されている実態がみえる。さらに貧困層が激減したとはいえ、総人口の12％を占める先住民人口の80～98％が極貧状態にあるという数字からすると（5章参照）、小学校が全国津々浦々に存在するとはいえ、僻地に住む10代の人口層は中等教育を受ける機会がほとんどないともいえよう。また都市部にも貧困層は存在する。このような実態は、5～14歳の児童労働人口という統計数字からも読み解くことも可能である。国連の人間開発指数の60位にあるパナマで労働人口の7％が児童労働者であるということは貧困状態の子供の存在を語っていよう。

教育問題は高等教育においても深刻である。高度経済成長を続けてきたパナマの経済活動を支える人材が極端に不足しているからである。ユネスコの資料によると、労働人口に占める4年生大学卒業者の割合が統計数字のある2013年で24％に過ぎず（日本は47％）、パナマ経済を支える多様な分野の企業が求める大卒求人数の45％にも達していないことが指摘された。パナマの高等教育を受ける同世代の割合の推移をまとめた統計によると、高等教育を受ける割合は1990年の21％から2013年の39％へと約2倍弱増加したが、

パナマ大学法政学部棟（筆者撮影）

２０１３年時点でみるとメキシコの30％よりは多いものの、日本の63・４％と比較するとかなり低いことがわかる。さらに高等教育の場合、女性優位傾向が強い。そして高等教育を受けた女性たちの多くは就労しない。

高等教育の劣悪な環境も認識されている。研究調査に対する財政支出が極端に少なく、１００万人当たりの研究者の人数はラテンアメリカ諸国では最低水準にある。最高のブラジルの１１９０名に対してパナマの研究者数は１４２名にすぎない。経済成長を持続させるためには１００万人当たり約１０００人の研究者が必要とされていることを考慮すると、パナマの場合には国民の教育水準を高め、適正な処遇と人材活用がいかに緊急課題であるかが理解できる。

自国の教育政策の遅れを取り上げたパナマ教育省の報告によると、財政支出における教育への配分が長年にわたって低率に抑えられてきた結果、高等教育への投資が無視されて教育施設・教員の待遇・研究への投資が著しく冷遇され続けてきたとされる。国民総生産（ＧＤＰ）に占める公的教育支出の国際比較をまとめたユネスコ（国連教育科学文化機構）の資料によると、経済成長が顕在化した１９９０年代からほぼ20年間にわたるパナマのＧＤＰに占める公的教育支出は、１９９９〜２００３年の４年連続４％台を除くと、ほぼ３％台にとどまっていた。１９９３年以降２０１４年までのデータがずっと３％台を示している日本を例外として先進国および中進国の公的教育支出のＧＤＰに占める割合が５％台であることを考慮すると、パナマは明らかに教育費への配力を欠いた代表的な国であったといえる。なおこの調査対象国１５０カ国のうち日本は１０２位で、パナマは115位である。

バレラ現政権（2014〜19年）が2014年12月に発表した「2015〜2019年政府戦略計画――〝統一国家〟」で掲げたスローガン「すべての国民のために成長するパナマ」の中で、パナマが直面している課題の1つとして教育制度の改革が挙げられている。パナマ経済の成長を維持するためには質の高い労働力が必要であること、格差社会を是正するためには将来の労働人口の質を高めて高収入を得られる人材教育が必須であり、そのためには教育の質の向上と教育の機会の平等性を確保する必要があることが強調されている。公立学校を対象とした具体的な改善では、バイリンガル教育の強化、奨学金制度の整備、職業訓練などが指摘されている。また18年に予定されている第8回の国際学習到達調査（PISA）調査への参加も予定されている。

2009年の第4回PISA調査試験に初参加したパナマは、参加国・地域65のうち62位という惨憺たる成績に終わり、その結果に驚愕したパナマ教育省は12年と15年の調査試験に参加しなかった。PISAは2000年に第1回の調査がOECD加盟国を対象に実施されて、3年ごとに参加国を増やしてきた国際学力テストで、世界各国の多様な教育制度を対象としながらも「義務教育課程最終段階」と位置付ける15歳の生徒を対象とした読解力・科学的リテラシー・数学的リテラシーの3分野における国際学力試験である。ただし回数を重ねるごとに受験対象者の決定方法や試験内容に改良が加えられ、思考プロセスの習得・概念の理解・多様な状況に対応する能力などが試される。2015年からはコンピューター使用型の科学的リテラシーが導入されている。なおパナマは2018年のPISAへの参加を予定している。

（国本伊代）

7

環境保護

★国土の３分の１を占める国立公園と自然保護区★

国連の資料によると、２０１６年のパナマは自然保護先進国であると同時に環境破壊が進行しているという相反的な環境問題で抱えていた。

パナマにおける自然保護政策の歴史は古く、１９１８年にまで遡る。最初の森林保護区は、ロスサントス県エルコルモン自治体が水源の枯渇防止のために燃料用森林伐採を規制した１３７ヘクタールの保護区で、現在でも保護地区に指定されている。この5年後の１９２３年には現在世界的に知られているスミソニアン熱帯研究所のあるバロ・コロラド島が自然保護区に指定された。バロ・コロラド島は運河建設によって出現した人造湖であるガツン湖の中に取り残されて島となったもので、「自然記念区」に指定されている。このような歴史があるものの、パナマが本格的な自然保護政策に取り組みはじめたのは１９６０年代に入ってからである。この間に、19世紀前半には国土の98％が密林に覆われていたパナマ地峡区は地峡縦断鉄道建設にはじまり、運河によって大地が切り裂かれ、運河の運営に必須の大量の水を供給するための人造湖がつくられて運河地帯の熱帯密林は消滅の一途をたどってきた。

1960年代に入って森林保護地区がダリエン県、ロスサントス県、ベラグアス県など4カ所に設けられ、72年には国連食糧農業機関（FAO）の支援を受けて国立公園と自然保護区の整備が本格的にはじまった。80年代に入ると荒廃の一途をたどってきた運河地帯の自然環境と運河の運営に必須の水源地帯保全に目が向けられ、運河地帯およびその周辺に集中して指定されたチャグレス国立公園を代表とする公園、首都圏に近いソベラニア国立公園、メトロポリタン国立公園などが設定された。同時に人口密度の低い東部ダリエン県と西部の隣国コスタリカとの国境を挟んだ地域に、広大な国立公園が設立された。なお後者はコスタリカと共同管理する「国際友好公園」となっている。

しかし21世紀初頭のパナマは環境破壊が極端に進んだ状態にあった。熱帯密林は国土の20％台にまで縮小し、運河地帯の丘陵は禿山に近く、パナマ湾に代表される都市部に近い海浜地帯の汚染は深刻だった。2003年と翌04年に筆者が現地を訪れた時の印象は旧版のコラム1で紹介したが、パナマ市を取り巻く沿岸には毎日57万トンの汚水が処理されずに流れ込むために汚物と汚水が滞留して悪臭が漂い、砂浜で海水浴を楽しむ人影が見られなかったほどひどかった。典型的な開発途上国でみられるゴミの散らかり放題の市街地と無法地帯が身近に存在していたのが首都パナマ市の姿であった。

一方、人口希薄な地方でも深刻な環境破壊が進んでいた。焼き畑、牧場の拡大、森林の伐採などによる森林破壊である。森林の伐採を規制して植林を義務付けている法律はあっても、ほとんど無視され、盗伐が横行し、このままでは熱帯雨林は回復不能なまでに破壊されてしまうと警告されていた。国立公園や保護区内でも、その広大な森林を監視するレンジャーの数があまりにも少なく、盗伐が見逃されていた。この森林の盗伐と密輸出問題に対しては、56章で紹介されているように最新技術を駆

首都圏の広大な緑地となっているパナマビエホ史跡が面している海辺の再生されたマングローブ林越しに見るパナマ新市街地の高層ビル（筆者撮影）

使した森林の管理法の整備が進行中である。

また長い海岸線とマングローブが茂る深い入り江の環境破壊も深刻であった。とりわけ輸出品として急成長したエビの養殖によって、マングローブ林が急減していた。観光客の増加も、ウミガメが産卵する砂浜や風光明媚な海岸やサンゴ礁の破壊につながった。このように21世紀初頭のパナマの環境問題は極めて深刻な状態にあった。

パナマ政府による総合的な環境保護政策の取り組みは、１９９２年に国土保全を目的とした全国保護区システム（ＳＩＮＡＰ）の設置と９８年の「環境に関する一般法」の制定によって開始され、それまで存在していた天然資源庁が再編されて環境庁（ＡＮＡＭ）として環境問題全般を扱うことになった。２０００年には国土面積の22・7％が何らかの保護の対象とされていた国立公園を含む各種自然保護区の面積が、２０１５年のデータでは国土のほぼ34％にまで拡大している。この間の０８年からスミソニアン熱帯研究所の協力を受けてパナマ地元種の5種類の苗木が森林再生用に選ばれ、7年後の１５年にはその成果が発表されて有用木材としての樹木植林事業のおおよその目処がたった。しかし破壊された森林の回復作業ははじまったばかりである。

この森林回復のための活動は、２０１６年に完成した拡張パナマ運河と密接に関係している。２００６年の国民投票で76％という高い支持を受けて拡張運河建設を決定した時、返還後の運河の経営を全面的に担っていたパナマ運河庁（ＡＣＰ）は、環境省（ＭＩＡＭＢＩＥＮＴＥ）、農水開発省（ＭＩＤＡ）、パナマ商工農会議所（ＣＣＩＡＰ）、自然保護国民協会（ＡＮＣＯＮ）、パナマ植林関連全国協会（ＡＮＡＲＡＰ）と協定を結び、運河の拡張工事で伐採する森林面積の２倍の面積に２０１５年から３５年に至る20年をかけて植林を実施することを国民に約束した。

この協定では拡張運河建設による環境破壊に対する補償を含めた16のプロジェクトが提示されており、植林はその中の１つにすぎない。しかも運河周辺の地域に限らず全国の地方自治体の計画に対応して植林するというもので、すでに運河地帯から遠隔のダリエン地区でも植林が行われている。そして２０１５年に環境庁から格上げされた環境省の旗振りのもとで「全国植林の日」が設定され、「１００万ヘクタールの同盟」と名付けられた国民総動員による植林運動が２０１５年からはじまり、２０２０年までに目標１００万ヘクタールに樹木を植える予定となっている。３年目にあたる２０１７年６月24日に実施された全国植林の日には全国25カ所でボランティア参加者約５０００人が10万本の樹木を植えた。大統領をはじめとして、閣僚や地域の首長の参加と、また３年目に初めて参加したという外務省グループなどの植樹活動が報道された。２０１７年９月時点で「パナマの森林地区回復と自然林保護促進法（２０１７年法律第４６９号）が審議中である。しかし環境問題の改善にはさらに多くの時間と国民の意識改革が待ち受けている。その最大の課題がごみ処理と車両が排出する排気ガスによる大気汚染問題である。下水処理を含めたごみ処理プロジェクトには日本の支援活動も関わっており、都市部における定期的なゴミ収集の組織化から「ごみのポイ捨て」に対する国民の意識改革運動まで専門家の派遣による支援が行われている。

（国本伊代）

コラム１

米ドルとパナマ通貨バルボア

国本伊代

　パナマの通貨の単位はバルボアである。公式統計も商品の価格もバルボアで表記される。領収書にも単位が記される。しかしバルボアは米ドルと等価であることが自明となっており、ドル紙幣が普通に使われている。もともとパナマには独自のバルボア紙幣がない。1バルボア以下の硬貨だけがパナマ独自のコインで、アメリカのクオーター（25セント）、ダイム（10セント）、ニケル（5セント）、ペニー（1セント）に似たパナマ・コインが混ぜて使われているのが現実である。

　写真で見るように、アメリカとパナマのコインは大きさと形が酷似しているだけでなく、色も材質も同じである。違いはコインの表裏に描かれた図柄とコインの呼称である。アメリカのクオーターは4分の1ドルと表記されていて、表にワシントンの肖像が描かれ、裏は国家のシンボルである鷲か各州の独自の図柄が描かれている。それに対してパナマのものは同じく4分の1バルボアと表記されているが、太平洋の発見者であるバルボアの肖像と国家の紋章が描かれている。アメリカのダイムの人物がF・D・ローズベルトであるのに対して、パナマの10分の1バルボア・

上段はアメリカのコイン、下段はパナマのコイン

コラム1
米ドルとパナマ通貨バルボア

コインの人物はバルボアである。アメリカのニケルの人物がジャファーソンであるのに対して、パナマのそれはサラ・ソティリョである。そしてアメリカのペニーはリンカーンであるが、パナマのそれは先住民の英雄ウラカーとなっている。

パナマにおける米ドル流通の歴史は古い。独立直後の1904年にアメリカと通貨協定をむすんだパナマ政府は、その10日後に自国の通貨に関する法律84号を制定したが、そこですでに流通している米ドルがバルボアと同等の価値であることを認めている。なおバルボア通貨のデザインを規定したのも同法である。

その背景には、1850年代の地峡縦断鉄道の建設の時代に流通した米ドルが1880年まで使われていたことがあげられる。その後、コロンビアの一部であったパナマでは各銀行が発券するコロンビア・ペソ紙幣が流通していた。

しかし、1900~03年にハイパーインフレが発生したことから、新生パナマ政府が独自の通貨を発行することに躊躇したとも言われている。

パナマは何度か自国紙幣の発行を計画したことがある。1941年にはアルヌルフォ・アリアス大統領が完全にドルにリンクした独自の紙幣を発行したが、失敗した。

米ドルの使用はパナマにとってはさまざまな利点がある。発券機能を持つ中央銀行がないので、財政危機に陥った政府が安易に紙幣を増刷してインフレを引き起こすことはない。また通貨切下げをする必要もないし、決済に備えて一定の外貨を保有する必要もなく、為替管理も行う必要がない。その代わり外国資本の本国償還、輸入・利子・ロイヤリティの支払い、海外送金に対する制限もしていない。

◆中米地域初の地下鉄1号線◆

パナマ市内の地下鉄1号線地上入口（国本伊代撮影）

地下鉄1号線フランス製車両とプラットフォームの様子（国本伊代撮影）

II

16 世紀に拓かれた地球の十字路

8

コロンブスとパナマ地峡

★新旧大陸の文明の衝突★

パナマ地峡に最初に到達したヨーロッパ人はコロンブスではなく、ロドリーゴ・デ・バスティーダスや後に太平洋の「発見者」として名を残すことになるバスコ＝ヌーニェス・デ・バルボアら、１５００年にスペインを出発して１５０１年に直接パナマ地峡部に到達したスペイン人である。彼らはパナマのカリブ海沿岸を航行し、後にポルトベーロと呼ばれる天然の良港となる湾に停泊している。このバスティーダスらに遅れること1年、次にパナマ地峡に到達したのがコロンブスの率いるヨーロッパ人である。

コロンブスが西まわりでアジアへ到達しようとして新大陸を「発見」したことは、誰もが知っている有名な事実である。コロンブスは１４９２年の最初の航海でカリブ海のバハマ諸島の1つである現在のサンサルバドル島に上陸して、「アメリカ大陸の発見者」となった。このときコロンブスの一行は、現在のキューバとイスパニョーラ島の北側の海岸に到達している。翌９３年3月にカディス港を出発した2回目の探険は、「発見」された土地にスペイン人を入植させる目的で組織された大がかりなものであった。17隻の船に約１５００名の植民者を乗せ、農機具・種・家畜を積み込んでいたほか、医者・地理学者・地図製作者が参加し、さらに先住民をキリスト教化するための神父が同伴していた。この2回目の探険で、小アンティリャス諸島、プエルトリコ島、ジャマイカ島、キューバ島が探険された。１４９８年5月にスペインを6隻の船で出発した3回目の探険では、コロンブスはカナリア諸島で3隻の船をイスパニョーラ島に向かわせ、自らは残りの3隻を従えて大西洋を横断し、7月末にトリニダード島に上陸した後、南アメリカ大陸北端のオリノコ川の河口に達している。この航海の帰路でコロンブスは囚われの身となり、鎖に繋がれてスペインに護送された。その誤解を解いたコロンブスは１５０２年5月9日にカディス港を出発したが、この4回目の航海が最後となった。

図4　コロンブスの航海ルート

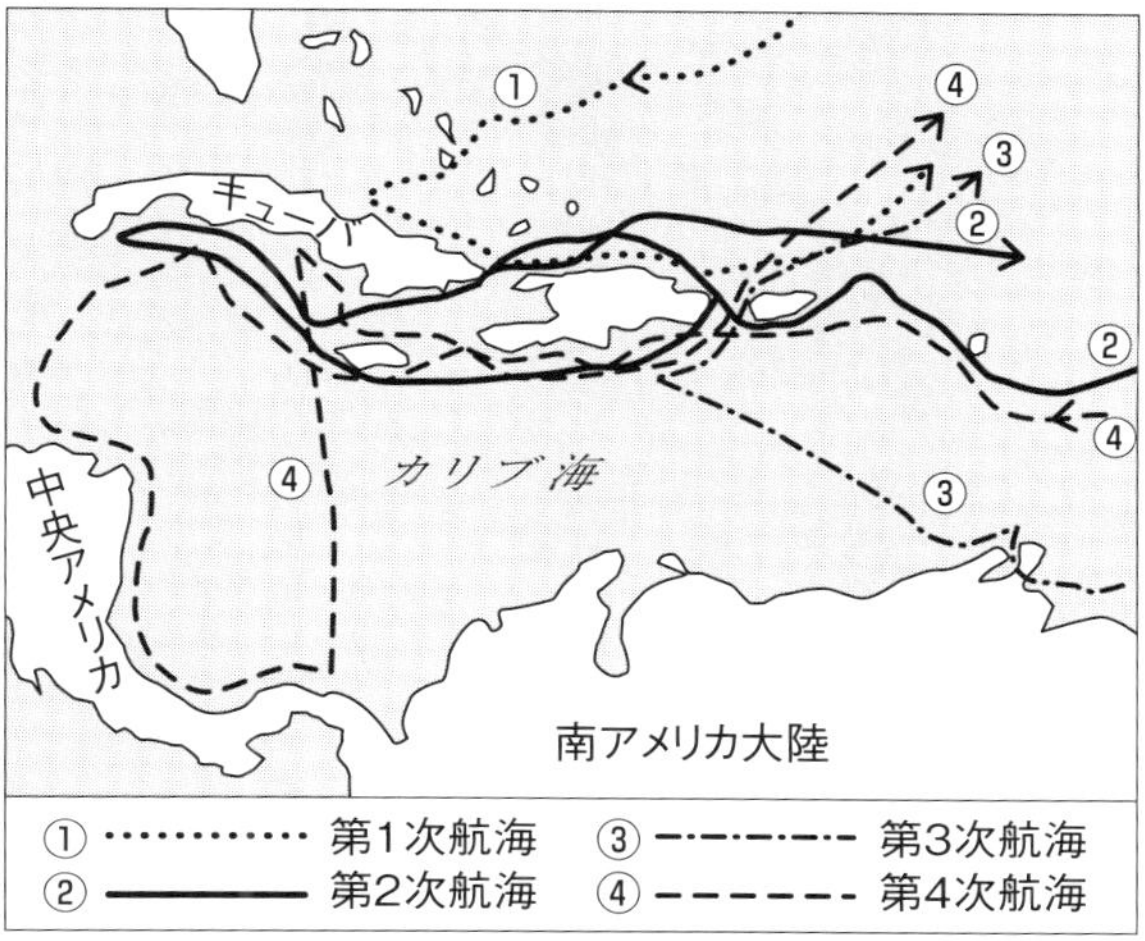

もちろんこの探険の目的は、過去3回の探険で「発見」できなかったアジアに行くための海峡を探すことであった。弟のバルトロメと息子のフェルナンドを伴い、４００名の乗組員を乗せた4隻の船を率いて出発したコロンブスは、キューバ島を中国大陸の一部だと信じており、大海へ抜ける海峡がどこかにあると考えていた。しかし4回目の探険の旅は、はじめから悲惨

パナマの切手に描かれたコロンブス

な航海を予測させていた。新世界遠征活動の拠点となったイスパニョーラ島にコロンブスが立ち寄ることを、スペイン国王は禁じていた。そして50歳をすぎたコロンブス自身が、持病の痛風を悪化させていたからである。

コロンブスが率いる４隻の帆船は、イスパニョーラ島のサントドミンゴの沖合いで緊急の入港を求めて拒否され、西に向かって航行しながら潮に流されてキューバ島の南岸にたどり着き、そこから南西に向けて航行してホンジュラスの沿岸に到達した。このとき、カヌーに乗った先住民と出会っている。さらに陸に沿って航行した。このとき、コロンブスは自分がマレー半島に近づいているのだと考えていた。コスタリカの沿岸でも先住民と接触し、さらにパナマのカリブ海沿岸を西から東に向けて航行して現在のダリエン地域の沿岸に到達し、再び西へ向かって引き返した。そして１５０２年11月２日に、十分な深さと広さのある湾に到達したが、これが後に「カリブ海の宝石」と謳われ、16世紀末から18世紀にかけて新大陸でもっとも重要な港の1つとなるポルトベーロの地であった。その湾を眺めたコロンブスが「美しい港」を意味するイタリア語で「ポルト・ベーロ」と叫んだことから、この名が地名になったとされている。

コロンブスの一行はさらにパナマ地峡の東の端から沿岸を西に引き返し、現在のコロン県とベラグアス県の境界線となっているベレン川の河口に嵐を避けるため避難した。４隻の船はすっかり傷んでおり、小ボートも錨も失っていた。それから約６週間にわたってコロンブスの一行はベレン川の河口に滞留した。そしてこの地でコロンブスたちは、地元の人びとと接触し、やがて対立して、多くの先住民を虐殺するのである。

コロンブスの一行がここで出会った先住民は、はじめは友好的だった。やがてこの地方を支配するカシケ（酋長）の一人が部下を引き連れてコロンブスの船までやってきた。贈物の交換をし合い、やがてコロンブスは68名の部下を引き連れて船を下り、カシケの村を訪れ、そこで大量の金を発見した。弟のバルトロメが金鉱のありかを探るために、さらに周辺の探険を行った。しかしその後コロンブスたちがとった行動は、まさに私利私欲に狂奔する悪夢のような征服戦争であった。ジャングルのなかの金鉱を発見したコロンブスらはベレン川の河口の小高い丘の上に居留地を建設し、サンタマリア・デ・ベレンと名付けた。そして先住民を欺き、虐殺し、先住民に逆襲されるという経験を重ねて、１５０３年４月16日に逃げるようにベレンをあとにした。

しかし帰路も順調にはいかなかった。時化《しけ》に遭い、食糧と水不足に苦しみ、新大陸探険の拠点となっていたイスパニョーラ島に向かう途中でジャマイカ島に1年もの間、滞留しなければならなかった。この間、イスパニョーラ島に救援を要請したが無視された。ジャマイカ島のコロンブスは痛風のためにほとんど寝たきりであった。１５０５年６月末にコロンブスたちはやっとジャマイカ島を脱出し、イスパニョーラ島のサントドミンゴに入港した。そして1カ月後には生き残った部下１００名のほとんどをイスパニョーラ島に残し、コロンブスは弟のバルトロメ、息子のフェルナンド、22名の部下を伴って一隻の船で１５０４年11月７日にスペインに帰国した。２年６カ月に及んだ第４次探険はこうして終了した。１５０６年５月20日、コロンブスはアジアの一角に到達したと信じつつ他界した。

（国本伊代）

9

ダリエンとスペイン人

★バルボアによる太平洋の「発見」★

パナマの国土の東半分のほとんどを占める21世紀のダリエン地区は、未開の熱帯密林地帯としてしか知られていないといっても過言ではない。北アメリカ大陸のアラスカから南アメリカ大陸のマゼラン海峡までをつなぐパンアメリカン・ハイウエイが唯一途切れているのがこのダリエン地区である。ただしジャングルと湿地という環境が道路の建設を阻害しているわけではない。広く知られているコロンビアのゲリラ活動や麻薬あるいは家畜の口蹄疫からパナマを隔離するために、あえて道路を建設しないのである。その結果、現在ダリエンへ出かけるのは、冒険家、考古学者、民俗学者、植物学者、環境保護活動家などに限られている。しかし現代の未開地ダリエンは、今から500年前には一攫千金を狙う野心家たちが欲望と野望をむき出しにして徘徊した舞台であった。

ここで言うダリエンとは、現在のダリエン県とは異なり、図5で示されたカリブ海側のポルトベーロと太平洋側のパナマ市を結んだ線からやや東方の地域全体を指している。前章で紹介したパナマに最初に到着したバスティーダスの率いる探検隊が接触したのはこのダリエン地区のカリブ海沿岸であった。そしてコロンブスがベレン川の河口で大勢の先住民を虐殺してから6年の歳月を経た1510年に、次のスペイン人集団がやってきたのがこのダリエンである。

1510年にダリエンにやってきたスペイン人集団は、バスティーダスとコロンブスが「発見」した土地に入植するという重大な使命を負っていた。そしてカレドニア湾に程近い地点にサンタマリア・ラ・アンティグア・デル・ダリエン（以下アンティグア）という名前の拠点を建設した。これはアメリカ大陸におけるスペイン人の最初の植民都市で、カスティーリャ・デル・オーロ（黄金の城）と命名されたダリエン地域の拠点となった。そしてその行政を任されたのがバルボアである。バルボアはダリエンの先住民クエバ人と友好関係を築くことに成功し、やがて「南の海」と命名される太平洋を発見することになる。

図5　16世紀前半の主な探検ルート

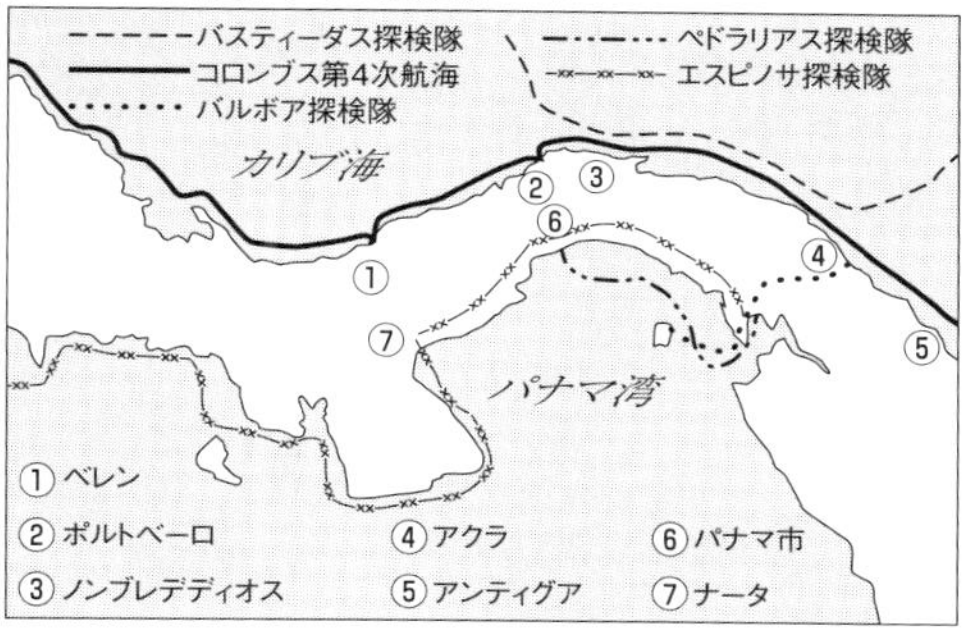

バスティーダスも、バルボアも、他のスペイン人たちも、未知の世界に黄金を求めてやってきた猛者たちであった。探検隊を組織し、参加者を率いる指揮者は、スペイン国王の名の下に「発見」した新天地の領有を宣言し、自由に行動することが認められていた。後にこれら探検者の強欲で残忍な行動から先住民を守るために、また王室の利権を守るために、新大陸に渡ったスペイン人たちの活動を規制する法律がつぎつぎと出されたが、少なくとも16世紀の征服活動を通じてスペイン人たちは富を手に入れるために抵抗する先住民を

パナマ市のバルボア像
（筆者撮影）

虐殺し、あるいは捕らえて奴隷として売り飛ばすことにまったく躊躇しなかった。発見した富の５分の1は国王の取り分であったが、残りの５分の４は自分たちの分け前となった。

このようなスペイン人探検家のなかで、パナマ地峡探検の最大の英雄がバルボアである。バルボアは１５００年のバスティーダス探検隊に参加して、コロンブスよりも1年早くパナマ地峡の土を踏んでいた。バルボアはバスティーダス探検隊がイスパニョーラ島に戻り解散するとそこで農業に従事したが、莫大な借金から逃れるために出発間際の探険隊の船に潜り込んだ。これがマルティン・フェルナンデス・デ・エンシソの率いる探検隊のダリエンに向かう船であった。出発後に名乗り出たバルボアの経歴を知ったエンシソは彼の利用価値を認めて登用した。このとき、バルボアは活力あふれる35歳で、パナマ地峡をすでに知っている貴重な人材であった。こうして１５１０年にエンシソとバルボアらはダリエン地区に到着し、先に述べたようにアンティグアを建設したのである。人望のなかったエンシソを排除した入植者は入植地の行政官にバルボアを選んだ。そしてバルボアはその3年後に自ら太平洋を「発見」し、新大陸におけるスペインの新しい時代を切り拓くのである。

バルボアの「南の海」への探険は、１５１３年9月1日に始まった。１９０名のスペイン人を中心とするヨーロッパ人、１０００名の先住民、数匹の凶暴な犬を従えたバルボアは、本拠地アンティグアを出発した。ジャングルを踏破し、好戦的な先住民と戦いながらの行軍は1日に数キロしか進まなかった。しかし9月25日、後にカレドニアと名付けられた山頂から太平洋を眺めることが出来た。その4日後、バルボアたちは太平洋岸にたどり着き、「この大洋が触れる大地はすべてスペイン国王の所有となる」旨を宣言した。そしてこの海はサンミゲル湾と名付けられた。ここで小舟をあつらえて湾内を探険したバルボアたちは、かなりの黄金と真珠を手にすることが出来た。この快挙はただちにスペイン本国に報告され、バルボアは「南の海」とその周辺の土地の統治者に任命されたのである。

「南の海」の発見という大成果を知らされた国王は、信頼する貴族のペドロ・アリアス・ダビラをベラグアス（当時のパナマ地域の名称）の統治者として送り込んだ。彼はむしろペドラリアスという俗名で名高いが、1514年7月に7隻の船と2000名の乗組員を従えてアンティグアに到着した。ペドラリアスの任務はダリエンに植民地を建設することであった。彼によってアクラが建設された。しかし食料不足と不健康な気候から、到着して1カ月ほどの間に700名以上のスペイン人兵士たちを失った。ペドラリアスは黄金を探してダリエンおよび太平洋岸一帯の調査を行ったが、そのなかに後にインカ帝国を征服することになるフランシスコ・ピサロもいた。

バルボアは1516年に地峡を縦断して太平洋岸に向かった。このときバルボアがたどったジャングルの中の道が後に「カレドニア・ルート」と呼ばれたもっとも短い運河建設可能なルートである。しかしこの過程でペドラリアスが派遣したピサロによってバルボアは反逆罪の汚名で捕らえられ、連れ戻されて1519年1月にアクラで処刑された。バルボアはこの時、42歳であった。こうして最大のライバルを処刑したペドラリアスは同年8月にそれまでスペイン人の拠点であったアンティグアを撤退し、太平洋側に新たな拠点都市を建設したが、これが現在の旧パナマ市「パナマ・ビエホ」である。1519年8月15日のことであった。

（国本伊代）

10

「太平洋の女王」

★黄金の王都パナマ市★

ペドラリアスによってパナマ地峡の拠点がカリブ海側のアンティグアから太平洋側のパナマに移転された1519年には、まだメキシコのアステカ帝国もアンデスのインカ帝国も征服されていなかった。このような時期に建設が始められたパナマ市は、スペイン国王が規定した都市計画に沿って建設され、1521年に国王から紋章を授けられて「王都パナマ市」となった。そして1535年には、新大陸における重要なスペイン植民地統治のための司法・行政機関となるアウディエンシアと呼ばれた高等聴聞院が設置された。1510年のイスパニョーラ島のサントドミンゴ、1527年のメキシコ市に続く第3番目のアウディエンシアである。

この時代のパナマ市は現在のパナマ市の東側に位置するパナマ・ビエホ（旧パナマ）で、観光の名所ともなっている遺跡である。1671年にイギリスの海賊ヘンリー・モーガンの襲撃によって廃墟と化すまでのほぼ140年間にわたって繁栄したのが、このパナマ・ビエホであった。「太平洋の女王」と賞賛された、国際都市でもあった。パナマ・ビエホは、はじめ探険の拠点都市として、やがて征服後のインカ帝国の黄金の通過都市として、またスペイン植民地統治の拠点の1つとして重要な機能を果たすことになる。

パナマ市は長年にわたって黄金とヒトとモノの通過地点として繁栄したが、実はパナマ地峡そのものがインカ帝国の黄金が運び込まれる以前からスペイン人にとっては黄金を産出する地域でもあった。コロンブスがカリブ海沿岸のベラグアス地方で黄金を豊富に所有する先住民に出会っており、そのために大量虐殺事件を起こしたことについては紹介したが、パナマ地方ではダリエン地区とベラグアス地区で金鉱が発見された。とりわけベラグアスの金鉱は16世紀を通じて年間2トンもの金を産出した。そして1535年にインカ帝国が征服されてインカの黄金がパナマ市に到着し、さらに1545年にアンデス山地でポトシ銀鉱が発見されて莫大な銀がペルーからパナマを経由してスペインへ輸送されるようになる16世紀後半には、パナマ市は繁栄する王都として急成長していった。次章で紹介する黄金・財宝を運ぶ地峡縦断道路である「王の道」が全盛期となる1570年のパナマ市の様子は、次のようなデータで知ることができる。

博物館が新設され、緑地公園としても整備されている2017年のパナマ・ビエホ（筆者撮影）

パナマ市は完全に城壁で囲まれた要塞都市であった。頑強に建設された石造の政庁舎、王室財務庁舎、官舎、倉庫などの他に、大聖堂、男子修道院8つ、女子修道院1つ、病院1つがあった。さらに奴隷市場、ロバの厩舎があり、そして400軒以上の木造家屋が密

カスコ・アンティグオ（パナマ旧市街地）の首都大聖堂（筆者撮影）

集していた。教会の礼拝堂内の祭壇は黄金で輝き、宝石で装飾されていた。富が街中にあふれ、住民は豊かな生活を享受していた。当時のパナマ市の住民は、約500名のヨーロッパ人と3000人以上にのぼる黒人奴隷であった。ヨーロッパ人の約1割はポルトガル人、イタリア人、フランス人で、新大陸への渡航が厳しく管理されていたにもかかわらず、パナマ市は国際性豊かな新天地であった。そして太平洋と大西洋をむすぶ交通の要所として、またアンデス一帯の富をヨーロッパに運ぶ地峡縦断の拠点都市として、パナマ市は繁栄を謳歌した。

パナマ市の人口については、1610年に実施された公式調査で、もう少し詳しく内容を知ることができる。市政に参加できるスペイン人成人男性は548人で、その他にスペイン人女性303人、子供156人、自由黒人148人、ムラトと呼ばれたスペイン人と黒人の混血146人の合計1301人となっており、さらにその2倍以上の3500人のアフリカ人奴隷がいた。スペイン人女性の多さに驚くが、それだけパナマ市が新大陸におけるスペイン人の活動の拠点であったことを意味している。

しかし豊かさゆえに、パナマはスペインが独占する新大陸の富を狙うヨーロッパの諸勢力の襲撃の的となった。そして1671年にイギリスの海賊ヘンリー・モーガンの率いる海賊に襲撃され、廃墟と化して、10キロ先の地点に新しいパナマ市が建設された。それが現在のカスコ・アンティグオと呼ばれる現在のパナマ旧市街地である。このような大打撃を与えたモーガンの襲撃と掠奪については13章で取り上げるが、繁栄の絶頂にあった1671年のパナマ市には、7000の家屋と壮麗な教会、警備隊が常置する200以上の頑強な石造りの倉庫、数多くの厩《うまや》があり、人口は3万を数えていた。

モーガンの略奪で移転したパナマ市は、海に突き出た小さな半島となっており、外部からの攻撃に対する防衛には適した地形をしていた。現在ではほんの一部しか残っていない厚い城壁からも容易に推察できるが、街は高くて頑丈な城壁に囲まれた完全な要塞都市であった。中央広場に面して大聖堂が配置され、狭い路地が複雑に延び、教会と修道院が市街地で重要な位置を占めていた。ここで暮らす人口は18世紀を通じて7000～8000人ほどであった。その多くは駐留するスペイン人役人、軍人と兵士、商人、旅行者、冒険家などであった。

18世紀の後半に貿易の自由化が進み、19世紀に入って地峡縦断の重要性が低下すると、パナマ市の人口は5000人以下にまで減少していった。かつて3万を数えたパナマ・ビエホがどれほど大きな都市であったかがわかろう。パナマ市の衰退は19世紀半ばになってカリブ海と太平洋をむすぶ地峡縦断鉄道建設とさらにレセップスによる運河建設計画が進むまで続いたが、1855年の地峡縦断鉄道の開通によってパナマ市は再び国際交通の十字路として新たな時代を迎えることになる。（国本伊代）

11

「王の道」と「クルセスの道」

★新大陸の財宝を運んだロバの道★

現在ではジャングルに埋もれてしまっているが、パナマ市から陸路でカリブ海沿岸のノンブレデディオスとポルトベーロに通じるルートが2つあった。その1つは、陸路だけをたどる「王の道」と呼ばれたルートである。南アメリカ大陸の財宝や物産を太平洋から大西洋へ運ぶために造られた、石を敷き詰めた全長80キロの道である。もう1つのルートは陸路と水路を使ったもので、「クルセスの道」と呼ばれていた。

「王の道」は先住民が使っていた地峡縦断ルートで、地峡探険時代の1515年にアントニオ・デ・グスマンが発見したものである。彼が太平洋岸に沿ってサンミゲル湾から西に向かっているとき、小さな漁村にたどり着いた。村の人びとはそこをパナマと呼んだという。パナマとはクエバ語で「たくさんの魚がいる場所」を意味する。そこから北の方に村人たちがよく使う1つの道があった。グスマンはカリブ海側に通じているのではないかと想像し、80名ほどの部下にその道をたどらせた。こうして発見されたルートが、やがて南アメリカ大陸の莫大な財宝をスペインに送り出すルートとなったのである。

「王の道」は、はじめはロバが一列に並んで通れる幅1・5

メートルほどの細道で、起伏の多い土道であった。やがてスペイン人たちは、周辺の先住民を動員して道幅を広げ、石畳の道を造りあげて、最初のアメリカ大陸縦断道路を完成させた。１５５０年頃には「王の道」という名前がすでに付いており、道の両側に迫るジャングルの木々が伐採されて整備されていたという。何百頭というロバが鈴の音を鳴らしながらゆっくりと荷物を運び、何十人もの奴隷が足枷や首枷をつけられたままで、荷物を運んだ。

図６でみるように、太平洋と大西洋をむすぶ地峡横断ルートにはこの「王の道」の他に、パナマ市から別の道が内陸部へ向かっている。これが「クルセスの道」と呼ばれる、もう1つのルートである。「王の道」は蒸すような湿度の高いジャングルをひたすら歩き、起伏の激しい丘陵地帯を上り下りして、ノンブレデディオスとポルトベーロに到達するルートであった。一方「クルセスの道」は、パナマ市から約30キロ離れたチャグレス川岸に位置するベンタ・デ・クルセスまで密林のなかを歩き、ここから船でチャグレス川を下り、カリブ海に出て30キロ先のポルトベーロや約55キロ先のノンブレデディオスへ向かうルートである。「王の道」を踏破するには雨の少ない乾季で約1週間、雨季になると河川が氾濫してもっと日数がかかった。それでも財宝や貨物は、ロバの背に乗せられて「王の道」を運ばれた。それは輸送費が「クルセスの道」より半額ですんだからである。

図6　王の道とクルセスの道

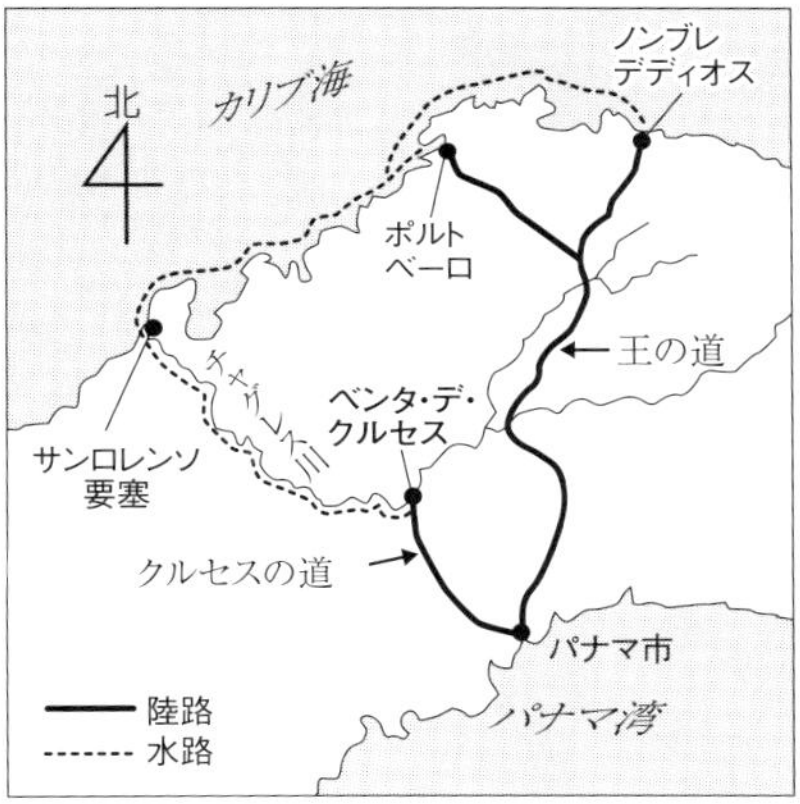

一方、ベンタ・デ・クルセスからチャグレス川を使うルートでは、川を下る方法が二通りあった。ボンゴと呼ばれた平底の船を使う方法と筏で河口まで下る方法である。チャグレス川を上下する平底船ボンゴは、20〜25名の奴隷が漕ぐ船で、約1日で川を下った。のぼりは2〜3日を要したが、陸路を歩くよりもはるかに快適であった。しかしその分コストは高く、どうしても急いで移動しなければならない人びとが利用した。

旧「クルセスの道」のジャングルに埋もれた砲台（筆者撮影）

クルセス・ルートの要所であるチャグレス川の西岸に位置するベンタ・デ・クルセスには、石で建造された役人用の建物・教会・倉庫のほかに、20戸ほどの木造家屋が川沿いに建ち並んでいた。注目に値するのは教会に付属する大きな修道院があったことで、いつも修道士や聖職者でいっぱいだったという。医療施設もあり、ここにはノンブレデディオスやポルトベーロから出産のためにやってきたスペイン人女性たちが何人もいた。ただし現在のベンタ・デ・クルセスからこの光景を想像することはできない。

１５８４年にその地位をポルトベーロに譲るまでカリブ海沿岸の重要な貿易港として栄えたノンブレデディオスにもまた、石で建造された頑丈な宝物庫があった。パナマ市から陸路で運ばれてきた貴金属や物資は、本国へ向かう船が来るまでこれらの倉庫で保管された。城壁のない街には60軒ほどの家が広場を囲むように建ち、パナマ市へ続く「王の道」の入口があった。パナマの熱帯低地のなかでここほど不健康な土地はなかったとされるほど年中熱帯病が流行り、とりわけスペイン人の子供の死亡率が高かった。そのため出産を控えたスペイン人女性はチャグレス川をのぼってベンタ・デ・クルセスに移され、そこで出産したのである。そして幼児はノンブレデディオスの気候に耐えられると考えられていた6歳になるまでそこで育てられた。

ここからスペインへ向けた船積みは次のような手順で行われた。パナマ市から送られた使者がペルーからの船荷のスケジュールを伝えると、カルタヘナで待機する船団に知らせるための小船が出発した。ノンブレデディオスは湾が狭く浅いために多数の大型船が停泊できなかったからである。やがて大船団がカルタヘナから到着すると、それまでの眠るような小さな港は祭りのようなにぎわいとなり、ヒトとモノであふれた。広場にテントが張られ、黄金・宝石・ビクーニャの毛皮などが展示され、取り引きされた。

カリブ海に面したサンロレンソ要塞から眺めるチャグレス川の河口（筆者撮影）

ノンブレデディオスは1584年の国王の勅令によってその地位をポルトベーロに明け渡した。それからほぼ300年間ほとんど忘れ去られたノンブレデディオスは、北から吹き寄せられる砂に埋もれ、その砂がパナマ運河建設の資材として利用されたことはあるが、現在では昔の面影を見つけることすら難しい小さな漁村となっている。

（国本伊代）

12

カリブ海の宝石ポルトベーロ

★独占貿易港と黒人奴隷市場★

ポルトベーロは、1502年11月2日にコロンブスがたどり着いたところで、1584年にノンブレデディオスに代わってスペインの新大陸貿易の独占港の1つとなったカリブ海側の天然の良港である。1597年にサンフェリペ・デ・ポルトベーロとして正式に都市が創設されている。

図7でみるように、カリブ海への出口が西側に位置するポルトベーロ湾は北風を受けず、また奥行きが広く十分な水深があり、地形的に防衛が容易な天然の良港であった。湾の入口の北側の小高い丘にスペイン人はサンフェルナンド要塞を築いて、湾口を見張った。さらに奥に進むと、湾の南側にサンティアゴ要塞が配置されており、その先がサンヘロニモ要塞に守られたポルトベーロの中心部があった。そこにはパナマ市から送られてきた財宝を保管するための大きく頑強な宝物庫兼税関があった。

昔の面影を完全に失っているノンブレデディオスと異なり、ポルトベーロのこのような昔の姿は、現在でも十分に偲ぶことができる。いずれの要塞も廃墟と化し、草生《む》す地面に錆びた大砲がずらりと並んでいる。また宝物庫は博物館として修復されて公開されている。そのうえポルトベーロ一帯は国立公園として保護されているだけでなく、ユネスコの歴史遺産にも登録されている。

このポルトベーロは、スペイン本国と新大陸の間の独占貿易に従事する貿易船団が寄港する３つの指定港の１つとして、18世紀後半に貿易の自由化がはじまるまで重要な貿易港として機能した。１５６０年代に確立した船団方式によるアメリカ貿易は、セビーリャ（のちカディス）が出発港で、５～６隻の艦隊に護衛されて大西洋を横断し、メキシコのベラクルス、パナマのポルトベーロ、コロンビアのカルタヘナの３港が寄港地であった。春に出発する船団はベラクルスに向かったが、８月に出発する船団はポルトベーロとカルタヘナに向かった。

図7　ポルトベーロ湾

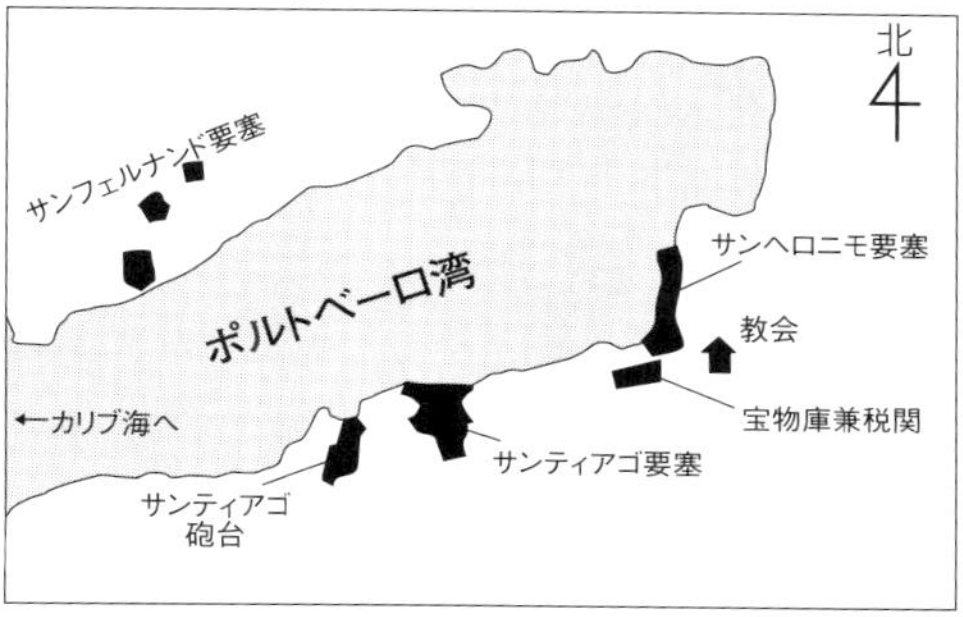

記録によると１５７４年から１７０２年の間にポルトベーロに到着した船団は45回であったので、ほぼ2年に1回の割合で到着していたことになる。つまり毎年船団が到着したわけではなかった。しかし膨大な量の工業製品などの貨物を陸揚げし、ペルーから運び込まれた黄金を船積みする唯一の港であったから、労働力が必要であった。各地で不足する労働力を補うために積極的に導入されたアフリカの黒人奴隷もポルトベーロに陸揚げされ、その多くが奴隷市場で売買されて南アメリカ大陸へ送り出された。もちろんパナマ地域内にとどまる奴隷も少なくなかったが、圧倒的多数の奴隷はパナ

ポルトベーロの旧宝物庫兼税関の建物（筆者撮影）

マを通過していった。

17世紀はじめのポルトベーロの人口は守備隊員を含めて500人足らずで、ふだんは静かな漁村にすぎなかった。しかし湾内を埋めつくすような何十隻もの商船が入港すると一挙に数千人もの人が集まり、祭りのようなにぎやかな港町と化した。フェリアと呼ばれた市《いち》が30～40日間続き、パナマ市から監督するためにやって来た役人、商品の買付のためにやって来た御用商人たちとその手代たち、数千人にのぼるスペインから商船隊でやって来た船乗りと護衛のための艦隊の乗組員たちで、街はごった返した。

先に述べたように、ポルトベーロは奴隷貿易の拠点でもあった。正確な人数を挙げることは難しいが、16世紀を通じて約10万の奴隷がペルーへ送られたとされる。この奴隷たちはパナマ経由で送られた。19世紀の半ばすぎまでの約350年間に新大陸へ送り出されたアフリカ黒人奴隷は約1000万で、そのうちの15％がスペイン領に送られたとされる。そのなかで南アメリカへ送られた奴隷は30％とされるのでおよそ50万の奴隷がパナマ地峡を横断して行ったと推測できる。そしてメキシコと中米地域に約25万の奴隷が入ったとされるが、そのうちのどれほどの奴隷がパナマに残ったかはわからない。しかし相当数の黒人奴隷がパナマの労働力としていろいろな分野で利用されていた。

地峡縦断のために必要な荷役はもちろんのこと、あらゆる分野の労働力として奴隷が必要であったことは、パナマに定住したスペイン人の数の少なさからも容易に推察できる。敵対的であり、同時に人口を激減させていた先住民の労働力が使えない分、黒人奴隷はパナマのスペイン人にとっては「必需品」であった。しかし奴隷として運ばれてきたアフリカ人は必ずしも従順ではなかった。隙があれば逃亡し、また逃亡した奴隷たちは集住し、武装して抵抗した。逃亡した奴隷はシマロン、あるいはマルーンと呼ばれたが、16世紀末にはダリエン地域にいくつものシマロンたちの拠点が密林のなかに存在していた。

このようなパナマの黒人奴隷の基地であったポルトベーロでは、歳月を経るにつれて自由の身になった黒人人口が増えたが、彼らは武器を所有したり、馬に乗ったり、夜出歩くことが禁止され、集会を持つことも出来なかった。しかし狭い地域で形成された奴隷制社会のなかで、アフリカの出身地の伝統文化がさまざまなところで静かに定着していった。写真で見る「黒いキリスト像」に代表されるアフリカ黒人奴隷社会をルーツとしたポルトベーロの伝統文化は、コロンブスの到来から500年たった現在、コンゴと呼ばれるその子孫たちによって受け継がれている。

黒いキリスト像（筆者撮影）

（国本伊代）

13

エルドラードとしてのパナマ

★ヨーロッパ人による財宝争奪戦の舞台★

スペインは、アメリカ大陸の黄金を独占しただけでなく、前章で紹介したように、富を独占するためにスペイン本国とアメリカ大陸の植民地間の通商ルートを厳しく管理した。貿易は護衛艦隊付きの船団を組んだ商船隊によって行われたが、それは商船隊が運ぶ財宝を狙って襲撃する海賊から船団を守るためのスペイン王室の政策であった。セビーリャからは植民地が必要とするさまざまな物資が積み込まれ、帰路には新大陸の黄金のほかにカカオ、砂糖、ラム酒、皮革、藍などを運んだ。これらのスペイン本国に持ち帰る財宝を狙って、多くの海賊がカリブ海域で横行した。彼らは武装した艦隊に守られて船団を組んで航行するスペイン商船隊を襲撃しただけでなく、ノンブレデディオスやポルトベーロを襲撃して富を強奪し、家屋を焼き払うなどの行動をくりかえした。

図8は、16世紀から18世紀にかけてパナマの沿岸を襲撃した主な海賊の攻撃地点を示したものである。このなかで⑩のパターソンのケースは次章で取り上げるが、正確にはスコットランド人の入植活動地点である。もっともスペインから見れば、スペインの利権を脅かす不法活動であった。これらの海賊の活

図8　パナマを襲ったヨーロッパの海賊たち

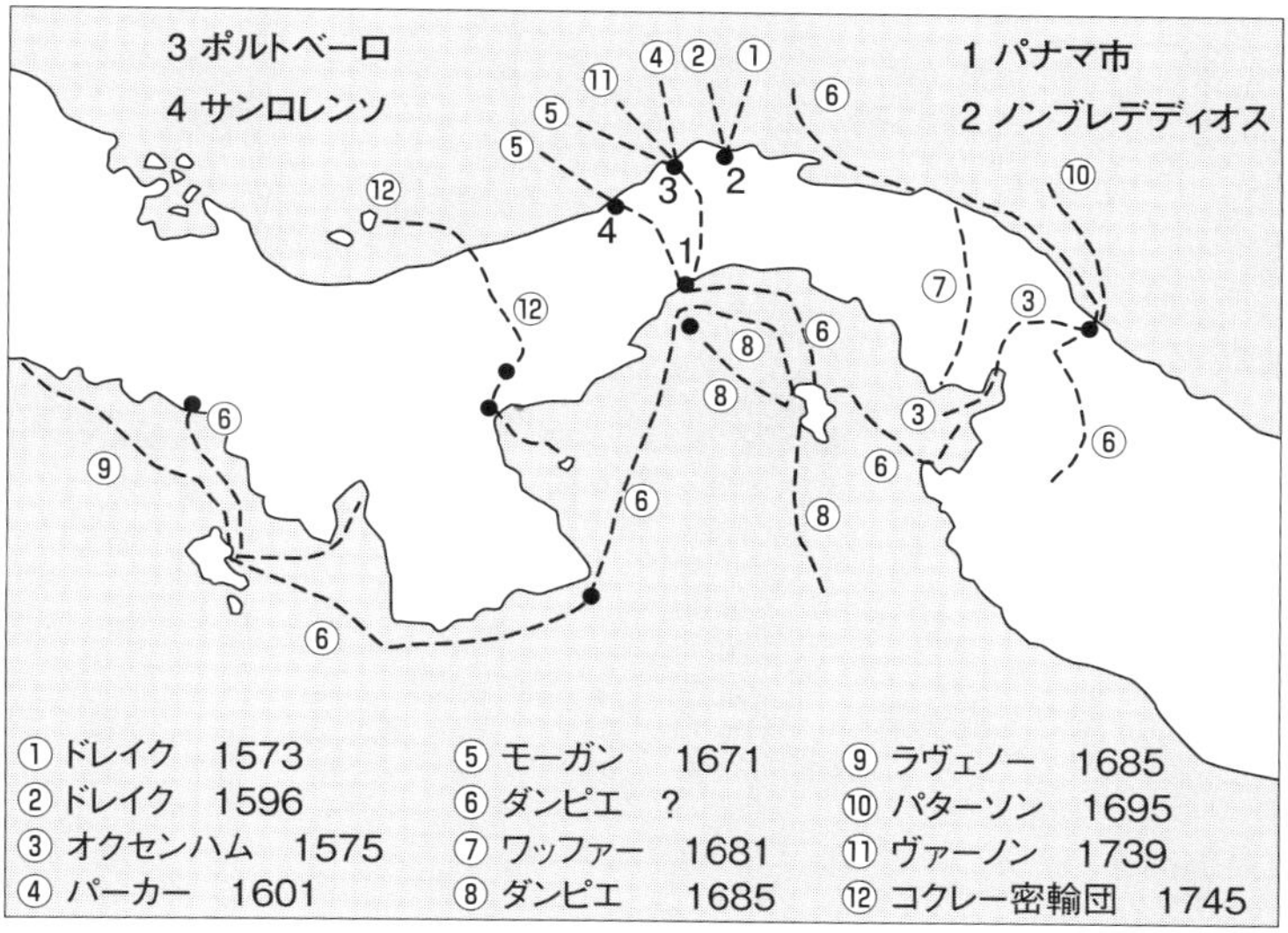

動のなかでパナマに大きな被害をもたらしたのは、16世紀のイギリス人海賊フランシス・ドレイクであり、17世紀に地峡を縦断してパナマ市を襲撃した同じくイギリス人海賊ヘンリー・モーガンである。

ドレイクは１５７３年と９６年の2度にわたってノンブレデディオスを襲撃し、最初の襲撃では多大な被害をスペインに与えた。逃亡奴隷シマロンたちやフランス人とも手を組んだドレイクたちは、ノンブレデディオスの宝物庫に保管されていた財宝を略奪した。その後、カリブ海域ばかりでなくマゼラン海峡を通過して太平洋岸の各地を襲撃したドレイクは、１５９６年にノンブレデディオスを再び襲った。しかしこのときには、すでに前章で述べたように、スペインはノンブレデディオスを放棄してポルトベーロに貿易港の機能を移したあとで、またスペイン側の警戒態勢も機能して失敗に終わった。

ポルトベーロ湾を睨む見張り台と大砲（筆者撮影）

さらに陸路でパナマ市襲撃を計画したが、スペインの防衛軍に阻まれ、途中で赤痢に罹ったドレイクは９６年1月にポルトベーロで死亡している。

ポルトベーロとパナマ市は海賊の襲撃を防ぐために要塞化されていたが、写真でみるように現在でも３００年前の面影を見いだすことができる。ポルトベーロの宝物庫や湾を囲む砦に残る錆ついた数々の大砲が、ポルトベーロの守りの堅さを今に伝えている。チャグレス川の河口を見張るサンロレンソ要塞も、昔の姿を今に残している。しかしこのようなスペインの守りをものともせずに果敢に襲撃をくりかえし、地峡を縦断して、「太平洋の宝石」と謳われたパナマ市を完全に崩壊させたのがヘンリー・モーガンである。

カリブ海各地を荒らしまわったモーガンにとってパナマ市は最大の襲撃目標であった。彼は１６６８年にポルトベーロを襲撃し、２年後の１６７０年には１４００名の手下を率いてパナマ市掠奪を目指して地峡にやってきた。７1年1月にチャグレス側の河口を守るサンロレンソ要塞を襲撃して陥落させると、3日をかけてチャグレス川を遡行してクルセスを占拠した後、パナマ市を襲撃した。モーガン襲撃の通報を受けていたパナマ市は守りを固め、スペイン防衛軍は果敢にモーガンの率いる海賊と交戦したが、熾烈な戦いの後に敗北した。モーガンらは3週間にわたってパナマ市を占拠し、２００頭のロバに略奪品を積み、多数の捕虜を率いて帰路についた。

強奪され完全に焼き払われたパナマ市は、スペイン国王の命令によって10キロ離れた現在のパナマ旧市街地（カスコ・アンティグオ）に再建された。ここは三方が海に面しており、要塞化が容易であった。一方モーガンは、ポルトベーロで病死したドレイクとは対照的に、本国イギリス国王からナイトの叙位を与えられ、国民的英雄となり、ジャマイカの副総督として晩年をカリブ海で送っている。

ヨーロッパ諸勢力が狙ったのは黄金ばかりではなかった。植民地を建設して、その勢力を拡大しようとさえしていた。その1つの例が17世紀末にスコットランド人たちが建設したカリブ海沿岸のカレドニア植民地である。このスコットランド人たちの目的は、イギリスからの経済的独立と新大陸におけるスペインへの挑戦であった。3回にわたる移住者の派遣と植民地建設はスペインの強い抵抗を受け、スコットランドの試みは2000人の犠牲者を出して失敗に終わっている。

チャグレス川河口にあるサンロレンソ要塞の大砲（筆者撮影）

18世紀になると、サンブラス諸島にフランスのユグノーたち約800名が入植し、クナ族の女性と家庭を持って定住した。しかしイギリス人から武器を与えられたクナ族の襲撃を受けてこのフランス植民地は1754年に消滅している。クナ族の蜂起はこれだけでなくたびたび発生しており、スペインは1787年にクナ族と和平協定を結んで1カ所を除くすべての要塞を放棄してこの地区から撤退した。18世紀後半になると、すでにペルーの銀も枯渇しており、また貿易の自由化によってパナマ地峡の重要度は極度に低下し、海賊の襲撃も激減した。

（国本伊代）

14

先住民と新住民

★新しい地域社会の形成★

コロンブスやバルボアたちが幕を切って落とした「探険と征服の時代」とも呼ばれる16世紀を通じて、パナマ地方は大きく変貌した。変化のもっとも大きかったものは住民の姿である。

ヨーロッパ人が到来する以前から現在のパナマ地域で暮らしていた先住民の推定人口については、いくつかの試算が研究者によって提示されている。もっとも多いもので２００万という推定値があるが、１５００年前後の人口を25万から80万とする抑制的な数字が多くの研究者に支持されている。1章で紹介したように、地峡を軸として二分割されるパナマ地方の西側をパナマと呼び、東側をダリエンと呼ぶことにするが、コロンブスがやって来たとき、パナマにもダリエンにもそれぞれ同じくらいの規模の人口があったと推計されている。これらの先住民は部族社会を形成し、農耕と狩猟で生活する人びとで、ヨーロッパ人が接触した先住民の多くは好戦的であった。バルボアが友好的な交流に成功したクエバ族のようにスペイン人に協力的な先住民は必ずしも多くはなかったのである。

これらの先住民族は、征服戦争の過程で、またヨーロッパ人が持ち込んだ未体験の病気にかかって、人口を急速に減らして

第14章
先住民と新住民

いった。コロンブスの到来からわずか20年ほどしか経たない1520年前後の先住民の規模については2万5000人という推定値があり、新大陸の各地で起こった先住民人口の激減がパナマでも起こっていた。16世紀の末にはこの数字はさらに減少して1万5000人となっている。ただしジャングルの奥に移動したり逃げ込んだ先住民の数は、この数字には入っていない。

この先住民人口の激減とは対照的に、パナマには新しい民族が強制的に導入された。アフリカ出身の黒人奴隷である。パナマは黒人奴隷市場の要の役割を果たしたが、同時に数多くの黒人奴隷を地域内に導入していた。絶対的に少数のスペイン人とスペイン人の支配下に置かれた先住民の少なさから、あらゆる面で黒人奴隷の労働力が必要であったからである。11章で紹介した「王の道」を荷物を背負って運んだ者も、チャグレス川を上下する平底船ボンゴの漕ぎ手も、パナマ湾の真珠採りも、金鉱の労働者も、家事労働者も、もちろん黒人奴隷であった。

しかし先住民同様に、黒人奴隷たちも頻繁に反乱を起こし、逃亡した。ジャングルの奥地に逃げ込んだ奴隷たちは各地に自分たちの逃亡社会をつくり、スペイン人に抵抗した。なかには2000人を超す逃亡奴隷が武装して、スペイン人の財宝を狙うイギリスやフランスの海賊の手先として働いた集団もあった。このような逃亡奴隷は、マルーンとかシマロンと呼ばれていた。16世紀半ばにはフェリピーリョと呼ばれるリーダーに率いられたマルーンたちがサンミゲル湾に近い地域にバヤモ王国と名乗る共同体を形成して、2年にわたる激しい戦いをスペイン人との間で展開した。

一方、いち早く確立した地峡縦断ルートと両大洋の拠点都市を支配したのは、もちろんスペイン人であった。しかし10章で紹介したように、この新旧大陸をむすぶ黄金ルートに群がり、そして関わった商人、職人、技師、船乗りたちの少なからぬ者たちがスペイン人以外のヨーロッパ人であった。スペイン国王は、新大陸への渡航を厳しく制限し、3代にさかのぼってカトリック信徒であることを証明できるスペイン人のみに新大陸への渡航を許可したが、現実にはさまざまな地域のヨーロッパ人がパナマ市に集まっていた。もっともこのヨーロッパ系人口は流動的で、常に絶対的に少数派であった。

パナマ地方は地峡縦断ルートを軸として成長し、繁栄した。しかし同時にスペイン人を核とした小さな地域社会が各地に出現し、農牧畜が発達した。図9で示されている16世紀から17世紀前半にパナマ西部に建設された都市は、現在でも農牧畜地帯の中心都市として存在している。ダリエン地区の各地に建設されたスペイン人の拠点都市のほとんどが消え去ったのとは対照的である。1590年にこれらの都市に住むスペイン人の数は約1万であった。それに対して牛はすでに15万頭が飼育されており、パナマ地峡縦断ルートの活動を支えるさまざまな経済活動が活発に展開されていた。

またスペイン人の地方への拡散は、密貿易の盛衰とも深く関わっていた。ペルーの財宝をコクレー地方からカリブ海側に運び、ジャマイカに送るルートが繁栄するにつれて、パナマ市のスペイン人たちがこの地方に転住していったからである。さらにスペイン王室が打ち出した貿易の自由化政策によってパナマ地峡の役割が低下した18世紀後半になると、困窮化したスペイン人やその子孫であるクリオーリョたちが地方に拡散していった。

一方、すでに前章で取り上げたように、コロンブスとバルボアたちが活躍した後の地峡はヨーロッパの海賊とスペイン人の熾烈な抗争の場となったが、この間にあまり語られることのない新しい地域社会が着実に形成されていた。カリブ海沿岸のボカスデルトーロ地方はスペイン人の支配が及ばない

図9　16世紀から17世紀前半にスペイン人が建設した町

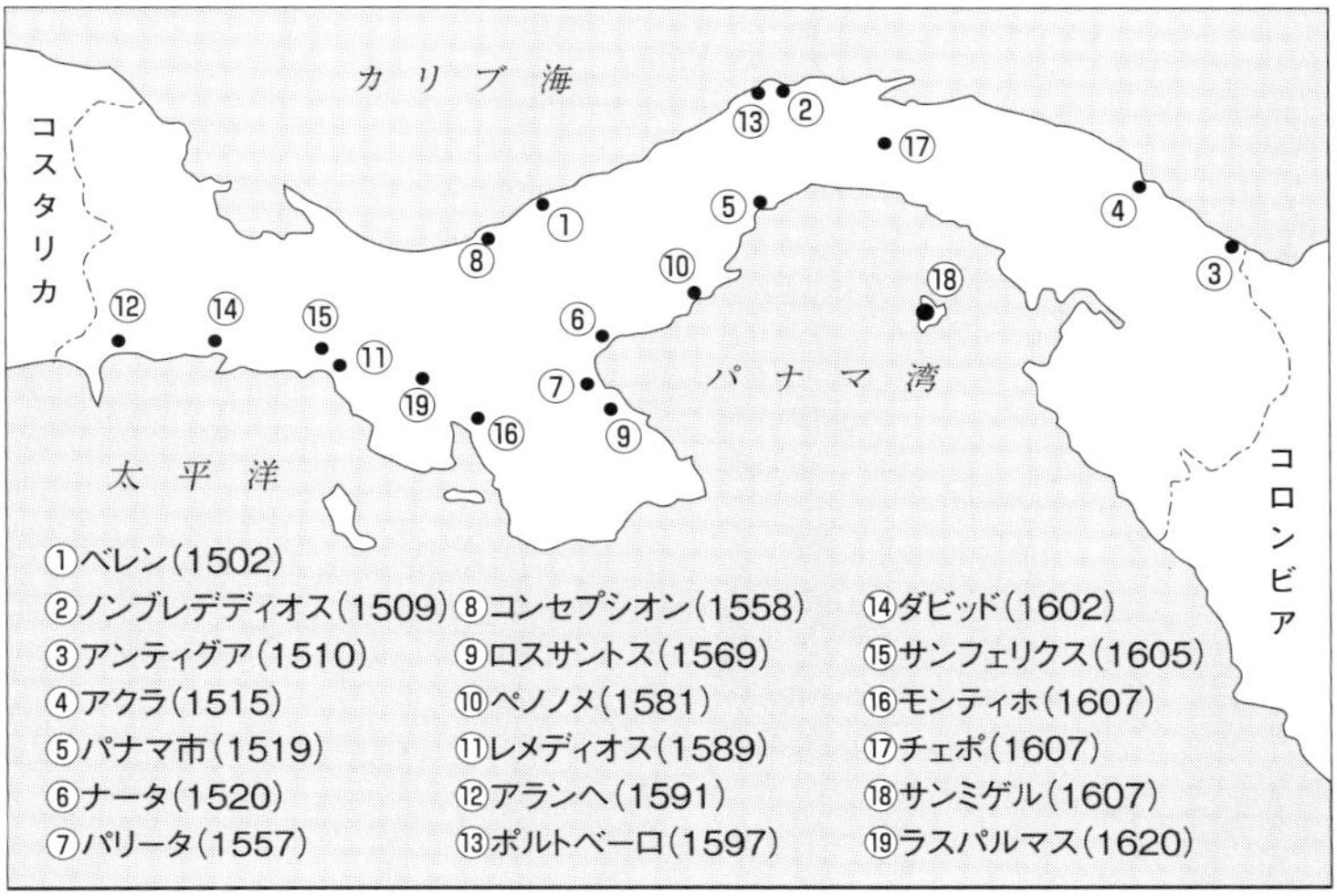

辺境地帯であったため、さまざまなヨーロッパの海賊の巣窟となった。イギリス人、オランダ人、フランス人がさらに支配を確固たるものとするために植民地の建設まで行っていた。

前章で触れたパターソンの植民地計画は、17世紀末から18世紀初期にかけて英国銀行の創設者の一人でもあるウイリアム・パターソンがダリエンのカリブ海沿岸に２０００名のスコットランド人を入植させたものである。ニュー・カレドニア植民地と呼ばれた、現在のプエルト・エスコセスに建設されたもので、本格的な植民計画であった。この地域は、スペインが要塞化したポルトベーロと同じく要塞化されたコロンビアのカルタヘナの間の空白地帯に位置していた。困窮するスコットランドの住民を海外に移住させるための開拓地建設計画であったが、支援物資の輸送が途絶え、またスペインの反撃によって計画は2年足らずで失敗に終わっている。

（国本伊代）

コラム2

「王の道」を探す

小林志郎

パナマはスペイン植民地時代から、ヨーロッパと新大陸ラテンアメリカをむすぶ輸送ルートの中継点であった。イギリスの海賊モーガンが1670年代に破壊し尽くした旧パナマ市の外れには、半分崩れかけた石畳の道路や橋が今も残っていて、その面影を偲ぶことができる。インカ帝国などからの貨物は、太平洋沿岸を船で運ばれ、旧パナマ市に備えられた倉庫にいったん保管され、スペイン王室の役人がチェックしたあと、ロバや荷車に乗せ大西洋側の町ポルトベーロまで運ばれた。そのなかで、価値の高い金銀財宝は、「カミノ・レアル」(「王の道」)を通り、一般貨物は「カミノ・デ・クルセス」(「クルセスの道」)で輸送された。その後、この2つのルートは、ある部分はパナマ運河に沈み、ある部分は熱帯ジャングルに覆われ跡形もなくなってしまった。しかし近年、観光資源の1つとして復活しつつある場所もある。

パナマ運河沿いの舗装路を車でしばらく走り、「パライソ」の町を抜けた辺りで、道は二手に分かれる。さらに左方向に10キロ程走るとそこは「ガンボア」だ。この区間は国立公園で、熱帯ジャングルのなかからはホエザルの吼え声が聞こえ、色とりどりの蝶や鳥が飛び交っている。市民が憩う「熱帯自然公園」もある。園内には、ソニー社寄贈の翼が2メートル近いパナマ国鳥である巨大鷲(アギラ)の保護センターと博物館もある。

「カミノ・デ・クルセス」への入口は、この熱帯ジャングルのなかを走る道路脇に見つかる。一歩ジャングルに入ると、涼しくて蚊もほとんどいない。快適な8キロ程の徒歩コースは、17世紀スペイン時代の冒険者を偲び、ひょっとしたら金貨の1枚や2枚発見できるかもしれないと思いながら歩くアドベンチャー・コースとなっている。

　現在の「ガンボア」は、上流に設けられたマデン・ダムでいったんコントロールされ、川幅１００メートル近いチャグレス川がガツン湖に流れ込む地点でもある。ガツン湖ができるまで、このチャグレス川はさらに30キロ先のカリブ海

スペイン時代の地峡横断ルート地図（上）とカミノ・デ・クルセス（下）（筆者撮影）

まで流れていた。貨物の一部はこのチャグレス川を利用してカリブ海まで行き、カリブ海沿岸のポルトベーロまで運ばれていたと言われる。その河口付近には、最近ユネスコ世界遺産に登録されたスペインの防衛拠点「サンロレンソ砦」もある。

　一方、金銀財宝を輸送した「カミノ・レアル」は、１００キロ程の全行程の一部は険しい山道となっている。その山道ルートは、現在の「マデン湖」に流入するボケロン川に沿っていたようだ。自動車道路がなくなる地点は、「ボケロン・アリーバ」という村だ。その先は、徒歩か馬でしか行けない。地図ではカリブ海側のポルトベーロまでせいぜい30キロの距離だ。しかし、途中の分水嶺で標高１０００メートル近い「セロ・ブルハス（魔女山）」を越えるため、丸2日はかかると言う。体力と時間に余裕があれば、思わぬ発見ができるコースに違いない。

◆カリブ海側の要塞ポルトベーロ◆

要塞からみるポルトベーロ湾（国本伊代撮影）

旧宝物庫兼税関（国本伊代撮影）

III

運河建設の夢の実現に向けて

15

群がる野望とパナマ地峡

★しのぎを削る運河候補ルートの探査活動★

パナマ地峡に運河を建設する夢のきっかけをつくったのは、コロンブスとバルボアである。コロンブスは最後の第4回目の航海（1502〜04年）のとき、パナマのリモン湾（カリブ海側の現在のコロン市付近）に錨をおろして、アジアのインドと信じて帰途に着いた。コロンブスの新大陸発見の10年後、この地に赴任したバルボアは、反対側に別の大きな海があることを先住民から聞き、自ら探検隊の指揮をとり、1513年9月太平洋を発見した。このバルボアが2回目のパナマ地峡横断のときには、帆船を分解して太平洋まで人力で運んでいる。これは船が地峡を越えた最初の記録とされている。

メキシコを征服したコルテスは、1524年にスペインのカルロス5世に中米地峡に運河を建設することを提唱している。歴史上、はじめて提唱された地峡運河は、メキシコのテワンテペック・ルートであった。その後スペイン帝国は、イギリスに無敵艦隊を破られ、カリブ海周辺の制海権も失うことになるが、中米地峡での運河建設候補ルートの調査は18世紀後半まで行っている。熱病が蔓延する人跡未踏のジャングルは、人を拒み、測量ははかどらず、多くの探検家、技術者が調査段階で犠牲になった。しかしこのスペインの現地探検により、サンファン川を利用するニカラグア・ルートやパナマのダリエン・ルートなど4つの運河建設候補が明らかにされた。

19世紀初頭、パナマ地峡への関心を高めたのは、プロイセン（ドイツ）のフンボルトが、ベネズエラ、コロンビア、エクアドル、ペルー、メキシコを5年間調査し、気象状況などをこまごまと記録した本30巻を刊行したことがきっかけとなった。フンボルトは、地峡運河についても詳細な記述を行った。運河ルートとしては、スペイン時代からの4候補以外に9ルートをピックアップしている。彼はとくに中米地峡運河を選ぶためには、全候補地を科学的に同じ精度で測量し、比較検討する必要があるという重要なポイントを指摘していた。

フンボルトの報告書をきっかけに、1820年代から多くの探検家と資本家が、地峡運河の利権を確保するため、当時のグランコロンビア共和国（1819年成立。現在のコロンビア）政府との交渉を試みた。一方、中米のニカラグアが新興国アメリカに接近して運河建設を進める動きを始めたことから、グランコロンビア政府はイギリスに技術援助を要請し、独自の調査に乗り出すことになった。1829年、調査の依頼を受けた英国人技師ロイドがはじめて近代的な測量機器をパナマ地峡に持ち込み測量調査を開始した。運河ルートとしては、リモン湾から太平洋側のバカモンテまでの、現在の運河ルートにほぼ近いルートを勧告することになった。また、太平洋の潮位差は6メートルもあるが、大西洋側にはそれ程の潮位差がないことも確認している。

1838年、ヌエバグラナダ共和国（グランコロンビアから1830年にベネズエラとエクアドルが脱退し改名。その後1886年に今のコロンビア共和国が誕生）政府は地峡縦断鉄道、道路もしくは運河の敷設権をあるフランスの会社に譲渡した。会社は、その事業がきわめて安全であるという報告書をフランス政府に報告したが、フランス政府は、その内容に疑いを持ち、ナポレオン・ガレラという政府職員を派遣し、調査を命じた。ガレラは現地を調査し、新運河案として、リモン湾からバカモンテまで55キロの区間に水深7メートル、幅20メートルの水路をつくり、途中の高い山の区間では、高さ37メートル、延長5キロ近いトンネルを掘ること、大西洋側に18、太平洋側に17、合計35のロックをつくるという地峡最初の閘門式運河計画案を勧告した。ガレラが構想した閘門式運河は、当時すでにアメリカの五大湖と大西洋をむすぶ連絡水路である「ウエランド運河」でも応用されていた。つまりオンタリオ湖とエリー湖の落差174メートルが、閘門39段をつなぐことにより解決されていたのである。また運河にトンネルをつくるという考えは、当時の帆船の高さからするとそれほど荒唐無稽な案ではなかったらしい。しかし、1760年代以降、帆船も次第に大型化し、1830年代には、1500トンを超えるものもあらわれ、ガレラの計画は非現実な案となっていった。

その数年後、アメリカ西部のカリフォルニアで始まったゴールド・ラッシュと1859年フランス人レセップスがスエズ運河を着工したことで、中米地峡での運河建設の動きがさらに強まることになった。

当時新興勢力のアメリカ合衆国、および独立後間もないラテンアメリカ諸国に対するヨーロッパ列強による干渉は、1823年のモンロー米大統領が表明した外交原則「モンロー主義」によって巧みに排除されることになった。さらに運河建設の有力な候補地となりつつあるパナマ地峡に対するヨーロッパ列強の支配を排除するためアメリカはいくつかの外交戦略を打ち出した。たとえば当時、パナマもその一部であったヌエバグラナダ共和国とは、1847年に「航海通商条約」を調印している。これは当時この地域に支配力を有し、運河建設を目論むイギリスに対抗した措置である。イギリスは外交官ブルワーを派遣し、アメリカの国務長官クレイトンとの間に「クレイトン・ブルワー条約」を1850年に締結したが、中米地峡における運河建設をめぐる両国の対決関係を処理する条約であった。この条約はわずか9条という簡潔な内容であったが、中米地峡に運河が建設された場合は排他的な管理をしないこと、運河支配のための要塞は建設しないこと、「人類の利益のために」中米諸国に運河建設条約を締結させること、などを含んでいた。これによりアメリカは、中米地域に運河を建設するための国際的な大義名分を確保したという意味で大きな一歩を記すことになった。しかし、アメリカが実際に運河の建設に着手するまでには、さらに半世紀が必要であった。

この間に発生したいくつかの出来事のなかでも、その後のパナマ運河建設の実現に大きな影響を与えた3つのプロジェクトが注目される。1つは、1829年に第一世代の工事が完了した五大湖の「ウエランド運河」である。この運河は、その後、世界の商船が、帆船から汽船に替わり、船が大型化するなかで、4回も大工事を行い、閘門の長さ、幅、深さを大きくしていった。アメリカがパナマ運河の工事を開始し、水位差を克服するためのアイディアはこの運河工事から得たところは大きかったのである。第2は、次章で述べる1855年に完成したパナマ鉄道だ。第3は、1896年にフランス人レセップスが完成させたスエズ運河であった。当時の土木建設工事で世界の最先端を行くフランスが開発し現場に応用した各種の建設工法は、パナマ運河工事にも大きな参考となった。

（小林志郎）

16

地峡を縦断するパナマ鉄道の建設

――★アメリカ西部のゴールド・ラッシュで増大する輸送需要★――

1848年にアメリカ西部カリフォルニアで金鉱が発見された。その結果、アメリカで「ゴールド・ラッシュ」が始まった。ヨーロッパから新天地アメリカの東海岸に移住してきた多くの人びとは、一攫千金の夢に取り付かれ、西部へと向かった。しかし当時のアメリカは独立国とはいえ、近隣のメキシコと領地をめぐる戦争状態にあった。大陸横断鉄道もまだない時代であった。そのようななかで、アメリカ西部に向けて大量の人びとと物資の移動需要が発生した。ある者は幌馬車隊で、餓えや渇き、寒さ、インディアンと闘いながら、西へ西へと向かい始めた。ある者は地図の上で2つの海の間が短く、移動に便利だという噂を聞きつけ、カリブ海を船で南下し、パナマ地峡に殺到した。

人びとは、まずパナマのカリブ海側に到着した。しかし、かつて17世紀まではスペインが南米からの金銀財宝をスペイン本国に輸送するため重要な拠点であった港町ポルトベーロも、長い年月の間に寒村と化していた。宿泊できるホテルもなく、食料の調達さえ困難な状況であった。人びとは先を急ぎ、ある者はチャグレス川の急流に命を落とし、またある者は熱帯ジャン

図10　開通当時（1855年）のパナマ鉄道ルート

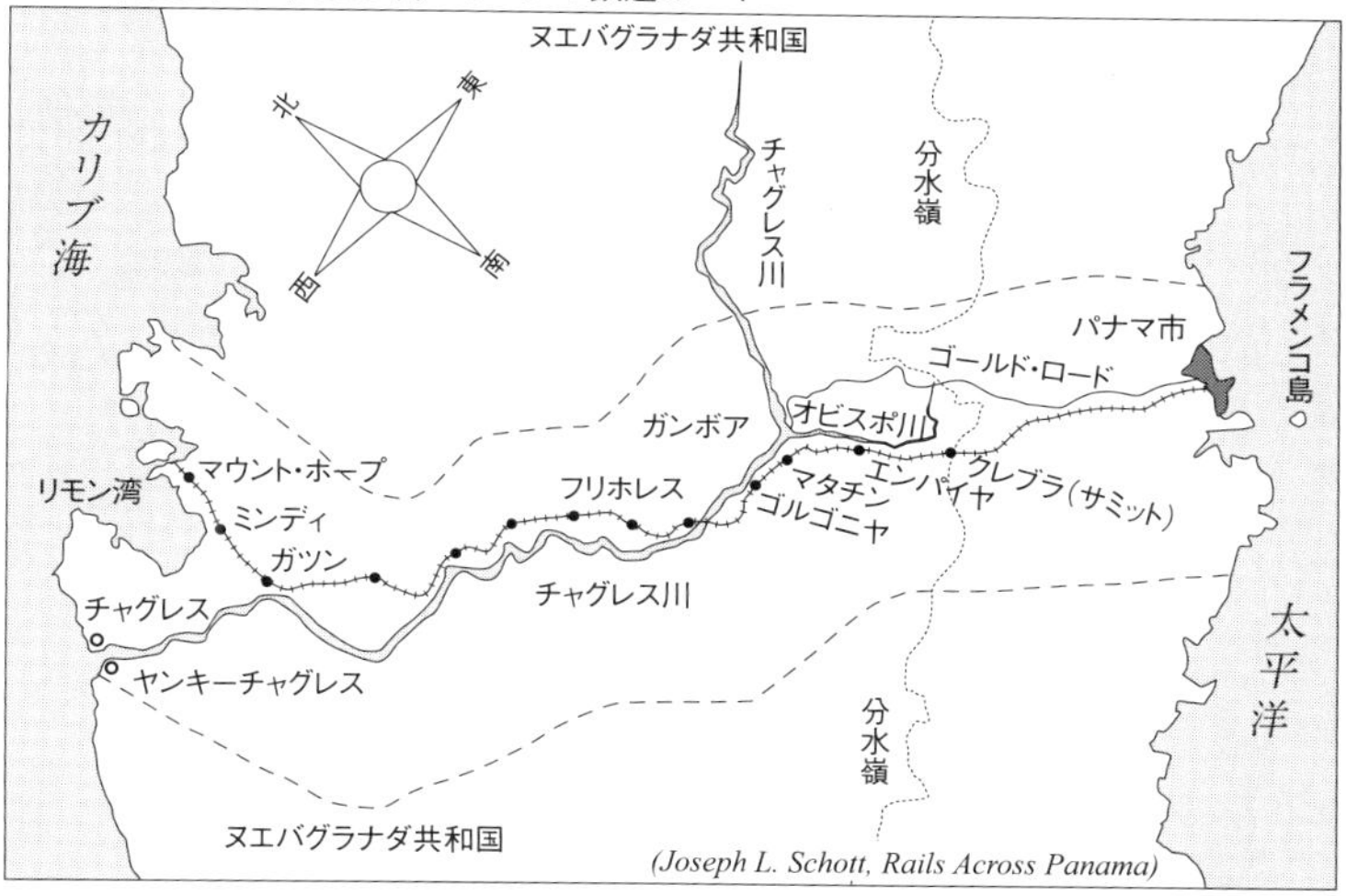

(Joseph L. Schott, *Rails Across Panama*)

グルを抜けようとして、マラリアと黄熱病、赤痢、コレラで病没する者が増加した。アメリカ政府は、国民の安全を確保するためにも何らかの輸送手段をパナマ地峡に作りあげる必要に迫られていた。

これに目を向けたのはアメリカの財界人であり、先述のように多くの冒険家や調査隊が残したパナマ・ルートに着目した。そしてヌエバグラナダ政府から鉄道建設の権利を手に入れ、1850年にカリブ海側のリモン湾で鉄道建設のための測量を始めた。ジャングルや風土病に悩まされ、1000人近い労働者のなかには脱走者が相次ぎ一時は作業をまったく中止するという事態にもなった。それでも建設1年目でチャグレス河口のガツンという地点まで13キロ区間の敷設が完了した。人びとの鉄道利用が始まり、会社の利益も上がり始めた。会社の正式な数字はないが、「枕木一本に一人の命」と言われ、完成までに5年の歳月をかけ、9000人近い死者を出すという難工事であった。

開通当時のパナマ鉄道機関車をあしらった切手

とくに鉄道ルートに立ちはだかる、川幅１００メートル、雨季には一晩に15メートルも増水するチャグレス川を渡る橋の建設は当時の土木建設技術では難儀を極めた。工事そのものが一時中断される事態に陥ったが、大量の外国人労働者が投入され、１８５３年には、チャグレス川を渡る橋も完成した。その場所は、現在、チャグレス川がガツン湖に流入するガンボア付近と思われる。

そして、５年の工事で８００万ドルの投資を行い、１８５５年１月、長さ80キロの鉄道が太平洋側まで到達し完成した。その後、アメリカ大陸横断鉄道にその地位を奪われるまでの15年間、パナマ鉄道は大いに繁昌した。当時建設された鉄道は、前ページ図10でもわかるように、その後建設されることになるパナマ運河とほぼ同じルートをたどっていた。

パナマ鉄道の完成後アメリカは、東海岸から西部に向かう大量のアメリカ市民の安全を確保するため、パナマ地峡に軍隊を派遣する口実をつかむことになった。現在パナマに住んでいるジャマイカ人や中国人のルーツをたどると、この鉄道建設時代にまでさかのぼることができる。彼らとその末裔は、その25年後と47年後に始まるレセップスとアメリカによるパナマ運河建設工事時代にも重要な役割を果たすことになった。また、パナマ鉄道の存在は、その後ニカラグアとの運河建設論争がなされる際にも目に見えない役割を果たすことになった。それは運河ルートに沿って鉄道があったことで、大型トラックが未発達の時代、運河掘削土石の輸送にとり不可欠な大量輸送インフラとなったからである。

この鉄道をはじめて利用した日本人は、江戸幕末期の１８６０年、遣米使節団としてアメリカに渡った徳川幕府の外国奉行新見《しんみ》正興《まさおき》一行であった。一行は、サンフランシスコからアメリカの艦船で南下し、太平洋側のパナマ港に到着、そこからパナマ鉄道会社が特別に用意した８輌連結の列車に乗り込み大西洋側のコロン（当時は、パナマ鉄道会社の経営者の一人の名前にちなみ「アスピンウォール」と呼ばれていた）にまで出た。彼らが汽車に乗るのはもちろんはじめてであった。コラム３でも触れるが、機関車、客車、線路などを微細に観察したエピソードが残されている。

パナマ鉄道が完成してからほぼ50年後、アメリカ人の手でパナマ運河が建設されることになるが、当時のパナマ鉄道のルートは運河の水のなかに埋没することになった。現在走行しているパナマ鉄道は、当初のパナマ鉄道の路線とほぼ平行するが少し離れた地点を走っているのである。パナマ市とコロン市をむすぶこの鉄道は、自動車が主要な移動手段となるまでは両市の市民にとり唯一の交通手段として１９６０年代までおおいに利用されていた。それが、１９７０年代の後半、新運河条約の締結後、パナマに移管されてからメンテナンス不足もあり、急速に老朽化が進んだ。その後、１９９８年の国際入札でアメリカ資本（カンサスシティ社）がそれを買収し、全面的な補修投資を行い、現在は両洋間の港をむすぶコンテナ専用輸送鉄道に生まれ変わっている。

（小林志郎）

17

レセップスの挑戦と挫折

★スエズ運河と同じ海面式工法で失敗★

フランス人で外交官であったレセップスは、若い頃、エジプトに駐在したとき親交があったエジプト太守の要請で、スエズ運河工事を始めた。準備に5年、建設に10年、合計15年をかけ1869年ついに完成させた。

この運河は地中海と紅海をむすぶもので、砂漠のなかに全長164キロ、幅22メートル、深さ10メートルの水路を掘削したものであった。工事前半には、毎日2万人の労働者を投入して人海戦術による手掘り作業が行われた。熱さやコレラの流行で12万人もの犠牲者を出すという過酷な工事となった。工事の後半には、当時世界の土木工事で最先端を行くフランスは、蒸気ショベル、浚渫《しゅんせつ》船などの機械を導入し、作業内容も急速に改善された。工事の完成により、レセップスは、名実ともにフランスの栄光を実現し国民的英雄に輝いた。

そのレセップスがスエズでの大成功の余勢を駆って、すでに70歳を過ぎていたが、パナマ運河建設に向けて再び精力を注ぎ始めた。スエズ運河建設でも彼の右腕的な役割を果たした長男（シャルル）は、はじめ父親のパナマへの情熱を思いとどまらせようとしたが、とどまるところを知らない父親の夢の実現のために再び彼を支えることになった。

レセップスは1879年に全世界から100名近い学者、技術者、航海士をフランスに招き、「両洋間運河研究国際会議」を主宰した。この会議では、アメリカ代表が推すニカラグア運河案が退けられ、パナマ運河案が採択された。さらに運河方式は「海面式」にするという重要な採決も行われた。会議参加者のなかに、パリのエッフェル塔の設計者として知られるエッフェルも参加していたが、彼は採決にあたり、閘門式運河案を支持していたことで知られている。しかしこのような重要な決定を下した国際会議の参加者のなかで実際にパナマを見た技術者は1人だけであったとも言われる。

国際会議の直後、パナマ運河建設のため、レセップスを代表とする「パナマ運河会社」が設立された。新会社の資金調達方法は、スエズ運河のときと同様、フランスの一般市民も購入できるパナマ運河会社の株を公募することであった。

レセップス自身、工事現場のパナマの土をはじめて踏んだのは国際会議での結論が出て半年後の12月のことであった。その時、パナマは8カ月以上も続く熱帯圏の雨季が終わり、毎日が晴天の乾季に入っていた。翌1880年1月1日、快晴のなか、運河の太平洋側入口地点で関係者を集めてレセップスはパナマ運河の「鍬入れ式」を行った。

レセップスは生来の楽観主義により、運河工事費用を過少に見積り、海面式運河は8年後には完成できるとフランスの大衆には説明していた。その結果、大衆からの資金応募は予想の2倍以上に達し、滑り出しは好調であった。

パナマでの実際の運河掘削工事は、レセップスの鍬入れ式の1年後から始まった。当初は、ジャングルを切り拓き測量を行うという準備作業が中心であった。レセップスの海面式運河計画では、水路幅24メートル、水深8・5～9メートル、掘削土量8800万立方メートルという比較的小規模なスエズ運河並みのものであった。しかし、工事費用と作業進捗に最も影響を与えることになる掘削土量の見込みがいかに甘いものであったかは、工事開始後、すぐに判明した。

1883年に、同じレセップスが任命した技術委員会は掘削土量を1億2000万立方メートルに修正した。しかしこの新しい見込みも後年アメリカが掘削した全体土量2億5900万立方メートルの半分以下であった。とくに運河が太平洋側に向かうルート上の分水嶺クレブラ地帯の丘陵が問題の箇所であった。ちなみにスエズ運河は水路の距離でこそパナマ運河の倍はあったが、平坦な砂漠地帯であったため、掘削土量は7500万立方メートルにすぎなかった。クレブラカットだけでアメリカは1億1600万立方メートルの土量を掘削していたのである。なお、工事土量の規模がほぼ同じで大工事と言われた日本の神戸ポートアイランドは8000万立方メートル程と言われる。

その上、建設予定の運河ルートでは、アメリカが鉄道を建設したときと同様、雨季には大きく氾濫するチャグレス川の猛威が立ちはだかっていた。

スエズ運河の建設に利用された土木建設機械、1867年に発明された岩を砕くダイナマイト、また水底を掘削する浚渫船、蒸気ショベルなど、最新の機械と技術がヨーロッパからパナマに輸送された。運河の予定ルート上に、2万6000人の労働者を収容する設備も作られた。

しかし工事着工後、1年間でヨーロッパから来た従業員の1割は、黄熱病とマラリアで死んだ。当時、蚊がマラリアの媒体であることは知られていなかった。8年間の工事期間中、死者の数は3万人に及んだ。

クレブラ丘陵の土質は、粘土層と頁岩《けつがん》の層からできていたため、大雨が降ると、ねばる泥となって流れ出し、工事中の機械を埋め尽くすことになった。工事開始後の6年目、100メートルの深さの切り通しを開く予定のクレブラでわずか3メートル半の厚さの土を取り去っただけという結果に直面した。こうしてレセップスの楽観的な工期と工費の見積りはことごとくはずれ、工事が長引くにつれて、あらゆる費用が増えた。

予想外の工事の停滞に、フランス市民の間にも疑念が発生した。工事開始後5年目の85年にはフランス政府も現地の実態調査に乗り出すことになった。1つには、レセップスの運河会社の資金が枯渇し、新たに富籤《とみくじ》付き債券を発行する事態となり、政府と議会の承認が必要となったからである。政府調査団もこの時点で、海面式から閘門式への転換を勧告するに至った。すでに高齢に達していたレセップスは、6年間の苦渋の工事のあと、最後の希望を託してエッフェルにロック式（閘門式）の扉の製作を発注した。この鉄の大扉を据え付け、コンクリートを入れ、岸壁を固める工事を含め、あと3年の工事で船が通れる予定であった。1888年6月、富籤付き債券発行の法案は議会で可決された。しかしその直後、レセップス死亡の噂が流れ、債券相場が一気に下落、パナマ運河会社の資金が枯渇し、会社倒産の事態に立ち至ったのである。

フェルディナンド・レセップス

（小林志郎）

18

アメリカの海洋帝国の野望とパナマ地峡

――★アメリカ世論を沸かせた戦艦「オレゴン号」の失敗★――

アメリカが中米地峡に鉄道や運河を建設することに対するヨーロッパ列強からの横槍は、1850年英国との間に締結した「クレイトン・ブルワー条約」でみごとに回避されることになった。西部カリフォルニアで発生したゴールド・ラッシュを契機にアメリカは民間資本の手によって、1855年パナマ鉄道を完成させることもできた。しかしこの頃はまだ、国家事業として中米地峡に運河を建設するという構想は明確には確立されていなかったようである。新興国アメリカは当時まだ周辺地域を併合中であり、国内問題でも南北戦争（1861〜65年）などにエネルギーを集中させていた段階であった。

また当時の海洋輸送は帆船が主流で、鉄製の蒸気船が主流となって飛躍的な海上輸送手段として出現するまでにはもう少しの時間が必要であった。たとえば、1870年代の海上貿易量の推移を見ると、1870年には全貿易量が1794万トンであったが、このうち帆船の割合は86％、蒸気船は14％弱であった。さらに1879年になると全貿易量は2040万トンに増えたが、この内帆船は79％で、蒸気船は21％へと確実に増加したが、帆船の比重は依然として高かったのである。このため当時の中米地峡に対するアメリカによる調査は、主に民間の探検家を中心としたもので、国家が乗り出すケースは少なかった。

その後、スエズ運河が開通した同じ年（1869年）、アメリカでは第18代大統領にグラントが就任した。グラント大統領は、「アメリカの領土に、アメリカの運河を、アメリカ人の手で建設する」ことを宣言し、アメリカ海軍に中米地峡運河の総合調査を命じた。1870年から75年までの5年間、アメリカ海軍は、最新の科学技術を駆使した現地調査を実施した。調査隊は、天文学・地理学・鉱物学・水理学・測量・写真家を含めた30名で編成された。軍艦2隻を大西洋に、1隻を太平洋に配備し、海兵隊の協力も得るというきわめて組織的な作業であった。現地踏査の際には、現地人も雇い、総勢300人にも達し、アメリカ海軍の総力をあげての調査であった。

図11　アメリカ東西間はパナマ運河を通れば1/3の距離に

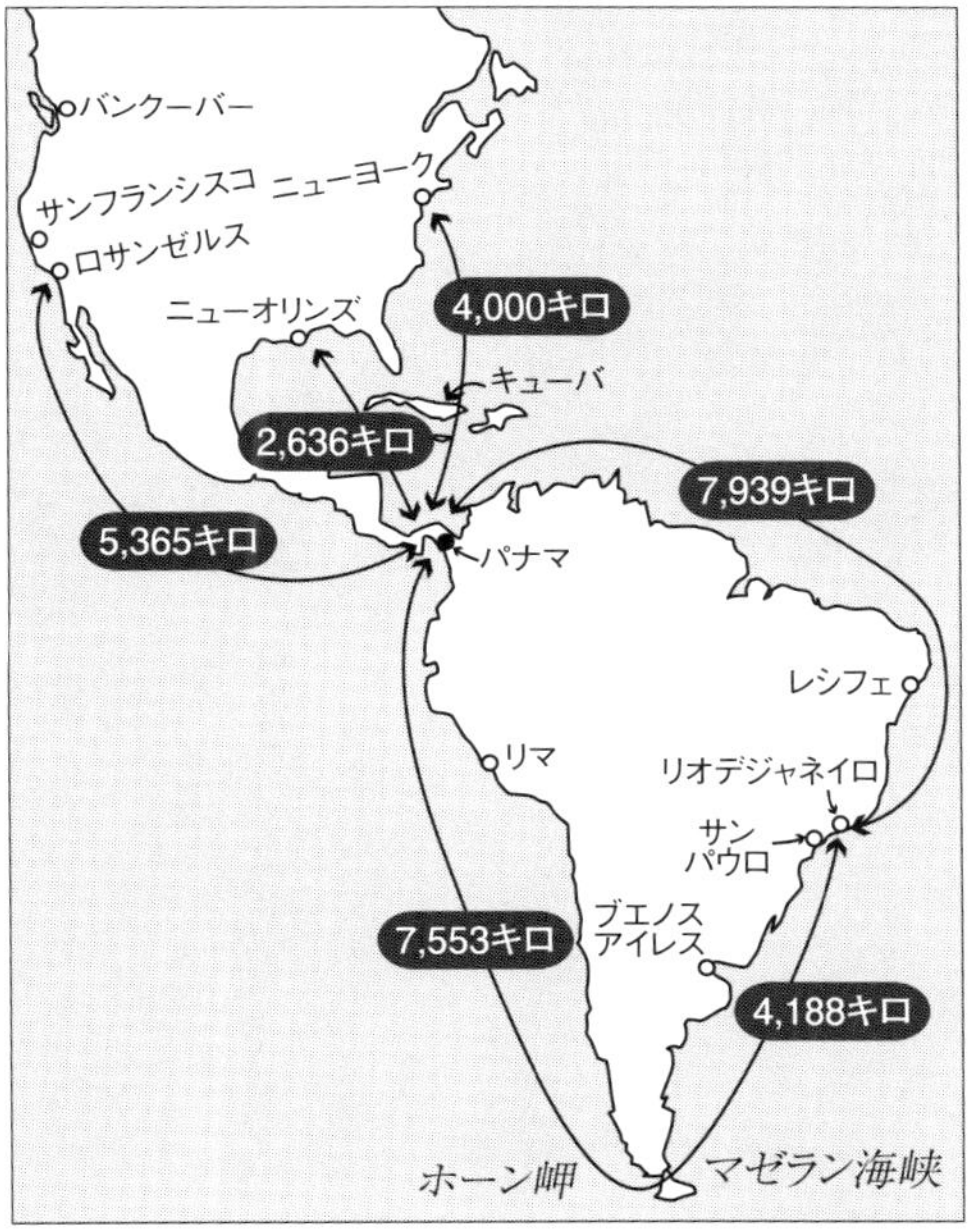

この調査の基本的な狙いは、19世紀初頭ドイツの地理学者フンボルトが指摘したすべての運河ルートの候補地を同じ精度で測量し、評価する

図12　アメリカ海軍が1870年代に本格調査した運河候補ルート

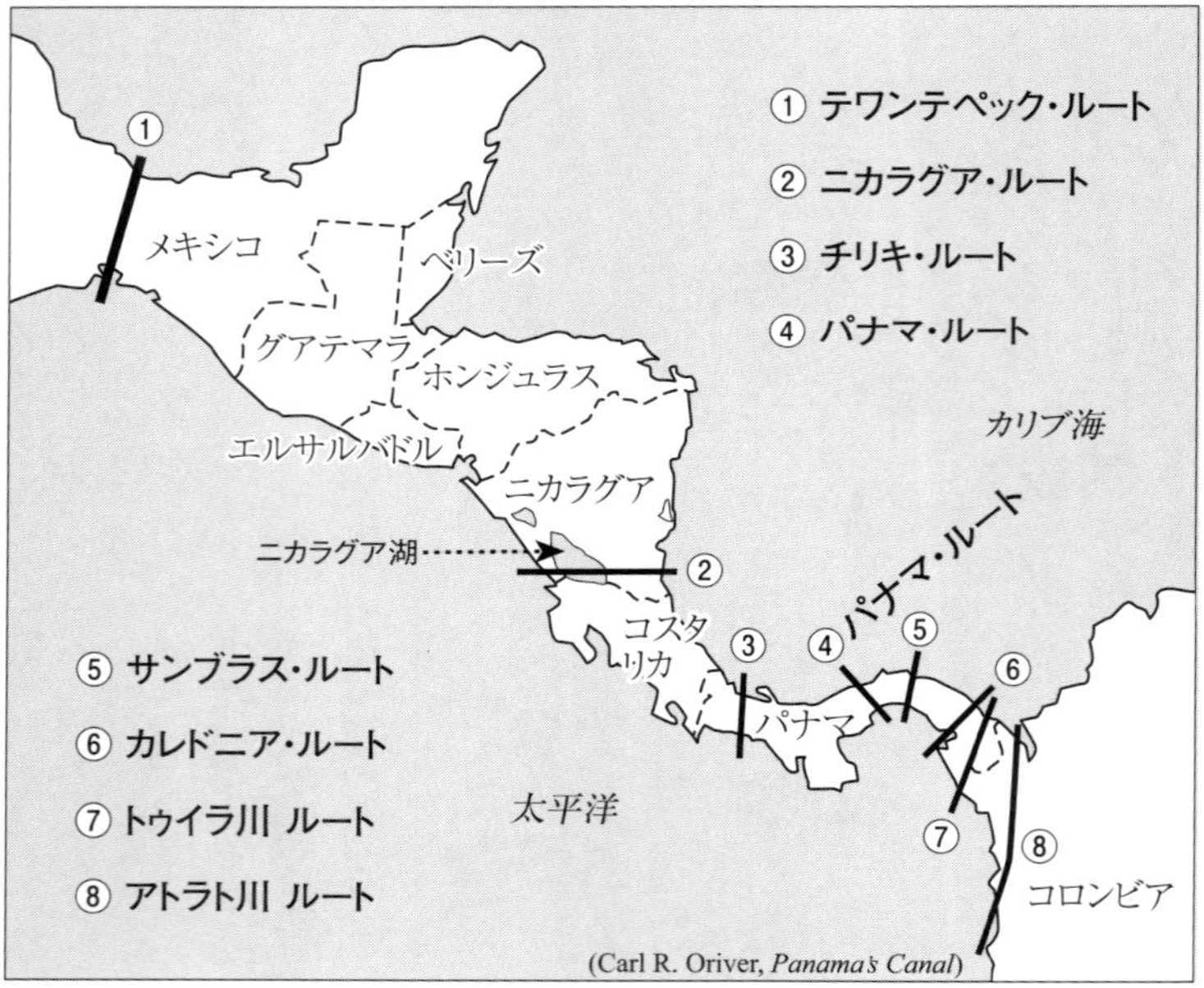

という方法を史上はじめて実行しようとしたものであった。５年間にわたり、当時運河建設候補とされていた８つの中米地峡ルート（上図参照）について総合的調査が行われた。その結果、運河が建設できる候補地としては３つのルート、つまりニカラグア（上図②）、パナマ（同④）、アトラト川（同⑧）ルートがあげられた。なかでも運河ルートの最有力候補として、ニカラグア案が浮上した。この案が最有望となった理由の１つは、運河水路が通ることになるルート上に自然のニカラグア湖があり、この湖を利用することで、掘削土量を低く抑えることができること、もう１つはパナマ・ルートよりアメリカに近いためアメリカの東海岸と西海岸の輸送にとって有利であると考えられたためである。レセップスが１８７９年にパ

リで開催した「両洋間運河研究国際会議」に招かれたアメリカ代表は、このアメリカ海軍の調査結果をベースにニカラグア案を提案していた。同会議ではニカラグア案が退けられパナマ案が採択されたことは既述の通りである。しかも、レセップスがパナマで海面式運河を建設している最中、アメリカ政府はそれに対抗するかのようにニカラグア政府と運河を作るための条約まで締結している。そして実際にフランスが失敗した3カ月後に、アメリカの会社はニカラグア運河を掘り始めた。しかし、その後しばらくして会社が倒産したことでニカラグア運河工事は中止となった。おもしろいことにニカラグア運河の可能性は1896年の選挙ではアメリカの共和党の政策綱領に記載されるなど、アメリカでは根強い支持者がいたのである。

1898年、カリブ海のキューバでスペインによる植民地支配に抵抗する反乱が起きた。キューバ支援のため、太平洋上にあった米戦艦「オレゴン号」に出撃命令が出された。太平洋を南下し南米大陸の最南端ホーン岬を回り、再び大西洋を北上してキューバに到着したときは、すでに2カ月が過ぎていた。オレゴン号の航行状況は毎日の新聞で報道された。しかしオレゴン号がキューバに到着したときには、戦争が終わっていた。これをきっかけにアメリカ国民のなかに、中米地峡にアメリカの運河を、という世論が急速に沸きあがったのである。また、当時、ヨーロッパ列強はもちろんのこと、後発国の日本も蒸気船を縦横に駆使した海上貿易と海外植民地の獲得競争の時代に入っていた。アメリカもスペインとの戦争で、フィリピン、グアム、プエルトリコを獲得した。アメリカが海洋国家として運河建設に戦略的に乗り出したのは、このような新しい時代状況が背景にあったと言えよう。

（小林志郎）

19

ヘイ・エラン条約とパナマの分離独立

★独立と運河条約締結をはかった謎のフランス人★

当時のアメリカ議会や世論は、運河ルートとしてはニカラグア案の方を支持する勢力が強かった。しかし1901年、グラント前大統領の暗殺で新大統領に就任したT・ローズベルトの登場で状況は一変した。同大統領はパナマ案を支持し、積極的に議会工作を行い、ついにパナマ・ルート案でコロンビアと交渉する権限を得ることに成功した。この成功の陰には、まったく予期しない自然現象があったとされる。

アメリカ議会で2つのルートの是非をめぐる論戦が行われていた1902年5月、ニカラグアで火山爆発が起きたのである。運河ルートとしてニカラグアは危険であるとの意見が強くなった。しかも、ニカラグア案が有力視されていた1880年以降、世界の船が大型化し、ニカラグア湖を通るためには運河ルートをもっと深く掘らなければならないという事情もあり、魅力が低下していた。

アメリカ議会はローズベルト大統領に対し、運河工事の権利と資産をフランスの新会社から4000万ドルを超えない金額で手に入れること、コロンビア政府から運河ルートに沿って幅10キロの土地を手に入れること、そしてそのあとに運河建設に当たることの3つの権限を与えていた。ちなみに、レセップスのパナマ運河会社は、コロンビア政府から得ていた運河工事の権利と資産については、新会社に引き継いでいたのである。

大統領に与えられた権限に基づき、コロンビア政府との条約交渉はアメリカ国務長官ジョン・ヘイがワシントン駐在コロンビア代理公使トマス・エランとの間で行われた。そのためこの条約は、「ヘイ・エラン条約」とも呼ばれるようになった。この交渉は1903年初頭に完了して条約となった。この条約では、フランスの会社に対し、アメリカに権利を譲ることを許可し、アメリカが必要とする土地に対して100年間の行政権を認めていた。他方アメリカは行政権を得る代わりに、一時金として金で1000万ドルを支払い、また、条約調印の日から9年経過したのち、毎年25万ドルを支払うことになっていた。運河地帯の主権はコロンビアのものであることを認めていた。

アメリカ議会は自国にとって有利なこの条約を修正なしで批准した。ところがコロンビア議会にはこの条約に反対する者が多かった。最大の反対理由は、レセップスから引き継いだフランスの新会社が持っている権利の期限が1904年で切れることになっていた点にある。破産宣告を受けて倒産したレセップスの運河会社から資産を引き継いだ新会社は、そのため当時コロンビア政府に対し許可期限を延期する交渉を行っていた。アメリカはこのフランスの新会社が持っている運河権利に対し4000万ドルも支払おうとしている。もし、1904年の期限切れの時点まで待てば、その金はコロンビアが手に入れることができるという計算が働いたとしてもおかしくはない。

アメリカがフランス政府から1803年、ルイジアナを購入した金額は1500万ドルであった。また、1866年にロシア政府からアラスカ州を買った際は、720万ドルを支払っている。従ってこの4000万ドルが当時どの程度の大金であったかは容易に想像できる。

さて、当時パナマでは、コロンビアからの分離・独立を目指す運動がひそかに広がっていた。その中心人物は、パナマ鉄道の医務部長をやっていたマヌエル・アマドール博士であった。独立をコロンビアから勝ち取るには、パナマに駐屯していたコロンビア軍と一戦を交える覚悟と準備が必要であった。当時のパナマには資金もなければ、もちろん軍隊もなかった。唯一の頼みの綱はアメリカであった。パナマ鉄道で働くアメリカ人の支援を得てアマドール博士はニューヨークに向かった。

しかし、アメリカ政府筋には革命の話に耳を貸す者は皆無で、落胆のうちにアマドールはパナマに帰国しようとしていた。そこで偶然に出会うことになった人物こそ、その後のパナマの歴史を大きく塗り替え、しかもアメリカによるパナマ運河建設への道筋をつけたフランス人ビュノー・バリーヤであった。彼は、レセップスのパナマ運河工事が始まった頃から、現場の第一線で働いた経験を持ち、その後工事が行き詰まった頃、4代目の技師長となった。そして新しい技術的視点からクレブラカットでの問題解決を世界に示し、海面式から閘門式運河建設への糸口を作ったことでも知られていた。あと数年でフランスのパナマ運河が完成するところであった。彼はレセップスの運河会社が精算されたあとも、執拗にパナマでの運河建設の妥当性をフランス国内のみならず、請われればアメリカでも多くの講演会で主張し続けていた。特にニカラグア運河の建設熱が高かったアメリカでの彼の主張は、次第にローズベルト大統領にも受け入れられる状況を作りあげていった。次章でも触れるが、パナマで発生したコロンビアからの独立の話は、コロンビア議会が「ヘイ・エラン条約」の批准を拒否し、パナマでの運河建設の可能性を葬り去ろうとしている状況のなかで、バリーヤにとっても「渡りに舟」の提案であったはずだ。奇しくも、コロンビア議会が条約の批准を否決したその日（1903年9月23日）、バリーヤが宿泊していたニューヨークのホテルをアマドールが訪問した。

希望を失っていたアマドールに対し、バリーヤは、独立に必要な軍事作戦を指示し、独立宣言案や必要資金の提供も約束した。パナマに戻ったアマドールは、ほぼ1カ月後に分離・独立のための革命を実行したが、いくつかの偶然も作用しほとんど無血革命が成功した。ワシントンではバリーヤが国務省に出向くなどして、新生パナマ共和国の承認の確保に奔走し、独立後10日目にはアメリカ政府の承認を取り付けた。

無事、パナマ共和国が誕生したのを見計らいバリーヤは、パナマ全権公使の肩書きを使い速やかに、アメリカとの間の「運河条約」を自ら起草し、11月18日、ヘイ国務長官との間にその条約を調印してしまったのである。

新生パナマ共和国の全権公使の頃の
フィリップ・ビュノー・バリーヤ

パナマの国家誕生のいきさつと深い関係を持った人物としてパナマの小・中学校の歴史教科書にも必ずバリーヤは登場する。しかし、その扱いは大変冷たいものがある。それはひとえに、当時パナマの独立のために尽力した「パナマ独立の英雄たち」の裏をかいて、運河条約をアメリカと勝手にむすんでしまったことへの批判がベースにある。これは、当時のように国家間の利害関係が複雑にからむなかで展開した歴史ドラマでは、立場によりまったく違う解釈が生まれるという代表的ケースであったことを表している。（小林志郎）

20

コロンビアからの分離独立と運河条約

★独立の見返りに運河地帯の主権を喪失★

ビュノー・バリーヤからアメリカがパナマ独立派を支援するであろうという口約束を得たアマドール博士は、パナマに戻ることになったが、革命資金が必要であるとも述べた。それはパナマに駐屯するコロンビア兵500人の忠誠を得るための資金であった。この頃、コロンビア政府からの給与遅配でコロンビア兵の意気は低迷していたのを革命側は逆利用しようと考えていた。即座に、バリーヤは10万ドルを自分の懐から用立てようとした。同時に、資金提供の時期と条件として、革命政府が彼をワシントン駐在の全権公使に任命し、運河条約締結のための全権を与える電報を受け取ったときとするとの条件を付けた。

パナマに戻ったアマドールは、6人の独立の同志（その後、パナマの歴史を作ったとされる英雄）に、バリーヤはアメリカ政府の代理人であるとの前提で、今後の革命への対応を相談したと報告した。しかし同志のなかには、計画がずさんすぎると批判する者もいたと言われる。革命の同志たちがアマドールの帰朝報告をめぐって議論を繰り広げているなか、コロンビア兵を乗せた砲艦がコロンビアの軍港カルタヘナを出て、パナマ大西洋側の港町コロンに向かうという噂が伝わってきた。

パナマ共和国初代大統領マヌエル・アマドール

彼らが打てる手は、バリーヤに対してアメリカの軍艦をただちに派遣するよう要請することしかなかった。ニューヨークにいたバリーヤは、事前のヘイ国務長官との対話からも米巡洋艦ナッシュビル号がパナマ方面に向かうという情報を得ていたので、アマドールに対しその旨回電した。たしかにナッシュビル号は11月2日にパナマのコロン港に入港した。すでにコロンビアから派遣されたコロンビア軍部隊500人が到着しており、太平洋側のパナマ市に鉄道で移動しようとしていた。この移動を食い止めたのは、パナマ鉄道のアメリカ人職員であった。彼らはパナマ人の革命派と呼応して、列車を利用してコロンビア軍の指揮官と兵隊とを巧みに分断してしまったのである。その上、パナマに駐屯していたコロンビア将兵には、革命指導者から十分な手当てが支給され、革命を阻止しようとする軍隊はいなくなっていた。米巡洋艦ナッシュビル号もコロンビア政府軍の上陸を阻止していた。ここに、ほとんど流血のない革命が成功したのであった。11月3日、パナマ市ではコロンビアからの分離独立が正式に宣言された。

新しいパナマ共和国政府の実権は3人からなる委員会にゆだねられ、2日後には、アメリカがこの新生共和国を承認した。革命政府はバリーヤに対し、例の10万ドルの支払いを電報で督促した。彼はこれに対し、アマドールに要求していた全権公使の辞令を出すことを要求した。現金不足に苦しむ革命政府

分離独立を実現した志士たち（前列左からアランゴ、アマドール、ボイド。後列左からオバリオ、アロセメナ、エスピノサ、トマス・アリアス、リカルド・アリアス）

は11月6日、彼を特命全権公使に任命した。その任命書を持って彼はローズベルト大統領に信任状を提出した。パナマ全権公使の肩書きで、運河条約の調印に向けた活動を始めたのである。

一方、初代大統領アマドールと革命政府の一員となったフェデリコ・ボイドが、運河条約交渉のためにワシントンに向かったということが新聞に出た。信任状を提出してホワイトハウスを退出したバリーヤは、ヘイ国務長官に対しすぐにでも運河条約を調印したいと申し出た。彼はすぐさま条約案を完成させた。全部で24条からなるその内容はアメリカにとりきわめて有利なものであり、議会上院での批准反対がありえないほどの好条件を含んでいた。

運河条約のベースとなった類似の条約はアメリカとコロンビアとの間に同じ年に締結されるはずであったが、コロンビア議会の反対で批准が棚上げになっていた問題の「ヘイ・エラン条約」であった。この条約では運河地帯におけるアメリカの権利は100年間とし一定の制限期間があった。しかも、運河地帯におけるコロンビアの主権は尊重されていた。しかしバリーヤ案では、新たに誕生したパナマ共和国は、アメリカ合衆国に対し「幅員16キロに及ぶ運河地帯の主権を永久に与える」としたのである。そして条約批准時に1000万ドル、条約発効後9年目からは年25万ドルがパナマ政府に支払われることになっていた。

これほど気前のいい条約案が米政府内で反対されるはずがなかった。米国務長官ジョン・ヘイはパナマ全権公使バリーヤと条約案に調印した。バリーヤはすぐさま、パナマ政府に電報で条約が調印されたことを報告した。そして、アメリカに到着することになっているアマドールとボイドに条約を批准する権限を与えるように要求した。ワシントンに到着したアマドールとボイドは、条約がすでに調印されたことを聞き、その驚きと当惑は大変なものであったと言われる。しかも本国パナマ臨時政府は、中身をよく吟味しないまま彼らに批准を迫っていた。バリーヤが1913年に著した『パナマ、創造と破壊、そして再生』のなかでは、そのときの状況にも触れている。当時の臨時政府を作っていた4~5人の人びとは、就任後やっと2週間を超えたところであった。年とった医者（アマドールのこと）以外の人びとは、地元の商人や地主であった。一人として外交や国際法の知識はなく、アメリカ合衆国が要求する行政権と、要求もないのにくれてしまおうとしている主権の違いを指摘してくれそうな専門家を雇うだけの時間的余裕もなかった。運河条約について彼らがアメリカ側と議論を始めたら止まるところを知らなかったであろう。彼らは、革命を生き延びさせるには、1000万ドルを素早く手にいれることが必要であったのかもしれない、と。

しかし、この条約こそが、パナマ独立後1977年に改定されるまでの70年近くにわたるアメリカとの外交関係を歪めることになる元凶となったことは言うまでもない。

（小林志郎）

21

アメリカの支配下に入るパナマ

――★幅16キロの運河地帯がアメリカの治外法権下に★――

ビュノー・バリーヤの「策動」によって、条約の中身を十分に吟味する間もなく、新生パナマ共和国臨時政府の閣僚全員がサインし運河条約が批准され発効した。独立宣言の後、1カ月も経たない12月2日付けであった。

閣僚にはアマドールの他、アランゴ、アリアス、エスピノサ、モラレス、エスプリエラが名を連ねていた。彼らの多くとそのファミリーは、その後のパナマの政治・経済の実権を握り、パナマの歴史に強い影響を与えることになる名門ファミリーを形成することになる。逆に反対勢力からは、しばしば「オリガルキーア」（寡頭政治層）との批判を受ける対象ともなった。この言葉の背景には、独立当初アメリカに「国を売った連中」であるという意味合いも込められている。

この条約により、パナマ臨時政府は運河地帯の「主権」を、「永久」にアメリカに譲渡し、新生共和国の安全を確保し、代償に少なくとも1000万ドルを手に入れたことは事実だ。しかし、当時の時代状況のなかで、彼らにはそれ以外の選択肢はなかったのかもしれない。バリーヤの「策動」も結果的にはパナマの「独立」を早期に、最小の犠牲で実現させたという側面を持っていたとも言える。ちなみに、バリーヤはヘイ国務長官と条約の批准書に1904年2月に調印すると、公使の職を辞して歴史の舞台から姿を消してしまった。

全部で26条から成るこの運河条約の中身をもう少し詳しく見ておこう。

第1条では、アメリカがパナマの独立を保障し保全するとしている。つまり、新しく独立したパナマの国内治安を含めアメリカが面倒を見てやるというものだ。

第2条は、パナマはアメリカに対し、永久にアメリカの運河建設、維持、管理、衛生及び保護のため、運河の中心から両側16キロの地帯の使用、占有、支配を承認するとしている。また、運河関連事業に必要な地域についてもアメリカが必要な場合は同じく永久に使用、占有、支配できることとしている。第3条では、パナマは第2条で規定された地帯においてアメリカが「あたかも主権者であるかのように」所有し権利を行使することを認め、パナマによる「主権上の権利、権限、機能の行使はこれを排除する」と規定している。

第4条では、運河建設に必要な水源、川などを永久に使用する権利を、第5条では、付帯的な通信システムの永久利用権をアメリカに与えている。

そして第14条は、この条約でパナマがアメリカに与えた諸権利の代償として条約批准時に1000万ドルが、条約発効後9年目から年25万ドルが支払われること、ただし、本条約が発効しない場合は、これらの支払いは行われないことも規定されていた。

本条約により、新生パナマ共和国は、国家主権を奪われ、国の中心地帯を縦断する形のパナマ運河地帯（幅16キロ、長さ83キロ）は完全に外国（アメリカ）の支配下におかれることになった。アメリカは

図13　運河両岸16キロは運河地帯としてアメリカの治外法権下に

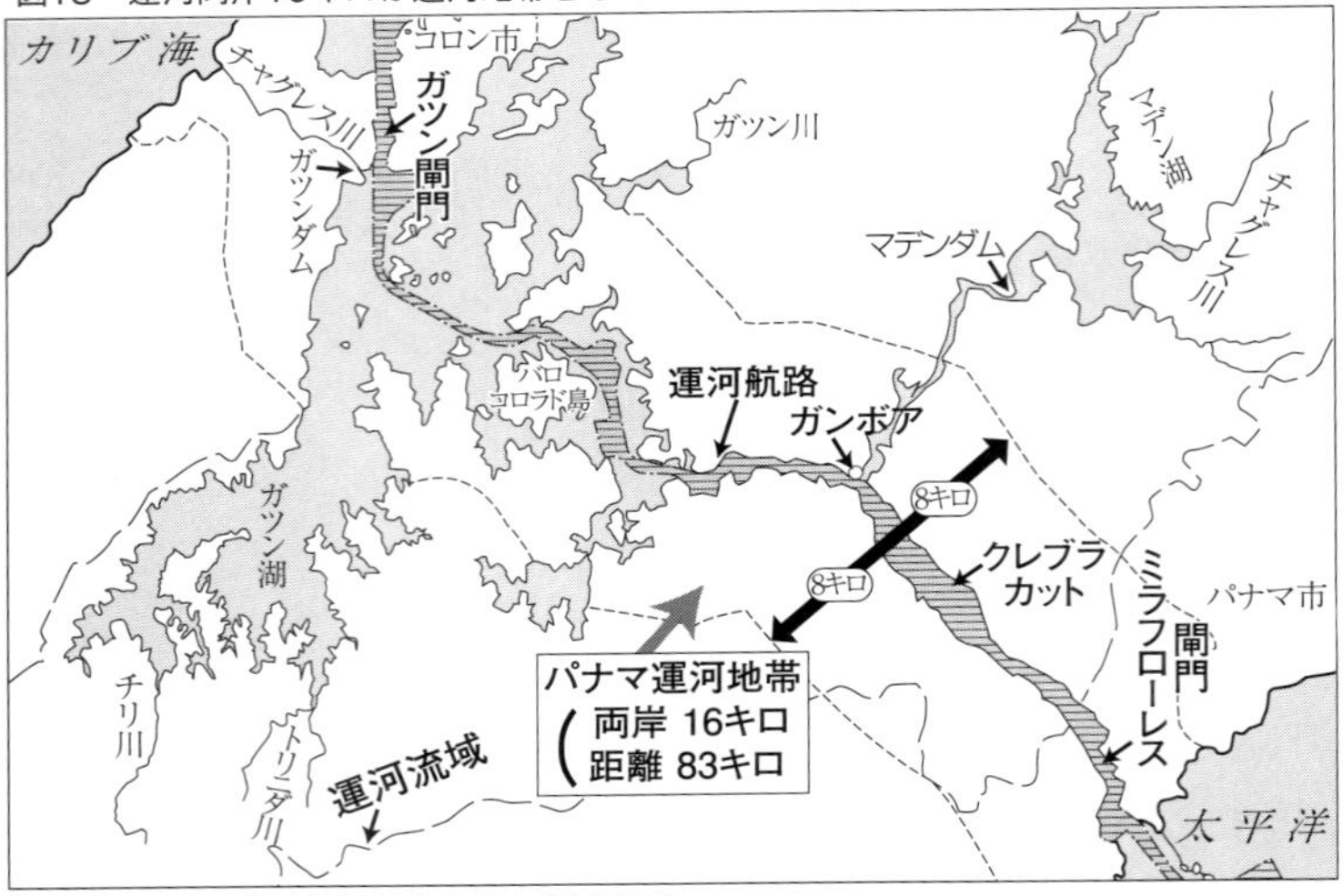

［出所］パナマ運河庁資料をもとに筆者作成

その後の国内経済発展、とりわけ、ニューヨークやシカゴなどの東部海岸地帯の工業力とロサンゼルスやシアトルなどとの食料品や農産物の交易ルートの役割を果たすパナマ運河がもたらした計り知れない利益を受けることになった。歴史上の「もし」を使った場合、バリーヤが暗躍しなかったとしても、アメリカの海洋国家としての国家戦略を遂行していく上で、必ずやパナマ運河の建設を成し遂げていたと思われる。したがって、バリーヤがいなければ、パナマはジャングルに覆われたコロンビアの僻地の一部として熱帯のけだるさのなかに埋没していたかもしれないという仮説は成り立たなかったと思われる。

後年１９６０年代、パナマ運河条約交渉のテーブルで、パナマ側の交渉団の一人でその後大統領にもなった著名なエコノミストのバルレッタが、パナマ運河でアメリカは長年にわたって利益を受けてきたので、パナマに対して適切な保障をするべしとの主張を行った。これに対しアメリカ代表は、運河のおかげでパナマもコロンビアの僻地という境遇から脱して利益を得たはずと反論したと言う。

運河の存在とパナマの国家利益との関係についての右と同類の議論は、２０００年以降、運河がパナマに返還されたあとも行われている。つまりパナマ自身は独自の輸送船を保有せず、運河通行貨物もすべて外国人が荷主で、自国向け貨物はほとんどない。パナマ自身は運河の利用者ではなく、外国利用者向けに通行サービスだけを提供していると言うものだ。従って、新しい運河を建設する場合のコストは利用者が応分の負担をすべきだという論理である。

ところで、現在のパナマでは11月は毎年「独立記念月」と呼ばれ、日本のゴールデン・ウイークのように国祭日が多く、国家行事が開催される。11月2日が、キリスト教の万霊節で、翌3日は、「コロンビアからの分離（セパラシオン）の日」。なぜ「独立」と呼ばないのか外国人には不思議に思われる。実は「独立記念日」は他に11月28日がある。こちらは、１８２１年にグランコロンビアの一部としてパナマもスペインから独立した日である。こちらの独立と関連して11月10日は、「独立への最初の雄叫びの日」と指定されている。

さて、11月4日は「国旗の日」。コロンビアから「分離」の翌日、建国の父とされるアマドールの夫人がパナマ国旗を作った日として祝日となっている。国家としてはまだ１１４年という短い歴史を持つパナマでは全土で「独立月」が盛大に祝われる。国祭日には、必ず日本の中学・高校にあたる学生全員参加によるブラスバンド・パレードがにぎやかにくりひろげられる。若者に愛国心を芽生えさせ、集団の一員として行動できるための重要な情操教育の一環とされている。

（小林志郎）

パナマ運河鉄道にはじめて乗った日本人

コラム3

小林志郎

日本人ではじめて鉄道の旅を味わったのは、完成後5年を経ていたパナマ鉄道に乗った徳川幕府の外国奉行新見正興《しんみまさおき》一行77名であった。彼らは江戸幕末期（万延元年）、日米修好条約の批准書の交換を主目的にアメリカに渡ったのであった。

使節団一行はアメリカ艦船パウアタン号に乗船し、ハワイ経由サンフランシスコに到着したあと、護衛艦として同行した咸臨丸《かんりんまる》と別れ、さらに南下しパナマを目指した。サンフランシスコ出航後18日目の4月25日、一行は、太平洋側のパナマシティに到着した。

500年前に建てられた教会が2つばかりあったことなど、一行が残した日誌から、船は現在の大統領官邸がある旧パナマシティ付近に錨を下したものと思われる。港内には7隻の船が停泊していたが、2隻はイギリス軍艦、3隻はアメリカ軍艦、あとの2隻は商船であった。日本のサムライ一行が来たことを聞きつけ、パナマ在勤のイギリス、フランス、ブラジル、スペインその他各国の領事および妻子らが見物をかねて停車場に来ていたと記している。当時のパナマが、まだヌエバグラナダ（後のコロンビア）に属し、パナマシティの人口が5000ほどであったにしては、すでに多くの国が領事館を置いていたこと、イギリスもこの地域に睨みを利かせようとしていたことなどを連想できる光景だ。

一行は、船着場から50～60メートルほど歩いて停車場に行き、そこからパナマ鉄道会社が特別に用意した8輌連結の汽車に乗り込んだ。先頭は蒸気機関車で、日米両国旗が飾られていた。はじめて見る汽車について、機関車、客車、線路、車輌、中間の通路、雪隠《せっちん》（トイレ）の位置などまで細部にわたって記録を留めている。乗ったときの第一印象を、「その早きこと、例えるものがない程だ、6輌の車輪は鉄路にきしり鳴動の響き雷鳴のごとく、途中の風景、人物は走馬灯のごとし」と。

パナマから当時は「アスピンウォール」とも呼ばれたコロンまでの運賃は1人24ドルであった。当時の物価水準からすればこの汽車賃はずいぶんと高いが、途中インディアンの襲撃があるかもしれないアメリカ大陸の旅や、南米の南まで回る船旅と比べれば、安かったはずだ。

アスピンウォール港でロアノーク号に乗船する日本人使節団（宮永孝『万延元年のアメリカ報告』新潮社より）

この日は気温が摂氏35度もあり、一同は喉の渇きに苦しんでいた。途中の停車場でスペイン人が経営するレストランで昼食をとった。このとき出されたオレンジのしぼり汁に砂糖と氷が入った飲みもののうまさは格別であったようだ。アスピンウォールは、人家３００軒あまり、人口２５００ほどの町であった。気候は悪く、疾病（熱帯病）も多かったので、一行は土地の者からしばし逗留してくれと言われたが、断り、ただちにアメリカ政府出迎えの軍艦「ロアノーク号」に乗りこんでしまった。港にはアメリカの船が常に多く寄港し、英米人もたくさん住んでいた、と記している。アメリカ西部のゴールドラッシュの余韻を連想させる。

◆パナマ運河とフランスの足跡◆

ホテルとして建てられ、1881年にフランス運河会社に売却され、さらに米国政府が買い取り、1910年にパナマ政府が取得して様々な目的に使用し、1997年に運河博物館として開館された歴史ある建物（国本伊代撮影）

運河地帯に残るフランス人共同墓地（国本伊代撮影）

Ⅳ

パナマ運河の建設

22

アメリカの国家プロジェクトとしてのパナマ運河建設

★独立後ただちに開始した運河工事の難渋★

パナマ独立の半年後、1904年5月、アメリカは国家プロジェクトとしてパナマ運河建設工事を始めた。その推進母体は、T・ローズベルト大統領が陸軍省の下に設けた「地峡運河委員会」であった。パナマの独立宣言後、間髪を入れずに国家承認をしたこと、そしてその後これほど迅速にパナマ運河工事を開始したという事実に内外の世論はいろいろの憶測と疑惑の目を向けた。とくに後年、ローズベルト大統領が「私は運河地帯を手に入れ、その後の議論は議会にまかせた」という発言は、パナマの革命はアメリカ大統領が強制したか共謀した疑いを強めることになった。またローズベルトは自分の在任中、最も重要な功績はパナマ運河を完成させたことであるとも述べている。しかし、彼がフランスの会社に支払ったとされる4000万ドルの行方は明白にはされず仕舞いに終わった。アメリカのジャーナリズムにとってこの資金の行方をめぐる噂は格好の題材を提供したことは言うまでもない。しかもこの題材の処理の仕方によっては、パナマ共和国の誕生にまつわる謎の部分が大きく変わってくることは前述のとおりだ。

パナマ運河の全体工事が事実上完了したのは1913年末で

あったので、「地峡運河委員会」の発足から数えると8年7カ月の工期であった。しかし工事そのものは、はじめの数年間はほとんど大きな前進はなかった。

1つには、ワシントンに本部を置く「地峡運河委員会」と現地パナマとの意思疎通の難しさが背景にあったとされる。また、当時は黄熱病もマラリアもその感染源がはっきりせず、現地につく技術者も海外からやってくる労働者も常に死と隣あわせという状況にあった。初代の技師長ジョン・ウォレスは有能な鉄道技師であったが、着任にあたり自分とその妻のために立派な棺桶を持参したというエピソードがあったことにも当時の状況をうかがい知ることができる。1905年、工事現場で黄熱病が蔓延しパニック状態が起こり、アメリカ人の3分の2の職員が帰国し、ウォレスも辞任してしまったのである。その具体的な数字については、24章の表8「パナマ運河建設工事に従事した労働者数と病死者」を参照してほしい。

パナマ運河現場を視察したローズベルト大統領（中央白い服）

ローズベルト大統領によって新たに任命されたのは、同じく鉄道技師で現場からたたき上げの技師ジョン・スティーブンスであった。パナマを見捨てて引き揚げる人びとの群れを見て、スティーブンスは思い切ってクレブラカットでの掘削工事を中止してしまった。そして彼がはじめに手がけたことは、パナマ市とコロン市での徹底的な清掃であった。キューバで黄熱病の予防に成果を上げ

パナマ運河庁の正面にそびえるゲーサルス記念碑（筆者撮影）

ていた軍医ゴーガスが主張する黄熱病とマラリア対策を大々的に実行に移した。蚊がこれら病気の媒体であることが医学的にも理解され始めてきたからである。１９０５年に２０６件もあった黄熱病は、翌年にはわずか1件に激減した。その後の現場工事の作業の進展に及ぼした影響は計り知れないものがあった。

レセップスの運河工事が挫折した直接的な理由は、海面式運河にこだわった点であったことは前述した通りだ。しかし驚いたことに、アメリカが運河工事に着手した段階では、いずれの工法にするのか最終決定がなされていなかったのみか、海面式を支持する人が依然として多かったのである。初代技師長のウォレスも海面式運河を支持していた一人である。

ローズベルト大統領は、この問題を解決するために、国内から8名、ヨーロッパから5名の土木工事の最高権威者13名に特別諮問委員会を組織させ、専門家の見解を確認しようとした。彼らはパナマの現地を視察した後、結論を出した。ヨーロッパ人委員全員と3名のアメリカ人委員8名が海面式に賛成した。このとき、現場をくまなく調査したスティーブンスは、チャグレス川の氾濫がある限り海面式運河は成り立たないと主張した。この決定について、米上院の小委員会でも議論が繰り返され海面式が優勢であった。スティーブンスは上院議員への説得を試みた結果、36対31票で閘門式運河が採決されたと言う。「地峡運河委員会」も、正式に閘門式運河案を採用した。1906年2月であった。現場ではスティーブンスにより、チャグレス川をせきとめるためのガツン・アースダムの建設に向けた工事が始まった。運河工事が軌道に乗り始めたのを知ったローズベルト大統領が工事現場を視察したのもこの頃のことであった。

現場での工事がスティーブンスの指揮下、順調に滑り出し、運河完成への明るい見通しが出てきた頃、スティーブンスから大統領宛に奇妙な手紙が出された。それは精神的疲労により完全に精神がおかされたと思わせる内容であった。

1907年4月、3人目の技師長として民間人ではなく陸軍中佐（後に大佐）ジョージ・ゲーサルスが任命された。ゲーサルスは陸軍省長官の直接指揮下に入り、同時に運河地帯のガバナー（総督）にも任命された。これによりワシントンからの指令に代わり現地主導型の組織が生まれた。運河工事のような巨大プロジェクトの場合、現地に強い指揮権を与える現地主導型の組織が大切であることが次第に理解を得た結果である。同大佐はその後運河が完成するまでパナマに止まり、世紀の大事業を成し遂げるという栄誉に輝いた。

大佐を記念する大きな白い石の記念碑が運河庁の正面に今でも立っている（前ページ写真参照）。また、軍医ゴーガスを記念する大病院がパナマ市内に現在もある。熱帯圏でありながら、パナマ市内にはほとんど蚊や蝿がいないのも当時の徹底した清掃作戦のおかげと言える。

（小林志郎）

23

大地を開鑿する

★「大地は分かたれ、世界はつながれた」★

新任の軍人技師ゲーサルスが現地に着任した頃は、前任のスティーブンスへの人気が依然として高かった。ゲーサルスが怠け者は徹底的に排除するという軍隊式の仕事のやりかたを導入したことに対する批判も多かった。しかし、作業の能率を上げるためにゲーサルスが採用したいくつかの方法が少しずつ効果を見せ始めた。たとえば、日曜日の午前中に設けた自由面接制度は、運河で働く者は誰でも彼の事務所で彼に会うことができた。どんな問題でも即決で判断が下され、理由があれば救済措置も講じられた。運河の労働者はゲーサルスが着任の頃は2万7000人ほどであったが、工事の最盛期には4万人を超していた。この制度を通じて末端の事情まで把握することができるようになった。

また、ゲーサルスが1907年の着任後から発刊した『運河記録週報』も工事能率に貢献した。これで毎週の工事の進行状況、各工区の掘削土量の記録や、運河地帯に関係のある実用的な記事も掲載された。『週報』の記事が各工区の競争心をあおり、作業能率を上げることに役立ったのである。

ゲーサルスが導入したシステムで工事の能率に大きく貢献し

たのは、工事の部署を地区別にしたことであろう。前任者のスティーブンスの時代には、仕事の部署は、機能別に分かれていた。つまり掘削は掘削、輸送は輸送、労務は労務といったように縦割りの組織であった。ゲーサルスはこれを変えて、工区を大西洋側、中央部、太平洋側の三地区に分けた。そして太平洋側は民間の担当、その他は軍の担当に分け、それぞれの地域が独立してすべての作業を行う仕組みにしたのである。この新しい方法は、結果的にはきわめて有効であった。先ほどの『週報』で、工区ごとの作業進捗状況が毎週報道されたので、各工区の競争意識が刺激され、能率はさらに増大した。

クレブラカットの土砂崩れ（パナマ運河庁入口ホールの壁画、筆者撮影）

　掘削工事の最大の難所はクレブラカットを阻むクレブラ地帯の地崩れであった。クレブラとはスペイン語で「蛇」という意味を持つが、運河のこの箇所が蛇行しているところからこう呼ばれている。先ほどの地域別の工区では中央部にあたる。太平洋岸の入口から約10キロ入ったところにあり、100メートルほどの山並みが分水嶺をなしている。このため雨季には太平洋から湿った風が山並みに当たり、気流変化を起こして霧を発生させ、雨量も多くなる。地層はクカラッチャ（スペイン語で「ごきぶり」という意味）と呼ばれ、粘土質と細かい岩石が入り混じり、水分を含むと崩れやすくなる。

　パナマでは雨季は7～8カ月続くので、雨が降っても工事を中

閘室の建設（同前）

断するわけにはいかない。当時この中央部工区の責任者としてゲイラード大佐がいた。工事が本格化した頃、このクレブラでは合計22回もの地すべりが発生した。そのつど工事機材が土砂のなかに埋もれ、ときには人的被害にも直面した。巨大なショベルが50～60台稼動し、土石は貨車で休むことなく輸送された。この区間の工事が順調に進み始めた１９０８年には、クレブラカットだけで土石掘削量は１１００万立方メートルに達し、他の工事区間を合計した総掘削量は３７００万立方メートルとなった。それは、レセップスのパナマ運河会社の10年間と、その後の新パナマ運河会社の7年間に掘った量の半分に該当する程の量であった。クレブラカットは、その後、運河の完成を見る前に亡くなったゲイラードの功績を称えるため「ゲイラードカット」と命名された。「パナマ運河庁」の入口ホールの壁面には運河工事のいくつかの場面がダイナミックな筆で描かれている。前ページのゲイラードカットの土砂崩れに挑む光景も迫力がある1つだ。

運河工事は大きく分けて、運河ルートの掘削、人造湖を造るためのガツンダムの建設、閘門（またはゲート）の建設、パナマ鉄道の移設などであった。壁画にも、「ガツンダムの建設」、「閘室の建設」、「鉄製のゲートの組立」の光景が描かれている。

ローズベルト大統領が現地視察したガツン・アースダムが完成し、１９１０年には、ガツン人造湖が完成した。この人造湖はチャグレス川をガツン・アースダムでせき止めることで湖となる。湖の面

鉄製ゲートの組立（同前）

積は434平方キロ（日本の琵琶湖670平方キロの65％）に達し、当時の世界の人造湖では最大の面積を誇った。それまでのパナマ運河鉄道はその湖底に沈むことになるので、1912年には鉄道の移設が完了した。新鉄道ルートは運河の水路にほぼ平行して走行する現在の形になった。

これまで雨季にしばしば氾濫を起こしたチャグレス川は、ガンボア地点でガツン湖に流入し、その他の6つの川とともにガツン湖の貯水量を維持し、運河の操業に役立てられることになった。カリブ海側のガツン閘門と太平洋側のミラフローレス閘門も完成し、ガツン湖に向けて水が満たされ始め、3年をかけて水が一杯となった。かつてここに山並みが続いていたことを証明するように、ガツン湖上には現在でも所々に葉のない樹木が立っているのを見ることができる。

1913年には大部分の工事がほぼ完成に近づき、翌14年のはじめには、運河は事実上完成した。文字通り「大地は分かたれ、世界はつながれた」。掘削した土石量は、1億8000万立方メートル、これを貨車に積めば、赤道を3周半もするという。工事に従事した人の数は、35万人に達した。米国が使った費用は3億5200万ドルであった。これは当初1907年に見積もった額より2300万ドル下まわり、工期も半年程短縮されていた。このなかには、フランスの会社への支払い4000万ドルとパナマ政府への支払い1000万ドルも含まれていたことになっている。

（小林志郎）

24

パナマ運河に影を落とした50万人

★フランスとアメリカの運河工事に従事した人びと★

パナマ運河の建設工事に関係した人びとは、レセップスがパナマで工事を開始してから、アメリカが運河を完成させるまでに累計50万人といわれる。しかし、フランスが工事を行っていた頃の数字は会社が倒産してしまったこともあり、正確な記録が残されていないようだ。アメリカが運河工事をほぼ完成させた時点にまとめられた運河案内書によると、フランスの工事最盛期の1884年には約1万7000人強が働いていたことになっている（表8参照）。フランスの工事期間は、レセップスの会社が倒産したあとも、コロンビア政府との契約上、実は現場での工事が続けられていたので、全体でほぼ10年間とした。年平均1万〜1万5000人と仮定すると10万〜15万と推計できる。アメリカが工事を行った1904年から1913年までは、年2万人から3万人、工事最盛期の1910年前後には5万人に達し、10年間の累計では35万人となる。両方を合わせると45万〜50万人となる。

アメリカの運河工事の従事者は世界中でリクルートされた。ヨーロッパではスペイン、イタリア、ギリシャから、カリブ海諸国ではバルバドス、マルティニク、グアダループ、トリニダ、コロンビア、パナマなどからが多かったようだ。アメリカ国内では南部出身者が多かった。

アメリカの工事時代、パナマとコロン両市の人口を合わせてもせいぜい10万人程度であったことを考えると、運河工事に従事する人びとが当時のパナマの社会と、経済に大きな影響を与えていたことが想像できる。当時からパナマでは米ドルが通貨として通用しており、その後もドルが正式通貨となったことなどもその一例といえよう。また、運河工事のあとも、パナマにそのまま居残る人が多く、パナマで人種差別意識が薄い背景ともなっている。

表8　パナマ運河建設工事に従事した労働者数と病死者

年	年平均従事者数	病死者数	千人当り病死者
1884	17,436	1,198	65.7
1904	6,213	55	8.8
1905	16,512	412	24.9
1906	26,547	1,046	39.4
1907	39,238	964	24.6
1908	43,891	381	8.7
1909	47,167	356	7.6
1910	50,802	381	7.5
1911	48,876	374	7.7
1912	50,893	325	6.4

（注）1884年はレセップスによる工事期間
［出所］*America's Triumph at Panama*

フランス時代は、熱帯病への対策が不十分であったことから、1000人当たり70人近くがマラリアや黄熱病で亡くなっていた。また十分な機械化や安全対策がとられていなかったことから、怪我で命を落とす人も多かった。

アメリカが工事の開始後、2代目の技師長スティーブンスが作業環境の改善を優先させたことは先にも述べたとおりだ。徹底的な衛生管理を実行した結果、表8からもわかるように病死率は1906年の1000人当たり39・4人のピークからその数年後には7人前後へと急減した。

それ以外にも、従業員の福利厚生面に大きな配慮が払われた。病院を充実させた他、住宅、学校、教会、ビリヤード、プール、体育館等いろいろの娯楽施設が整備された。当時世界でも珍しかったアイスクリーム製造装置も導入され、熱帯圏での過酷をきわめた現場作業員は大きな慰めを得ることができるようになった。

運河工事関係者は給料が金貨と銀貨で支払われていた。金貨は熟練工に、銀貨は非熟練工に支払われていた。実際は、前者は白人で後者が黒人だったので、金は白人、銀は黒人を意味するようになった。１９１３年時点で金貨による給料を受け取っていた人は５０００人強いたが、大部分はアメリカ人であった。銀貨は主にカリブ海諸国からの黒人向けであった。平均給料は月１５０ドル。看護婦や教師の初任給は60ドル、事務職は１００ドル、掘削機械工は３１０ドル、女性（電報オペレーター）の最高給与は１２５ドルであった。２～３年の経験があるエンジニアは２５０ドルが初任給で、本国より25ドルほど高い水準であった。ちなみに、運河技師長であったゲーサルスは年俸１万ドルであった。

また、給料の他に、住宅、学校、病院などは無料という恩典もあった。食事もアメリカの半額であった。その上、従業員向けのビリヤード、プール、体育館等いろいろの娯楽施設も整備されていたので、パナマでの生活は大変に快適なものであったらしい。労働時間は１日10時間、週６日働く。朝７時からすべての作業が開始。休暇は年６週間。２年辛抱すれば12週間もの休暇がとれた。

パナマ運河の建設工事に携わった唯一の日本人技術者がいた。東京帝国大学の土木工学科を修了し、指導教官の勧めで１９０４年、単身パナマに渡った青山士《あおやまあきら》である。はじめの２年間、熱帯ジャングルのなかでマラリアにかかる危険を冒しての測量作業であった。彼が受けた待遇は、月給75ドル（約１９０円）であった。当時、日本で大学を卒業して銀行に勤めた場合の初任給が35円程度の時代であったので、破格の給与水準と言える。１９０６年に運河工事現場に配置代えとなり、月給は金貨で１２

5ドルに昇給していた。その後測量技師となり、150ドルに昇給、1910年には設計技師に昇格し、年俸2000ドルになった。ガツン・ロックの側壁、中央壁の先端のアプローチ・チャンネルの主任設計技師となった。後にチーフから期待されガツン工区の副技師長になった。第一次世界大戦の予兆もあり、青山は運河が完成する2年前の1911年11月にパナマを離れた。同じ年、ペドロミゲル閘門が完成し、2年後にはミラフローレス閘門が完成した。

パナマ運河は、その開通後も、多くの関連工事が引き続き行われていた。とくにクレブラカットでの土砂崩れで航路は狭められ、一時は完全に水路がふさがれてしまうという事態も発生した。クレブラカットでの土砂崩れとの戦いは、その後少なくとも10年間は運河関連工事のなかでももっとも重要な作業として続けられた。単に土砂崩れだけではなく、クレブラカットでの水路幅（当初91・5メートル）の狭さも問題となってきた。1927年にはクレブラカットのカーブ地点で140メートル幅に水路を広げるなど、一連のプロジェクトが始まり、第二次世界大戦が始まる頃にほぼ完了した。一連のプロジェクトのなかには、運河の水源を安定的に確保するための「マデン・ダム」（1936年完成）建設も含まれていた。建設直後のパナマ運河は、ガツン湖の水位調整がガツン・ダムでしかできなかったため、乾季には湖の水位が下がり、船の通行隻数や喫水に制約が出ていた。これも新しい「マデン・ダム」により安定的に水の供給ができるようになった。

（小林志郎）

25

1914年の開通と第一次世界大戦

★戦後急速に伸びた通行量と「第三閘門案」の浮上★

大西洋側ガツン閘門に3段のゲート（門扉）が、そして太平洋側のミラフローレスとペドロミゲル閘門にそれぞれ2段と1段の合計6段のゲートが完成した。満水となったガツン湖からゲート内に水が入れられた段階で運河は事実上完成した。1913年9月26日に、はじめて運河のなかをタグボート「ガツン号」が通行した。ゲートの両サイドには工事関係者やその家族が鈴なりとなって見物し総力を挙げて完成させた世紀の工事の結果を見守った。

このときの「ガツン号」は、大西洋側から運河へのアクセス水路に入り、3段のガツン閘門を上がり、標高26メートルのガツン湖上の十数キロを航行したにすぎない。この段階ではまだ、太平洋側の水路にはガツン湖からの注水が行われていなかったからだ。その数週間後、ウィルソン大統領がワシントンでボタンを押し、チャグレス川の水をせき止めていた堤を爆破した。これにより全長14キロ近いクレブラカット水路にガツン湖からの水が満たされ、運河全行程での航行が可能となった。

当時ヨーロッパ諸国には戦争の影が差し迫っていた。1914年6月にオーストリア皇太子夫妻がセルビア人の手により暗

1914年8月15日、クレブラカットを通航するアンコン号

殺された。この事件を発端に第一次世界大戦が勃発した。8月にはドイツとフランスが開戦した。当初運河の正式な開通式は1915年1月1日に予定されていた。スエズ運河開通式の何倍もの規模を計画し、100隻近い米軍艦がパナマ運河を通り太平洋側サンフランシスコで開催される「パナマ太平洋国際展覧会」のオープニング・セレモニーに合わせて到着するという計画もあった。しかし、ヨーロッパでの戦争が迫り、正式な運河開通式は前年の8月15日に実施された。第一次世界大戦が始まった直後でもあり、この世紀の大事業完成の報道は片隅に追いやられてしまった。

　パナマ運河の全行程を8月15日、はじめて通行した「アンコン号」はフランスの蒸気船であった。パナマ共和国大統領と何人かの外交官が船上にあったが、戦争の影響でほとんど祝賀行事は行われなかった。総監督のゲーサルスは陸上から運河の操業を見守っていた。クレブラカットではまだ土砂が崩れていた。その翌年には水路は泥で埋まってしまったのである。

　実はこの船が通る10日程前に、「クリストバル号」という船が通行していた。この船には、例のアメリカとパナマの運河条約締結の橋渡しを行った謎のフランス人、ビュノー・バリーヤも乗船していたといわれる。フランスの栄光がついにアメリカの手で実現した。完成したパナマ運河が彼の目にはどのように映っていたのであろうか。

　ちなみにアンコンという名は、パナマの太平洋側で一番高い山

（50メートル程の丘）の名称でもある。この山の中腹には今も荘重な「パナマ運河庁」の本部建物がある。また、この同じ山中にはアメリカ軍司令部の建物もあったが、2000年にはすべてパナマに返還された。パナマ市内のどこからでも見えるアンコン山頂には巨大なパナマ国旗がその主権を主張するかのように誇らしげにたなびいている。

第一次世界大戦の結果、1918年までパナマ運河の利用は低迷した。1日4～5隻、年間では2000隻程度で推移していた。年間通行貨物量は380万トンであった。しかし戦争が終わり1920年には、年間2500隻、貨物量は855万トンと2倍以上の増加となった。その後さらに、世界恐慌前の1928年には、通行隻数は6500隻、貨物量3000万トンへと飛躍的な伸びを示した。しかし世界恐慌後は国際的な保護主義時代に入り貿易量も縮小し、1930年代を通じて5000隻台で推移している。しかし再び、第二次世界大戦直前の1938年には史上初の7000隻、通行貨物量4600万トンという記録を達成した。

運河通行料金は開通時からトン当たり90セントで、スエズ運河のように収益を目的としていなかった。パナマ運河はアメリカ大統領をトップにした公的機関の性格を強く帯びていたからである。その後1974年7月にはじめて、運河の追加工事や操業費用をカバーするために20％の引き上げを行い、トン当たり1ドル8セントに設定された。

パナマ運河の利用国は、運河開通当初から圧倒的にアメリカとイギリスによって占められていた。たとえば開通後10年目の1925年には、アメリカの運河通行貨物量（1230万トン）が、全体の半分以上を占め、次いでイギリスが26％であった。日本はすでにこの頃から第3位の利用国となっていたが、貨物量は全体のたかだか4%弱（82万トン）、ドイツは3%強（72万トン）にすぎなかった。貨物輸送面でも当時アメリカとイギリスが他を圧倒していたことをうかがわせる数字である。

第一次世界大戦後しばらくは世界情勢が安定していたが、1936年、日本がドイツおよびイタリアと防共協定をむすび、さらにそれまで日本、アメリカ、イギリスの軍艦比率を一定に保っていたロンドン軍縮会議から日本が脱退したことで、パナマ運河は再び軍事的に重要性を帯びることになった。アメリカ政府は太平洋では日本と、大西洋ではドイツとの対決を想定して、より大型の戦艦が通行できる新しい運河の建設を計画した。それは既存の運河が2レーンであったので、3番目の新レーンとして、「第三閘門案」と呼ばれるようになった。

太平洋戦争突入2年前の1939年に第三閘門が設置される箇所から掘削が始められ、大西洋と太平洋サイドで1942年まで3年間作業は続いたが、突然工事は中断された。背景には、日本軍によるパールハーバー奇襲作戦の6カ月後の「ミッドウェー沖海戦」において、米海軍が、日本海軍の主力艦隊に壊滅的破壊を与えることに成功したこと、その後の太平洋戦争では、確実に航空機へ比重が移るという軍事作戦の転換があったものと考えられる。

このときの掘削跡は太平洋サイドでは、ミラフローレス閘門の南側に、また大西洋サイドではガツン閘門の東側にそのまま残された。時代を超え21世紀の現在、運河拡張プロジェクトである「第三閘門案」の建設ルートとして、この掘削跡とその周辺が再び利用されることになった。

（小林志郎）

26

閘門式運河の構造

——★自然の原理を巧みに活かした20世紀最大の装置★——

パナマ運河で「閘門」が実際にどのように機能しているかを知るには、実際に運河を通ってみるのが手っ取り早い。パナマ観光ルートのなかでもっとも人気が高い運河クルーズは、300人乗りの観光船で太平洋側のバルボア港から、早朝6時頃に出発する。

太平洋側から運河を航行する全ての船は、運河入り口付近で貨物チェックを受けた後、「パナマ運河庁」の専属パイロットに操船を任せてパナマ運河に向かう。アメリカ橋を過ぎ、さらに進むと、左方向に、不自然な形に少しカーブした感じでミラフローレス閘門が見えてくる。このカーブは一説には、魚雷攻撃から閘門を守るためのものだと言われている。そして船が運河の正面に向いたとき、はじめて巨大な鉄製ゲートがはっきり見えてくる。このゲートは1枚が、高さ25メートル、幅20メートル、厚さ2メートル近いもので、重さは700トン以上もある。ゲートは、巨大な観音開きとなっており、2枚でワンセットになる。2レーンの現行運河にはこのようなゲートが予備用も含めて全部で92枚設置されている。全て米東岸で製造されたものだ。もっとも重いゲートは、今通過しようとしているミラフローレス閘門の海側の最下段のゲートで、745トンもある。それは太平洋が6メートル近い潮位差があるからだ。

船はいよいよ、海抜26メートルのガツン湖まで、三段の閘門を一段一段上がって行く。つまり閘門一段で8・7メートル上がる計算となる。船が巨大なプール状の閘室内に入ると、両側のコンクリート壁にぴたりと収納されているため、よく見えなかったが、海側の最下段ゲートが音もなく、わずか数分で閉まった。実はこの巨大ゲートは、なかがほぼ空洞のため、水中で浮力が働き、簡単な油圧ポンプだけで開閉されている。閘室のサイズは、長さ305メートル、幅33・5メートル、高さ26メートルの巨大水槽となっている。世界の船舶サイズの1つの標準でもあるパナマックス船は、この巨大水槽に収まるサイズなのだ。

後ろのゲートが閉まった次の瞬間、船底の方から水が勢いよく湧き出し、船はぐんぐんと上に押し上げられ、目の前をふさいでいた両側のコンクリート壁がスーッと下に向かい、視界がいきなり開けた感じになる。この間わずか8分程。この間上段のゲートは閉まったままだったので、ゲートが開いて上段の閘室から水が移動してきたのではない。船からは見えないが、上段の閘室の水は、こちらの閘室の床部分に開けられた大人がすっぽり入るサイズの100個程の穴から一斉に噴出していたのである。これらの穴は上と下の閘室の下部でつながっているのだ。また、もう1つこれも船からは見えないが、両側のコンクリート壁面、つまり中央壁と反対側の壁の内側には、列車が通れる程のトンネル（暗渠）があって、やはり上から下の閘室に向け水が勢いよく注入されていたのだ。巨大な水槽に水が満たされるのにわずか8分しかかからない謎の仕掛けだ。次の頁の写真はゲートを取り外し、年

ゲートを撤去しメンテナンス中の閘室（筆者撮影）

に1回のメンテナンス中の閘室の様子である。小さすぎてよく見えないが、床部分には作業員と同じサイズの注排水溝も見える。反対レーンにはコンテナ船が航行中だ。

1隻の船が片方の海に出るたびに約10万立方メートルの水が消費される。つまり、ゲートを一回開閉するたびに、閘室の中の10メートル近い層の水が、8分程の間に下の閘室に移動し、最後に最下段の閘室から海に排水されている。標高26メートルのガツン湖の水が、水位差による重力現象を活かし、巨大な閘門を用いて、船を一段ごとに上げ下げしている。

水位が同じになった段階で上段のゲートが音もなく開き、船は上の閘室に移動する。大型船は両側のコンクリート壁の上のレールを走行する牽引機関車のロープに引かれて上の段の閘室へと進む。パナマックス船は、前後左右計8両の機関車で両方にピンと張ったロープで誘導してもらう。さもないと船がコンクリート壁にぶつかり双方が破損するからだ。この牽引機関車は日本製で1台２００万ドル、全体で１００台もあるとガイドが説明する。

ミラフローレス閘門の２つ目の閘門を出て、船は小さなミラフローレス湖に入り、次の一段だけのペドロミゲル閘門に入る。この一段の閘門を上がり、船はガツン湖と同じ標高26メートルにあるクレブラカットの入り口にさしかかる。

ここからは運河掘削工事で最大の難所と言われた13キロにおよぶクレブラカットの水路だ。この水路は、現行運河内を航行可能な最大の「パナマックス船」(船幅33メートル)と、新たに建設される「第三閘門運河」内を航行可能な最大の「ポスト・パナマックス船」(船幅43メートル)が航行する航路でもある。そのため、航路幅は、218〜245メートルにまで拡幅されている。しかし、「ポスト・パナマックス船」による双方向同時航行は無理のため、時間を決めて片側通航方式(「セミ・コンボイ」)が採用されている。クレブラカットのなかでも山崩れの激しかった4キロ程の区間は、ゴールド・ヒルと呼ばれる高さ100メートル級の山並みが水路の両岸に迫る。山の斜面は地すべり防止用のコンクリートで固められている。それ以外の10キロ程の区間は平坦な土手が続く。

ガツン閘門からガツン湖に出て行く船(左側レーン)と牽引機関車に引かれて閘室に入る船(右側レーン)(筆者撮影)

　クレブラカットを抜け、チャグレス川がガツン湖に流入する地点ガンボアを過ぎると船は広々としたガツン湖上を航行する。湖上には熱帯ジャングルに覆われた多数の島が点在する。なかでもスミソニアン熱帯研究所があるバロ・コロラド島は、世界中の熱帯研究家のフィールド調査の格好な場所として、国際的に知られている(コラム8を参照)。

　約38キロのガツン湖上の航行が終わる頃、左手かなたにはチャグレス川をせき止め、ガツン人造湖を形成するガツン・ダムが見えてくる。船はここから三段ゲートのガツン閘門に入る。太平洋側の閘門とは反対に船は大西洋に向けて一段ごとに下ることになる。

(小林志郎)

27

運河条約の系譜

―★パナマの主権闘争で念願の新運河条約を実現★―

1903年11月、フランス人ビュノー・バリーヤがパナマを代表してアメリカ政府との間に調印してしまった「運河条約」は、新生パナマがアメリカの実質的な支配下に入るための枠組みとなった。コロンビアからの分離独立は保障されたが、運河地帯はアメリカの領土と同様になってしまった。独立後、70年以上にわたるアメリカとの条約改定交渉は、運河地帯におけるパナマの主権を回復するための息の長い闘いとなった。

ついに1977年、パナマのトリホス将軍とアメリカのカーター大統領との間に「新運河条約」が締結された。ここではパナマが運河条約を改定していく長い闘争の歴史を簡単に振り返ってみよう。

1903年の運河条約の締結後、アメリカは確保された諸特権の実際の運用にあたり、条約の拡大解釈によって独立後間もないパナマに対する支配権を拡大し、アメリカの利益の拡大をはかっていった。条約でアメリカが安全を保障することになっていたので、第1にパナマの軍隊を解散してしまった。第2にパナマ共和国の通貨制度を米ドルとすることも決定された。これ以降、パナマは中央銀行を持たないまま今日に至っている。

第3にアメリカは運河地帯をアメリカ国内と見なし、ここからのアメリカ向け郵便物はアメリカ国内便とされ、パナマ政府による切手収入の道は閉ざされた。その他、パナマ領土内でのすべての電信局の独占的使用権も確保された。

パナマとアメリカの関係は、1930年代にF・D・ローズベルト大統領の善隣外交政策の下で一時的に改善の兆候も見られた。しかし間もなく、第二次世界大戦が迫り、アメリカは対日戦では太平洋で、また対ドイツ戦では大西洋でと二正面作戦の必要に迫られ、両洋をむすぶパナマ運河の戦略的な重要性は急速に高まった。1942年に、アメリカはパナマ国内の多くを軍事基地化する目的で「軍事基地貸与条約」をパナマとの間に締結した。この条約に反対する強硬派のアルヌルフォ・アリアス大統領は政権の座から追放されてしまった。

第二次世界大戦が終わり、1950年代と1960年代は国際関係面でも大きな構造変化が見られた。一方で米ソ2超大国を中心とした東西冷戦構造が生まれ、他方では第三世界諸国の自主独立運動が高まった。後者の動きはさらに70年代に先進工業国と発展途上国間の南北問題の表面化となった。パナマ運河をめぐるパナマとアメリカの関係も、このような国際関係の構造変化のなかで大きく変質していく。

パナマでは1964年1月に発生した6日間の流血を伴った「国旗事件」が、アメリカとの関係の転換点となった。この事件は、当時、パナマの主権意識の高まりを考慮し、運河地帯におけるアメリカ国旗の掲揚場所を制限していたにもかかわらず、運河地帯にあったバルボア高校で勝手に星条旗を掲げたためパナマ人高校生が抗議し、暴動にまで発展、双方に死者数名を出すに至ったものである。

新運河条約の調印式、カーター大統領（左）と１人おいてトリホス将軍（右）（AFP＝時事）

事件発生後の３日目、パナマはアメリカとの外交関係断絶の措置を取った。アメリカのジョンソン政権は、これを契機に運河条約改訂交渉に入った。

一方、この時点でパナマ国内政治は大きな転換点に差し掛かっていた。かつて政権の座から追放されたことのある、パナマナショナリストのアルヌルフォ・アリアスが再度大統領選挙で勝利し、パナマ運河の即時返還をスローガンに掲げていた。大統領就任後10日目に、軍事クーデタが発生し、トリホス将軍が政権を掌握した。それ以降１９８９年12月までの20年間、パナマでは軍部支配の政治体制が続く。このトリホス軍部支配体制下で「トリホス革命」と言われる政治経済社会面での各種改革が進められ、同時にパナマは「国家主権」の奪回を掲げアメリカとの旧運河条約の全面改訂への試みがなされたのである。

運河条約交渉をめぐっては、国連や米州機構をたくみに利用し、ラテンアメリカ諸国首脳からの支持を確保し、キューバやリビアとの接触を通じ東西冷戦下のアメリカに心理的揺さぶりをかけた。アメリカの外交戦略にも「南のパナマ」の主権を尊重せざるを得ない歴史的状況が生まれていた。また、運河を破壊して、ゲリラ戦に持ち込むという軍部を掌握するトリホスならではの脅しもあった。

１９７３年、パナマのタック外相が打ち出した八原則では、１９０３年の条約の廃棄、新条約には期限を設けること、米国の司法権のパナマでの停止、パナマの運河経営への参加、米・パ双方が運河防衛に参画すること、運河拡大プロジェクトの推進等を含んでいた。同原則はアメリカの国務長官キッシンジャーとの間で合意され、その後の新条約交渉のベースとなった。

１９７７年９月７日、新運河条約の調印式典がワシントンの米州機構本部で催された。ラテンアメリカ各国の首脳が多数出席するなか、アメリカのカーター大統領とトリホス将軍が歴史的な新条約に調印した。この条約の批准をめぐりアメリカ議会は、第一次世界大戦後のベルサイユ条約批准時に匹敵する長時間の議論を展開した。最大の争点は、パナマ運河に対するアメリカの防衛権の確保であった。それは結局、運河が危険な状況に直面した場合、アメリカもパナマも一方的に防衛権を行使できるとした「中立化条約」によって保障された。その後１９８９年12月に発生したノリエガ将軍事件に端を発した米軍進攻は、アメリカ本土からでもパナマ運河の安全が確保できることが実証され、運河返還へのスピードを早める結果になったとも言われる。

1980年頃、パナマ市内に見られた政治看板（筆者撮影）

新運河条約の締結後、パナマ国防軍による政治介入は緩和したものの、トリホス将軍のあとを引き継いだノリエガ将軍時代になり、再び露骨になった。上の写真は、その頃市内で見られた「ラテンアメリカの尊厳を守るノリエガ司令官とともに」、「２０００年までは、絶対にあと戻りしない」といった、運河条約の履行のため軍部支配構造を正当化しようとした看板である。（小林志郎）

28

21世紀のパナマ運河拡張工事

★「第三閘門運河」の完成★

第二次世界大戦後、世界経済の拡大に伴い海上輸送量は増大し、パナマ運河通航量も順調に拡大してきた。しかし、閘門運河の構造的制約（長さ304・8メートル、幅33・5メートル、喫水12・8メートル）から運河通航容量は限界に近づいていた。1977年に米国とパナマ間で締結された「新運河条約」でも、「第二パナマ運河」建設の必要性が指摘されていた。運河利用第2位の地位を占めた日本も運河拡大計画に関心を高め、米国とパナマ間で企画されていた企業化調査に日本政府も参画を要請し、85年に「三カ国パナマ運河代替案調査委員会」がパナマ市に設置された。海面式運河を含む多くの代替案が一定の条件下で選別され、「通航需要予測」、「工学的検討」、「環境影響評価」、「コスト・ベネフィット分析」などを通じ、93年には最適代替案として「第三閘門運河案」が三カ国政府に勧告された。それは、既存運河では最大6万トン級の船（パナマックス船）までしか航行できないが、新しい運河案では15万トン級の船（ポスト・パナマックス船）の航行を可能とするものであった。太平洋側と大西洋側に既存運河と平行する形で新しい航路を建設し、既存運河の航路でもある「クレブラカット」（航路13キロ）と「ガツン湖」(航路38キロ）の幅を広げ、深さを増すことで、「ポスト・パナマックス船」も航行できるようにする。また、既存運河の操業用水は24億立方メートルで利用可能水量の限界にあるので、新たな水源として、運河周辺の３つの河川（トリニダ、チリ、インディオ）にダムを建設し、約12億立方メートルを確保するという構想であった。

実際の新運河建設は、パナマ政府に管理運営権が移行してからの話になる。１９９９年末にパナマ運河は正式にパナマ政府に移管され、パナマ運河庁（ＡＣＰ）が管理運営を始めた。ＡＣＰは新運河の建設を目指し、大々的な調査を始めた。その内容は、２００６年４月に全世界に公開された「マスタープラン」に盛り込まれた。同年10月の国民投票で８割の賛成を受けパナマ国民の支持を取り付けた。先の「三カ国調査委員会」の案とほぼ同じ閘門サイズ（長さ４２７メートル、幅55メートル、喫水18・3メートル）であるが、航行可能船舶は多少小型化した。それは、閘門内での船の位置決めが既存運河の牽引機関車方式から船の前後を２隻のタグボートで行うことになったからだとも言われる。それでもドライ貨物で12万トン級の船が、コンテナ船で１万４０００ＴＥＵ（既存運河では４０００ＴＥＵ）までの大型コンテナ船が航行でき、世界的な船舶大型化の流れに相当程度、対応できるサイズだ。総工費は52億ドル、工事完成は、既存運河完成後の１００年目にあたる２０１４年８月を目指す。最大工事は、32億ドルと見積もられた「閘門の設計・製造・据付」工事だ。閘門は既存運河の観音開き式の「マイター・ゲート」とは異なる、メンテナンスが容易なスライド式「ローリング・ゲート」が採用された。ゲート１基が高さ30メートル、重さ４０００トンにもなる巨大な鉄鋼構築物で、両洋に計16基がセットされる。閘門の操作用水は、既存閘門の倍以上と想定されたが、各閘門に節水槽を付設

完成した「第三閘門運河」（右側）、３段の各閘門には節水槽が付設。左側は既存運河。手前はガツン湖、運河の向こうはカリブ海（パナマ運河庁提供）

することで6割の水の節約ができ、既存運河とほぼ同量の20万立方メートルになった。また３つの河川にダムを建設する代りに「クレブラカット」と「ガツン湖」の拡幅と深化工事により、全体で約12億立方メートルの水源が確保されることになった。０８年末、日本のＪＢＩＣ（8億ドル）を含む海外投融資5機関から総計23億ドルの融資も確定した。

「閘門の設計・製造・据付」工事の入札には、世界的な建設関連企業3コンソーシアムが応札した。1位落札は、最有力視されていた日・米チームに比べ11億ドルもの安値で応札したスペイン・イタリア・パナマ企業連合体（ＧＵＰＣ）であった。

２００９年、ＧＵＰＣによる工事が始まり全体工事も本格化した。しかしその後、作業員のストライキ、コンクリート強度の不足問題、予想外の雨量等に直面し、１２年８月時点で、半年の工事遅延が発生していた。１３年8月には、イタリアで製造された新閘門16基のうち、４基がパナマに到着した。しかし年末から翌年初めにかけ、工事遅延と工事費用の支払いを巡りＡＣＰとＧＵＰＣ間の亀裂が深まり、両者全面対決という事態に至った。スペイン企業に工事保証金を提供しているとされるスペイン政府の勧業大臣が急きょパナマに飛び、工事の継続を説得した。一方パナマ国内では、議会を初め各界がＧＵＰＣの契約違反を糾弾、ＡＣＰ全面支持の世論が沸き上がった。紆余曲折の末、両者間に合意が成立して工事継続となったが、工事完成は1年以上遅れの15年12月とされた。

その後もトラブル続きであったが、2015年9月、16基のローリング・ゲートが無事にセットされ、いざ閘室に注水したところ、いくつかの閘門の基底部から漏水が発生するという想定外の事故が発生した。デザイン上のミスか、不適切な素材使用によるものか、その責任の所在は経費負担の問題とも絡み工事完成後も続くことになった。

リスクの大きかった運河拡張工事であったが、足掛け9年、2年遅れの2016年6月26日に開通式を迎えた。その後1年経過、第三閘門運河内では壁面衝突事故もあったが、当初目標の1日当たり通航隻数10隻には届かないものの6隻台を達成し、ほぼ順調な滑り出しを見せている。

パナマ国民にとり最大の関心事は、「第三閘門運河」がもたらす経済的メリットだ。端的には、運河通航料金による国庫歳入増である。「マスタープラン」では、通航料金の引き上げ率は、年率3・5％に設定するとしていたが、実際には、毎年10％以上の引き上げを行ってきた。運河利用国のラテンアメリカ（チリ、ペルー、エクアドル等）各国は度重なる引き上げに対し抗議したが、ACPは計画通り引き上げを行ってきた。2015年の場合、既存運河からの国庫歳入額は約10億ドルで、中央政府の全歳入額の約1割を占め、主要財源となっている。今後も「第三閘門運河」がもたらす運河収入増への期待は高まるが、スエズ運河など、他の競合ルートの存在を無視した安易な料金引き上げは次第に難しいものになろう。

（小林志郎）

コラム4

パナマ運河とスエズ運河

小林志郎

パナマ運河は「船、山を越え」、スエズ運河は「船、砂漠を抜ける」という表現がぴったりだ。パナマ運河は、船は海から3段ずつの閘門を上がり、標高26メートルの山頂に出来たガツン人造湖を航行する。その光景は奇妙でもある。運河沿いの山道をドライブしているときなど、いきなり向こうの山あいを船が静かに移動している光景に出くわすことがあるからだ。大方の人は「あれ！　あんな山のなかに船がいる」と一瞬目を疑う。あいにく道はしばらくすると運河ルート沿いから離れるので船の姿を見失うことになるが。

パナマ運河の水源であるガツン湖には、山岳地帯からの川が流れ込んでいるせいかきれいだ。湖の岸辺には地元の子どもたちが年中元気に水浴びをしている。岸辺にできた新しいリゾートホテルの周辺ではボート遊びや魚とり、手つかずの熱帯エコツーリズムを楽しむこともできる。

スエズ運河は地中海と紅海を結ぶ160キロ（現在は約190キロ）近い運河で、平らな砂漠のなかを進む海の水路だ。フランス人レセップスが10年近い歳月をかけ、日本の明治維新の前後に当たる1869年に完成させた。スエズ運河が完成するまでに掘った土砂は7400万立方メートルと言われる。距離にして半分しかないパナマ運河の掘削土量の半分にも満たない。このことからもスエズ運河が平らな場所を掘り、パナマ運河は山を切り崩したものであることが想像できる。

パナマ運河もスエズ運河も頻繁に世界史に登場する。その時代の国際政治状況に影響を与えると同時にその影響も受けてきた。古さから言えば当然スエズ運河だ。地中海と紅海を結ぶ最初の水路は、紀元前1900年頃、エジプトの

コラム4

パナマ運河とスエズ運河

ファラオ王朝の時代に建設され、歴代の王朝が繰り返し同じルートを掘削したが、ナイル川の押し出す砂で何回も埋まってしまった。近代に入り1787年には、ナポレオンがエジプト遠征の折りに測量をしている。その後、レセップスが近代運河の建設に着手し完成させた。運河経営はフランスとエジプトが出資した会社が当たるが後に財政難に陥り、イギリスの手に経営は移る。その後、1956年のスエズ動乱後、エジプトが国有化し、スエズ運河公社が管理するようになった。

クレブラカットを航行する(パナマ運河庁提供)

第三次中東戦争(1967年)以来、運河は封鎖されていたが、1975年に封鎖が解かれた。その後巨大タンカーが通航できるように運河の幅を広げ、水路を深くする工事が1980年末に完成した。

スエズ運河はアフリカ大陸最南端の喜望峰まで行かずとも、ヨーロッパとアジアとの海上通行距離を大きく短縮した。パナマ運河は、南米大陸最南端まで行かずとも、アメリカの東岸と西岸の距離を大きく短縮し、世界海上輸送にも貢献している。パナマ運河は基本的に幅33・5メートルのコンクリート製の閘門サイズによって通航できる船の大きさが制限されている。世界的な船の大型化が進む中、運河拡張計画への期待が実現した。

砂漠のなかのスエズ運河(筆者撮影)

◆パナマ運河の閘門◆

クルーズ船上から眺めた閉まる閘門（国本伊代撮影）

閘門が閉じて満杯になって運河水面に浮上したクルーズ船の船尾（国本伊代撮影）

V

米国がつくったパナマ運河とパナマの運命

29

アメリカ帝国主義

★強まる運河支配★

19世紀末から、アメリカ合衆国はヨーロッパ列強のあとを追うようにして、本格的な帝国主義時代へと突入した。南北戦争後の飛躍的な経済発展を背景に、アメリカは余剰生産物をさばくための新しい海外市場を求めていたのである。この海外への膨張の気運は、アングロサクソン民族優越主義とキリスト教的な使命感がむすびついた「マニフェスト・デスティニー」として社会的に正当化されていた。

とりわけ、米西戦争（1898）の勝利によってカリブ海を制すると、勢いあまるアメリカはハイチ、ドミニカ共和国、バージン諸島、ホンジュラス、ニカラグアなど中米・カリブ諸国に対してつぎつぎと政治・軍事的介入を深めていった。これに伴ってアメリカはパナマ運河地帯に駐留するアメリカ軍を増強し、この地を中米・カリブ全域を統轄する軍事拠点へと変えていった。このアメリカの存在によって、国家としてのパナマは、長きにわたって地理的にも、心理的にも分裂することになる。

イギリスは、1901年、ヘイ・ポンスフォート条約においてアメリカのパナマ地峡におけるヘゲモニーを承認し、またフランスも、1903年、運河建設の権利をアメリカへ売却したことにより、アメリカの中米支配の基礎はかたまった。こうして翌年から、アメリカは運河工事に取りかかる。このとき、パナマ軍部の反逆を恐れたアメリカは、パナマ国軍を解体して警察組織へと再編した。すなわち、パナマは自国軍を持つことを禁止されたのである。その一方で、T・ローズベルト大統領は、いわゆる「棍棒政策」により、中米・カリブ海域へ積極的に進出し、敵対的な国家に対してはきびしく対応した。

たとえば、当時のニカラグア大統領ホセサントス・セラヤは、高まる民族主義を背景にあからさまな反米主義を打ちだし、ニカラグア国内にパナマ運河に対抗する新運河を建設すると宣言した。これに対してアメリカは、反セラヤ勢力とむすんで、1909年、セラヤを失脚させている。ただし、パナマ国内では反米主義の高まりを恐れ、当時のアメリカはあからさまな武力介入をするよりも、むしろ選挙に介入することによって親米派の大統領を生みだそうと画策する傾向にあった。

また、タフト大統領は、いわゆる「ドル外交」により、中米・カリブ地域に対する経済的な圧力を強めていった。1909年、イギリスのホンジュラスに対する債権が多額であることを憂慮したアメリカ国務省は、アメリカ銀行を通じてそれらの負債を肩代わりし、イギリスの影響力を排除した。1910年には、ハイチへのアメリカ資本の進出も国務省の指導のもとで大規模に行われている。

1914年、運河完成の年に第一次世界大戦が勃発した。この戦争によるヨーロッパ諸国の疲弊により、イギリスやフランスなどはもはや中米・カリブ諸国に介入する余力を残していなかった。こうした状況下で、アメリカはこの地域に独占的な権力を行使することになり、パナマ運河地帯はますますその戦略的な重要性を増していった。第一次世界大戦前には約30億ドルの債務をかかえていたアメ

図14　カリブ海域におけるアメリカの軍事侵攻・干渉

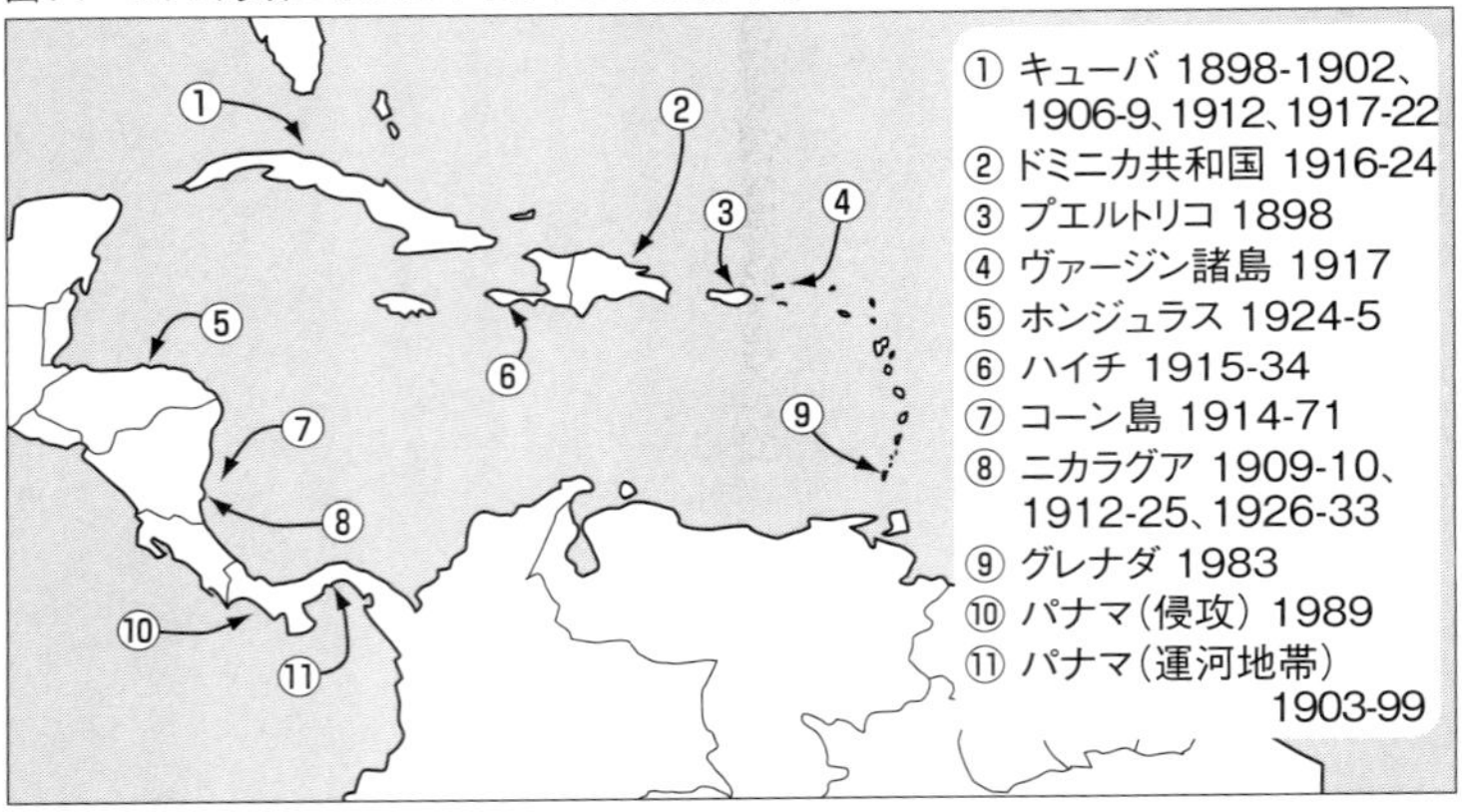

リカは、戦後に約１６０億ドルの債権を持つ強国となり、パナマ運河地帯はその要塞の１つとなったのである。世界最大の経済・軍事大国となったアメリカは、第一次世界大戦後の国際秩序づくりの核となるヴェルサイユ条約を批准せず、また国際連盟にも参加しないなど、孤立主義的な帝国主義をとることになる。

ちょうどその頃、アメリカのウィルソン大統領が提言した「14カ条」の影響により、世界各地に民族自決運動の波が押しよせ、ナショナリズム（民族主義）運動や反植民地運動が高まりを見せ始めた。それにもかかわらず、アメリカ自身はこれに逆行するようにパナマへの支配を強化していく。アメリカはヘイ・ビュノー＝バリーヤ条約の第３項にのっとり、パナマにおいて文字どおり「あたかも主権者のごとく」に振るまったのである。１９１８～１９年、アメリカはパナマの国家警察を再編成し、これを自らの影響下に置くことによって反米運動に備えた。

第一次世界大戦後、運河の経営もしだいに軌道に乗り始め、１９１８年にはパナマ運河を利用する船舶は年間２０

00隻以下であったのが、1925年には年間4000隻、1940年には年間7000隻にも増えた。運河はもはやアメリカの重要な経済的源泉となっていた。さらに政治的な面でアメリカは、1920年代には共産主義、30年代にはファシズムという新たな敵と対峙しなければならない事情があった。こうした変化が、アメリカの帝国主義的な運河支配を強化させることになったのである。

アメリカは、自国の産業を運河地帯に発展させ、労働条件においてもパナマ人労働者の地位と賃金をアメリカ人労働者よりも低く設定するなど、はっきりとした植民地主義者の顔を見せ始めた。これに対して、在ワシントン・パナマ大使であったリカルド・アルファロは、1923年、こうした横柄な態度や人種・国籍による労働条件の不公平の是正をアメリカに求めたが、聞き入れられなかった。

こうしてアメリカは、1930年まで、パナマ最高の権力者のごとく振るまった。合衆国の官僚は、運河における船舶の航行と地峡におけるアメリカの利害を守ろうとし、パナマ人もそれに協力するよう要請した。また、この時期のパナマ政治家たちも、あからさまな反米主義を表明することはなかった。彼らエリート層は、運河と運河地帯からさまざまなサービスや利益を獲得し、自国の生活水準を引き上げようと考えていたからである。

しかし、アメリカの支配に関して世論が賛否両論に割れるなか、パナマの政治家はパナマ民族主義とアメリカ追随主義を同時に主張することは許されなくなり、パナマ側に立つかアメリカ側に立つかの二者択一をせまられた。この問題に関して「中道」を通すことはできない状況になっていたのである。その対立は、1930年に抜きさしならない状態に陥ることになる。

（小澤卓也）

30

パナマ国内政治の力学

★旧支配層 vs 市民派★

コロンビアからの独立以来、パナマでは自由党や保守党などに結集した少数のエリート家族によるオリガルキーア（寡頭政治）が続いていた。植民地時代から有力であった「オールド・ファミリー」と称されるエリート家族の血縁者たちが、ときにお互いへのライバル心を燃やしながらも国家の重要職を独占していた。

第一次世界大戦の影響から解放されることになった１９１８年、２度目の大統領を務めることになった自由党のベリサリオ・ポラスは、まさにこうしたエリート家族の出身であった。彼はエリート層の利益を守りながらも、各種学校、資料館、刑務所、道路、病院などを整備するなど国家の基盤づくりに努めた。しかし、外交問題に関しては紛争中であった国境の領土をコスタリカに奪われたり、運河地帯でアメリカによって差別的待遇を受けた労働者たちのストライキに悩まされた。

１９２４年、ポラスの後任となったロドルフォ・チアリ大統領は、砂糖業および牧畜業による莫大な富を有するイタリア系移民の末裔であり、エリート層のなかでももっとも権威ある家系の出身であった。チアリは基本的にはポラスの路線を引き継ぎながら、金利の低いアメリカ系銀行の資金を運用しながら公共事業の完成を急ぎ、やがて自由党のなかでポラスをしのぐ実力者に成長していく。

ポラスやチアリに代表されるエリート出身の政治家たちは、しだいにパナマの内政に対する干渉を強めつつあったアメリカとの関係を重視し、運河地帯から生み出される経済的利益にあずかろうと考えた。重要な政治的決定の際にはアメリカ外交官のアドバイスを受け、拒絶された場合には指針を変更するなど、彼らはアメリカへの依存を深めていったのである。こうして帝国主義的な進出を試みるアメリカを後ろ盾にしながら、1930年までのパナマでは「パターナリズム（家父長主義）」と「一族びいき」に彩られたエリートによる政治が公然と展開された。こうした体制のもとでは、実質的に市議会や国会の意向が行政府に届くことはなかった。

加えて、当時の運河はエリート家族以外のパナマ市民に多大な利益をもたらすことはなかった。そのため、第一次世界大戦後の不況のなかで労働組合は戦闘的になり、プランテーションの閉鎖に抗議して起こったボカスデルトーロ市のバナナ労働者ストライキ（1919）を皮切りに、多くの抗議運動が展開された。とりわけパナマ労働者連盟の結成（1921）や、そこから独立した急進派による共産党の結成（1930）は、こうした展開に拍車をかけた。彼らによって行われたストライキの多くは、直接的な成功をおさめることはなかったが、その運動がその後のパナマ政治に与えたインパクトはけっして小さくなかった。組合や共産党などによる運動をつうじて、しだいにパナマの政治をエリート支配から取り戻そうと考える市民派集団が台頭することになったからである。

その代表的な組織が、秘密組織「アクシオン・コムナル（AC）」だと言えよう。1931年1月、

アルモディオ・アリアス（パナマ市歴史博物館提供）

この組織は警察本部と大統領宮殿を急襲し、チアリ路線を継承していたフロレンシオ・アロセメナ大統領を辞任に追い込んだ。この「1931年革命」によって、それまでのエリート家族による政治独占の時代は終わりを告げたのである。

この変革を指導したACの代表は、その後のパナマ政治につねに大きな影響力を及ぼし続けることになるアリアス兄弟であった。兄のアルモディオ・アリアスはケンブリッジ大学で法学を学び、弟のアルヌルフォ・アリアスはハーバード大学で医学を学んでおり、ともに当代を代表する専門家であり知識人であったと言える。2人は「オールド・ファミリー」とは無関係のコスタリカ移民の末裔で、農村中間層のメスティーソだったこともあり、オリガルキーアとアメリカ支配を打ち崩し、政治を市民の手に取り戻そうと考える人びとにとって希望の星となっていた。

革命後の臨時大統領に就任し、のちの選挙にも勝利したアルモディオは、1936年まで大統領を務めることになった。反米主義を明確にしていたアルモディオに対してアメリカは不支持を表明したが、ACに結集しつつあった愛国主義的パナマ人の支援に加え、パナマ国内でもっとも差別されてきた西インド諸島系の黒人共同体と交渉し、支持を取り付けることに成功するなど、「貧者の代表」というイメージを定着させることによって、選挙戦に勝利したのである。

大統領となったアルモディオは、閣僚に弟・アルヌルフォを含むACの有力メンバーをつぎつぎと指名して政治基盤を固めながら、アメリカ支配に終止符を打つための交渉に取りかかった。その頃国内では、失業問題、貧困層のストライキ、西インド諸島系黒人による抵抗運動などが深刻化していた。アルモディオはこの国内問題を解決するために労働者や農民のための基金を設立し、農業の支援や都市部における貧者やホームレスのための救済プログラムを打ちだしたが、その財源を確保するために敵対するアメリカに経済支援を求め、譲歩しなければならなくなる。

1936年、アルモディオはアメリカとハル・アルファロ条約をむすび、アメリカのパナマ内政への不干渉、「保護国」としてのパナマの地位の修正、運河地帯のパナマへの返還（ただし、具体的な期日は言及されなかった）、運河地帯の商業の一部のパナマ人への開放など、がそのなかに盛り込まれた。パナマ側からすれば、これは運河問題の解決に向けての大きな進展であったと言える。こうして、1931年以降のパナマ政治は、アリアス兄弟を中心にした「市民派」政治家たちと、「オールド・ファミリー」出身のエリート政治家たちの政争を軸にすすんでいくことになる。

（小澤卓也）

31

アルヌルフォ・アリアスとポプリスモ

★大衆動員型政治の成立★

1930年代以降のパナマ政治を語るうえで、アルヌルフォ・アリアスによって具現されたポプリスモ（大衆動員型の政治運動）と「アルヌルフィスタ」と呼ばれたその支持者たちの動向を無視することはできない。彼の登場によって、都市や農村の一般市民たちが、自分たちも政治に参加できるということをはじめて実感することができた。パナマ史上はじめて、オリガルキーアに対抗する大衆的な政治勢力が誕生したのである。

長きにわたりアメリカで過ごし、ハーバード大学で医学の学位を手に入れたアルヌルフォは、帰国後、当時もっとも近代的とされたサント・トマス病院の医師として働き、高い評判を得ていた。ところが、15歳年上の兄・アルモディオの影響からしだいに政治的になり、1930年にACの運動に参加し、翌年に勃発したクーデタにおいて早くも指導者としての頭角をあらわし始めた。政治状況を冷静に分析するタイプの兄とは異なり、アルヌルフォはときおり情緒に安定を欠く激しい性格ではあったが、人の心を動かす言葉とある種のカリスマ性を備えていた。

アルモディオ大統領によって厚生・農業・公共事業大臣に任命された1931年に政治の表舞台へと躍りでたアルヌルフォ

は、35年には早くも自ら総裁を務める国民革命党（PNR）を結成し、40年には39歳の若さで大統領の座にのぼりつめた。地方の小土地所有者、牧畜業者、商人にくわえ、アルモディオが創立したパナマ大学を中心とした中央集権的で、干渉主義的な「大きな政府」による国民統合を望む学生や知識人が、彼を熱狂的に支持したのである。

アルヌルフォは、1988年に死去するまで、大統領選に5度出馬し、3度勝利をおさめており、2度の敗戦のうち少なくとも1つは不正選挙が行われなければ当選していた可能性が高い。ところが彼は、この合計3回の大統領職のすべてを任期まっとうできずに警察や軍部のクーデタによって失脚に追い込まれるという、まさに波乱に富むパナマ政治を地でいった政治家であると言えよう。その死後も、彼の意志を継ぐアルヌルフィスタ党が有力政党の1つとして活動を続けていることも考慮すると、パナマ政治史におけるこの人物の影響の大きさがわかる。

1940年の大統領選でアルヌルフォが民衆から支持された最大の理由は、彼が国内の「怒れる愛国者」たちを代弁するナショナリスト（民族主義者）であった点にある。運河の建設以来、パナマ国内をわがもの顔で闊歩するアメリカと、それとむすんで利益をむさぼっていたオリガルキーアに対し民衆の不満は高まっていた。こうした状況のなかで、アルヌルフォは反米主義を明確に打ちだし、パナマ土着の価値観や伝統を重視し、「パナマ人のためのパナマ」を政治スローガンとした。さらに、それまで民衆のための政治を行わなかったオリガルキーアも批判し、国家の社会的責任を強調して、メキシコ革命にならった社会保障システムの充実をはかると宣言したため、彼に対する人びとの期待はふくらんでいったのである。

パナマ市バルボア地区にあるアルヌルフォ・アリアスの業績を讃える記念碑（国本伊代撮影）

しかしながら、彼のナショナリズムは過度の純血主義に行きつき、外国の商人や企業に対する排外主義的な圧力や、国内の数万人にのぼる非白人系移民（西インド諸島人、アジア人、中東人など）の市民権剥奪などの問題を引き起こすことになった。公共の場においてスペイン語の使用を義務づけたり、外国音楽をかける商店や飲食店に罰金を科すなどの政策も、アルヌルフォの右傾化が行き過ぎた結果であった。

また、彼が制定した41年の新憲法では、議会に対する大統領権限の優越が盛り込まれ、「独裁」的な強権のもとで厳しい管理社会の建設がパナマの目標とされた。これは、アルヌルフォがファシズム国家に対する憧れを抱いていたことと大きく関係している。そのため、アメリカのみならず、実兄・アルモディオを含む多くのパナマ人政治家の不安をかき立てることになり、クーデタによって打倒される結果を自ら招いてしまった（アメリカとの対立については次章を参照）。これによってアルヌルフォは、一時、アルゼンチンの首都ブエノス・アイレスへの亡命を余儀なくされた。

1948年に2度目の大統領に当選したときは、1度目とはうって変わって官僚の汚職を放置し、自らも身内びいきや権力者の地位を利用した富の蓄積などを行ったため、政治はいちじるしく腐敗した。結局、自らが招いた社会的混乱のなかで、再びクーデタによって打倒されることになるが、それでも彼の人気が完全に消滅することはなかった。

1968年に3度目の大統領に選出されたとき、それ以前の状況とは異なり、天敵であったはずの軍部やオリガルキーアも含めた広範な民衆の支持を得ていた。しかし大統領に就任後、過去に2度クーデタによって辛酸をなめさせられたアルヌルフォは、先手を打って軍部の有力者をつぎつぎと首都から遠ざけ、その影響力を急激に減じようと画策したため、このときも警察の反発を招いてクーデタの憂き目にあった。

このように、アルヌルフォの政治は、かならずしも「民主的」な性格のものではなかった。それでも、人びとの心にわきあがる「反米」、「反オリガルキーア」、「反警察」の思いは、くりかえしアルヌルフォを大統領の座へと送りだした。彼のポプリスモは、まだ政治的に成熟していなかったものの、特権階層から政治を解放し、民主主義を達成しようと望む多くの一般国民によって支えられていたのである。

後述するように、アメリカからパナマへの運河の返還という重大な「国民のイベント」が、アルヌルフォの妻であるミレヤ・モスコソ大統領のもとで実現したことも、たんなる偶然とは思えない「歴史のめぐりあわせ」のように感じられる。

（小澤卓也）

32

第二次世界大戦とパナマ運河

★国際紛争の最前線と化した運河★

ヨーロッパではドイツやイタリアが、そしてアジアでは日本が近隣諸国への侵略を準備し、新たなる世界戦争の危機が高まるなか、これら枢軸国側にとって最大の敵であったアメリカの重要拠点であるパナマ運河も、この緊迫した状況から免れることはできなかった。とりわけ日本とドイツは、パナマ人民族主義者の反米感情を最大限に利用して、この地におけるアメリカの覇権を崩したいと考えていたのである。米軍の情報筋は、1934年までには、海軍軍縮条約を破棄し、アメリカ海軍に挑戦的な態度を取りはじめた日本軍による運河の破壊計画を警戒していた。

アメリカと日本の関係は、すでに20世紀の初頭から悪化していた。日本が、アメリカが自分たちの「裏庭」だと考えていた中南米諸国に積極的に進出しようとしたからである。とくに、アメリカ人が多くの資産を失うことになったメキシコ革命に日本が干渉する姿勢を見せたことは、アメリカにとっては大きな脅威に思われた。日本がメキシコやドイツと同盟をむすんでアメリカに宣戦布告するのではないか、あるいは日本が戦略的な価値の高いパナマ運河を軍事占拠するのではないか、といった憶測がアメリカ人の反日感情を高めていたのである。

　日本から押し寄せる大量の移民も、彼らにとっては一種の侵略行為のように感じられた。日本人のラテンアメリカへの集団移住は、１８９７年のメキシコに渡った36名の団体に始まり、日米開戦により移住が中断する１９４１年までに、約24万５０００人もの日本人がラテンアメリカに移住したのである。そのうち、全体の約４分の３にあたる18万９０００人がブラジル、約３万３０００人がペルー、約１万５０００人がメキシコへ移住し、この三国だけで全体の97％を占めていた。

　１９４０年、パナマは中南米諸国外相会議における集団安全保障決議に従い、ドイツ・イタリアに宣戦した。日米開戦のおよそ半年前のことである。太平洋戦争中、日本軍はパナマ在住の日本人スパイから情報を得ながらパナマ運河の爆破計画を練っていたが、結局のところこれは実行には移されなかった。

　ドイツ系移民はアメリカにとってさらなる脅威であった。移民数はそれほど多くはなかったものの、彼らはベネズエラ、コロンビア、中米諸国、そしてパナマにおける商業や航空業などに影響力を持っていた。ナチスがパナマ運河に戦略的な興味を示し始めると、Ｆ・Ｄ・ローズベルト大統領は、反米運動が高まりつつあったパナマを懐柔するため、経済支援や運河の賃貸料の増額を約束した。強力な海軍を有するドイツがピノス湾に軍事基地となりうる土地を購入しようとした際、アメリカはこれを懸命に妨害するなど、運河をめぐる両国の対立はしだいに激しさを増していった。

　第二次世界大戦期にはナチスもパナマに多くのスパイを潜入させており、蒸気船会社や修理工場、あるいは大使館など、あらゆる場所において諜報活動を行っていた。彼らはアメリカ軍の展開状況か

アメリカのドイツ潜水艦に対する恐怖心を表現した『タイム』誌（1943年5月10日号）表紙のイラスト。中央の人物はナチスのデーニッツ海軍司令官。

ら、運河地帯における電気供給の状況や閘門の仕組みまで、こと細かに本国ドイツへ報告していたことが、のちに明らかになっている。なかには、運河で働くパナマ人労働者を買収し、運河を通過する船の動向について情報を得ていたスパイもいたほどである。

ナチスにとって、1940年にアルヌルフォ・アリアス政権が誕生したことは願ってもないことであった。反米主義者であり、ファシズム体制に共感していたアルヌルフォは、枢軸国側を支持し、ナチスやイタリア・ファシスト党の要人と接触を重ねていたからである。彼は、アメリカがラテンアメリカ諸国との連帯を強めようと発足させたアメリカ合衆国友好協会への参加の呼びかけにも応じなかった。それどころか、ドイツ海軍からの攻撃を予防するために軍船をパナマ国籍に偽装するというアメリカの申し入れをはねつけ、アメリカ軍船におけるパナマ国旗の掲揚を拒否し、さらに運河地帯の外部に臨時の軍事防衛拠点を築くというアメリカの要請も却下したのである。

これに対して、アメリカはハル・アルファロ条約（1936）に定められた「パナマ運河の安全が脅威にさらされた場合には防衛措置を執ることができる」という権限を利用し、100カ所にものぼる軍事基地の貸与を執拗に主張したのであった。しかし、それでもアルヌルフォは、アメリカの要求する軍事基地の設置を断固として承認せず、枢軸国側の諜報活動に対して寛容な姿勢をとり続けたのである。

アルヌルフォのアメリカに対するこうした挑発的かつ敵対的な態度は、これまでのアメリカ支配において辛酸をなめてきた労働者階級には支持されたが、その利益にあずかってきた中間層以上のパナマ人からは強い反発を受けることになった。さらに最大の後援者である兄・アルモディオとの関係が決裂したことによって、アルヌルフォは政治的に孤立することになる。1941年、アルヌルフォはもっとも信頼していた司法長官リカルド・デラグアルディアによって拘束され、国外追放処分となった。デラグアルディアはパナマ人有力者やアメリカ官僚と秘密会議を重ね、用意周到にこのクーデタを準備していたのである。

新大統領となったデラグアルディアは、前任者とはうって変わってアメリカとの友好関係を重視し、大戦におけるアメリカ支持を明確化した。新政府はすぐに米軍が求めていた軍事防衛基地の貸与を承認し、パナマ警察はアメリカの諜報機関と協力して約1200人のスパイ容疑者を拘束して、そのうちの約500名をアメリカのキャンプへ送還した。そのほとんどがドイツ人、イタリア人、日本人であったことは言うまでもない。捕らえられた枢軸国出身の人びとは、たとえスパイでなくても「敵国人」として、強制収容、財産没収、強制送還といった強圧的な措置がとられることになったのである。

（小澤卓也）

33

冷戦下のパナマ運河と軍部の台頭

★レモン司令官を中心に★

第二次世界大戦後、おなじ連合国軍の盟友として戦勝したアメリカとソ連がイデオロギーと世界の覇権をめぐって対立し、いわゆる「冷たい戦争」の状態に突入すると、アメリカにとってパナマ運河地帯の戦略的な価値は再び高まることになった。アメリカは、大戦中にデラグアルディア大統領との間にむすんだ基地貸与協定を戦後も継続することができるように主張したが、この要求は民族主義的なパナマ市民の抵抗により承認されなかった。大戦の終了後もアメリカの植民地のように扱われ続けることに、多くのパナマ市民は我慢ができなくなっていたのである。

1930年に結成されたパナマ共産党は、第二次世界大戦中にパナマ人民党として再編され、知識人や学生、労働者に影響力を持つようになっていた。また、学生たち自身も、1943年にパナマ学生同盟、1944年には青年愛国戦線を結成し、政治的な発言力を強め、しばしば反米主義的な抗議運動を行うようになった。こうした状況下において政府は、大衆運動を押さえこむ「軍事力」として、大戦中からパナマ社会に対する管理・統制力を伸張しつつあった警察力をいっそう強化したのである。

この時期に国家警察を統轄し、きわめて大きな政治的権限を行使するようになった人物が、ホセアントニオ・レモンである。メキシコ士官学校を卒業し、ACに招へいされたレモンは、アリアス兄弟と対立してこの組織を去ったあと、警察司令官としてらつ腕を振るうようになった。彼は国内外の有力な政治家や実業家と親交をあたため、パナマのエリート家族とつぎつぎに血縁関係をむすびつつ、巨大な富を蓄積していた。その一方で、総勢2000名にも満たなかった警察隊を近代的な部隊へと変身させたレモンは、その軍事力を後ろ盾に、たくみな民衆掌握術を駆使しながら政治の世界にくい込んでいったのである。

レモン率いる国家警察がはじめて本格的に政治問題へ介入したのは、1948年の大統領選のときであった。エンリケ・ヒメネスが後任に指名したドミンゴ・ディアスを支持する警察は、対抗馬のアルヌルフォ・アリアスに圧力をかけ、ディアスを当選へと導いた。しかし、このとき振るわれた警察暴力は民衆の反発を招き、ディアスが死去すると、再び政治は混乱状態に陥った。危機に直面したレモンは、個人的なライバル関係にとらわれず、民衆に人気があるアルヌルフォを支持するという大胆な政策転換をやってのけ、第二期アルヌルフォ内閣のもとで自らの地位を確保しながら、政治の「黒幕」として暗躍することに成功したのである。

1952年の大統領選挙では、この「黒幕」がついに政治の表舞台に立つことになった。警察や「オールド・ファミリー」の支援を受け、レモンは自ら大統領に立候補したのである。このときの対立候補はまたしても因縁の深い宿敵のアルヌルフォ・アリアスであった。警察による暴力を徹底的に批判し、学生らの支持を受けるアルヌルフォを前に、「軍部の育ての親」としてのレモンはきびしい選挙戦を強いられた。

しかしながら、国民的な人気があった妻セシリア・ピネルの献身的なサポートと、豊富な資金によってしだいに劣勢を挽回し、レモンは5つの有力政党とむすんで結成した愛国国民連合の活動によって形勢を逆転した。アメリカも反米運動の激化を警戒していたため、もし親米派であればパナマに警察国家が生まれることをいとわず、積極的にレモンを支援した。国内秩序の回復、経済発展、親米路線の維持、公共サービスの拡大などを公約に掲げたレモンは、結局63％の得票率で大統領の座を勝ちとった。

レモン政権は、一方でパナマ運河への依存体質から自立するために輸出農作物の生産に力をそそぎ、同時に公共・土木事業に失業者を導入して雇用を創出する経済改革を実施した。また、１９５５年には、アイゼンハワー大統領と交渉し、運河租借料の年額43万ドルから１９３万ドルへの増額、運河地帯におけるパナマ人労働者の所得に対するパナマ政府の課税権などを盛り込んだ新協定をアメリカと締結した。ただし、ここでもアメリカはパナマ運河地帯の「永久租借」に関しては譲歩せず、逆にリオ・アトをはじめとする運河地帯以外の土地を米軍基地として15年間租借することをレモンに承諾させた。

他方で、レモンは司法の権限を弱めつつ、ストライキの禁止、急進主義団体の禁止、共産主義者の不当な拘束、新聞の規制などを実行にうつし、市民による結社、思想、言論の自由を公然と弾圧した。レモンの手足となって、政府に反対する人びとに暴力をくわえたのは、いまや「国家警察」からより

第33章

冷戦下のパナマ運河と軍部の台頭

強力な「国家防衛隊」に再編成された武装集団であった。国家防衛隊は、米軍からの軍事支援を受け、忠誠心の高い低・中間階層の黒人や混血層から若者を兵士としてつぎつぎとリクルートして形成された事実上の軍隊であった。この強大化した軍部の存在は、その後のパナマ政治にとって大きな障害となる。

1955年、レモン大統領は権力者としての絶頂期に、パナマ市内の競馬場であたかもギャングが処刑されるように無惨に暗殺された。その死にはいまもって多くの謎が残されている。アメリカとの新協定の締結を実現し、「われわれは慈善も大金もいらない。欲しいのは正義だ」と勇ましくパナマ国民に語りかけた数日後に起こった事件であった。この凄絶な最期と軍部との深い絆のため、レモンは民主化路線を進む現在のパナマにおいて、否定的に評価されることが多い。パナマにおける国家暴力と軍部支配の確立者として断罪されることもしばしばである。

レモンの突然の死により、彼が統轄していた国家防衛隊は十数年にわたって政治の表舞台から姿を消すこととなる。強大な軍部が復活し、再び政治に直接的な影響力を及ぼすようになるのは、1968年にオマール・トリホスらの軍事クーデタによってアルヌルフォ・アリアスが追放されてから、1989年のアメリカによるパナマ侵攻によってノリエガ将軍の率いるパナマ軍部が壊滅状態に追い込まれるまでの間のことである。

（小澤卓也）

34

高まる反米運動

★主権をめぐるパナマ人の闘い★

パナマとアメリカが1903年の運河条約をむすんだ直後から、運河地帯の主権をめぐるパナマ人の反米闘争は始まったと言える。運河と運河地帯が事実上アメリカの保護領であることは、どのパナマ人の目にも明らかだったからである。アメリカ側からすれば、積極的な海外進出を行う上でパナマ運河地帯は最重要の拠点であり、けっして手放すことができないものであった。

たしかに、アメリカはパナマ人にたくさんの恵みをもたらした。運河地帯の形成に伴い、熱帯病の駆逐、水道網の拡大、アメリカの資金による教育施設や交通網の整備など、パナマ市民の暮らし向きが向上する変化が起こったことは事実である。また、アメリカ経済の影響下でパナマ国内に米ドルが流通していたことは、海外の投資家やビジネスマンからすれば、他の中南米諸国にしばしば起こるインフレの抑制を意味した。強大な米軍基地の存在もパナマの政情不安を回避する決定的な抑止力のように思われた。すなわち、アメリカの存在がパナマに海外からの投資を呼び込む重要な要素にもなっていたのである。

それにもかかわらず、アメリカの存在を嫌悪するパナマ人が

第34章
高まる反米運動

跡を絶たなかったのは、運河地帯において「あたかも主権者のように」振るまうアメリカ人を目の当たりしていたからであろう。パナマ人の多くが貧困に苦しむなか、英語を話すアメリカ人が本国のライフスタイルをそのまま運河地帯に持ち込み、豊かな生活を送っている光景も、パナマ人の嫉妬心を増長させたに違いない。運河地帯を「自国領土」とみなすアメリカは、自らの裁量でパナマ人に課税し、この地における通行を制限したうえで通行税を要求するなど、横暴に振るまった。

さらにアメリカの「主権者」のごとき行動は、第一次世界大戦後、運河地帯の枠を越えて内政干渉というかたちで、パナマ社会に及ぶようになる。１９２５年、腐敗政治で知られるロドルフォ・チアリ政権に対し、市民の反政府運動が高まった。このとき、窮地に立たされたチアリ政府は米軍の出動を要請し、米海兵隊が10日間にわたってパナマ市内を占領するという事態に陥った。これこそ、アメリカがはじめてパナマに対して大々的に行った直接的な武力介入である。この多数のパナマ人が殺傷されるに至った事件を機に、パナマ人によるアメリカへのパナマ運河返還の要求が組織化された運動のかたちをとるようになった。

こうした反米主義に基づく米軍基地の追放運動にもかかわらず、日独伊の三国が攻撃的な膨張政策をあらわにし、世界が第二次世界大戦の影におびえるようになると、むしろアメリカは運河地帯の外側に基地を拡大するようパナマ政府に求めていった。米軍は運河防衛のため、運河地帯の外側に新たに米軍基地を租借し、自国が他国と交戦状態に陥ったとき、パナマも自動的にアメリカ側に加勢することを要求し、これに沿うかたちで両国の間でケロッグ・アルファロ条約が締結されたのである。

しかし、これに反対する市民運動はすさまじい盛り上がりを見せ、結局政府はこの条約の批准を見

図15　パナマ運河地帯の主要な米軍基地

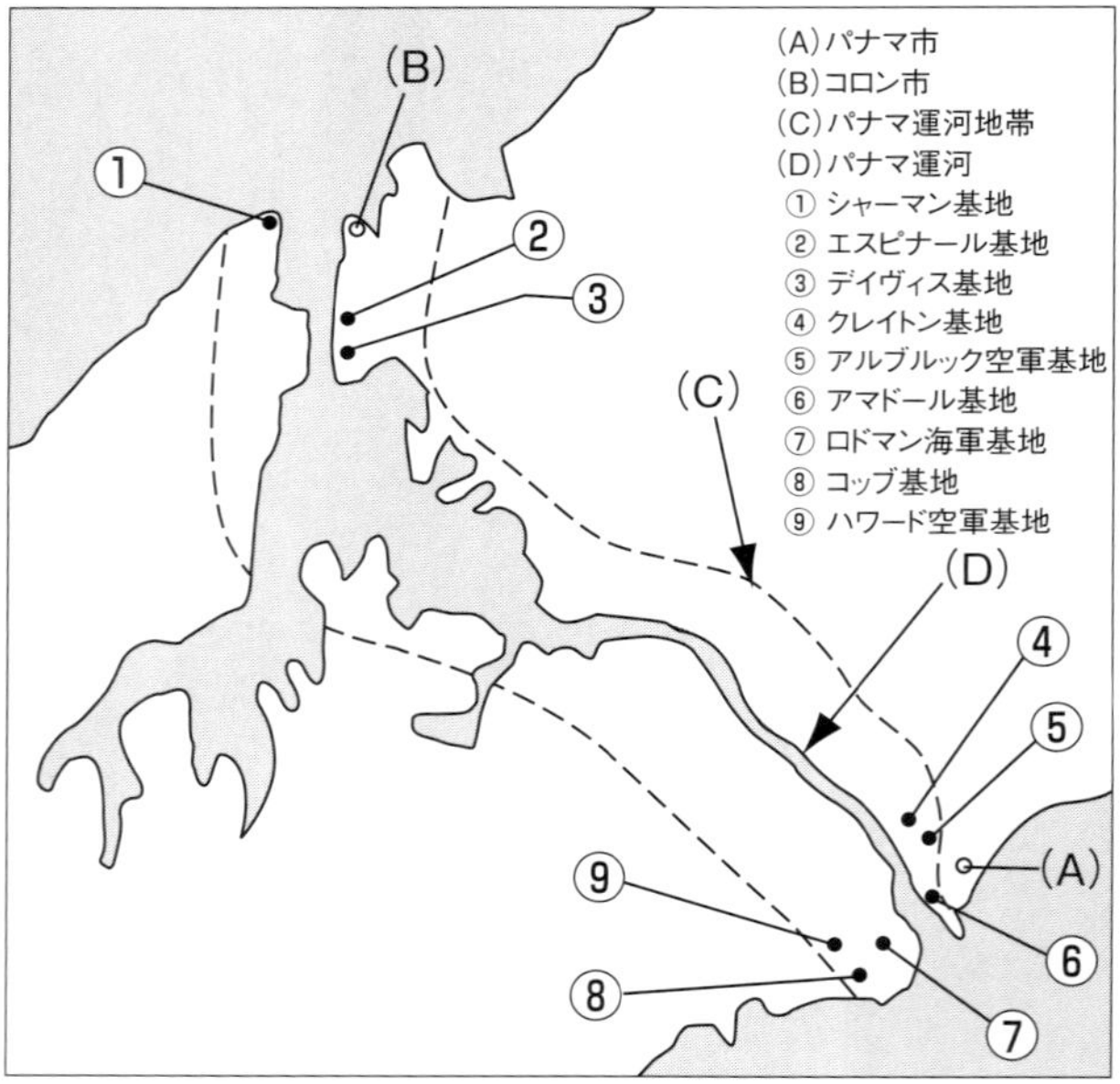

送ることになった。こうした歴史の潮流のなかで、アリアス兄弟が政治の舞台に登場し、１９３６年、「運河地帯におけるパナマの主権」を明示したハル・アルファロ条約が締結されるに至ったのである。この事件によって、反米主義的なパナマの民衆運動が、もはやパナマ政府やアメリカ政府にとって無視できない巨大な力を秘めていることが、世界に知らしめられたのである。

しかしながら、第二次世界大戦が勃発すると、戦時の「特別措置」を理由にアメリカはなかば強引に運河地帯外の基地租借をパナマ政府に認めさせ、戦後も冷戦下における共産主義陣営との対決を理由に基地の存続を求めた。そして、デラグアルディアの親米路線を継承したエンリケ・ヒメネス大統領は、１９４７年、反発する議会をおさえてこれを受諾したため、米軍はリオ・アト空軍基地を含む14の基地の貸与期間を延長することになった。

第34章

高まる反米運動

ところが、ヒメネス大統領がこの協定を批准しようとしたところ、これに抗議する市民の怒りが再び沸点に達し、議会は1万人にものぼるデモ隊に包囲されることになった。こうした市民の激しい反対運動に直面し、ついにパナマ議会は米軍への基地貸与協定の批准を見送ることを余儀なくされ、運河地帯以外のパナマ領内からアメリカ軍基地が消滅することになった。この「1947年の勝利」は、パナマの大衆的な反米運動がはじめて大きな成功をおさめた歴史的事件だと言えよう。

意気あがる反米的パナマ人をさらに勇気づけたのが、エジプトにおけるスエズ運河の国有化事件であった。ナセル大統領率いるエジプトの民族主義者たちが、パナマ運河に匹敵するこの世界的に重要な運河をイギリスの手から奪還したというニュースは、パナマ人のパナマ運河に対する主権意識をさらに強化することになった。逆にアメリカは、この影響をおそれてパナマに対して以前よりも強硬な姿勢をもって臨むようになった。アメリカが公式的にパナマ運河におけるパナマの主権について明言したのは、1959年、アイゼンハワー大統領によってであるが、それまでパナマの運河地帯における主権の問題は曖昧にされ続けた。

こうした反米主義運動は、のちに顕在化するパナマ人のナショナリズム運動について考えるうえできわめて重要な歴史的意義を有している。パナマ人にとって国のもっとも重要な施設である運河を奪い、自国の領土を「飛び地」に変えたアメリカの存在をどのように認識するかということが、彼ら自身の民族アイデンティティと切っても切り離せない問題だったからである。

（小澤卓也）

35

パナマ・ナショナリズム

★われわれの国旗を掲げよ！★

エジプトのスエズ事件以降、パナマでも学生組織を核とし、政治家、労働者、農民を含む大衆的かつ組織的な反米ナショナリズム運動が本格化するようになり、運河と運河地帯を取り戻そうという気運がパナマ社会に広がり始めた。とりわけ、こうしたパナマ人の民族主義的な怒りの矛先は、運河地帯におけるパナマ国旗の掲揚を認めようとしないアメリカ政府へと向けられていった。

パナマ人民族主義者は、運河地帯の主権がパナマにあることを示す象徴的な行為として運河地帯におけるパナマ国旗の掲揚に固執しており、「主権作戦」（1958）、「国旗の種まき」（1959）、「アンコン地裁の国旗前での市会議員の誓い」（1963）などと称されるデモや抗議行動を行って国家防衛隊やそれを支援する米軍と衝突し、死傷者を出すこともあった。

1958年には、反米・民族主義運動が激化することを恐れたアイゼンハワー米大統領が、パナマに対する経済支援を強化し、運河地帯の指定された公共空間においてパナマ国旗の掲揚を承認する提案を行うなどパナマ側に大きく譲歩する姿勢を見せたが、このアイゼンハワー案はアメリカ議会によって否決されてしまったため、結局実現されるには至らなかった。１９６０年代の中頃になると、既存のパナマ運河ルートを通過することができない新型の巨大戦艦が開発されたり、パナマ以外のラテンアメリカにおける米軍の装備や基地の充実がはかられた結果、アメリカのパナマ運河地帯への戦略的な依存度は小さくなった。だが、それでもこの地を支配し続けることは、アメリカがラテンアメリカにおける自国の存在感を国際社会に誇示するために必要であった。

これに対してパナマ政府は、基本的に国内の民族主義者を支援する傾向にあった。なぜなら、パナマの政治は20ほどの白人クリオーリョ（現地生まれの白人）の「名門」家族によって支配されており、彼らは下層民の大半を占める黒人系やメスティーソ（白人と先住民の間の混血民）系民衆の内政に対する不満をアメリカへとそらす必要があったからである。言いかえれば、全人口の約10％に過ぎない白人系のなかのさらに一握りのオリガルキーアが、約70％にものぼるメスティーソ系、約14％を占める西インド諸島系黒人およびその混血層、あるいは約６％にあたる先住民系人口を支配し、その政治権力を社会的に正当化するために国内の反米ナショナリズムを利用したのである。

アメリカのケネディ政府は、このようなパナマのナショナリズム運動を沈静化し、パナマ人を懐柔するために、運河地帯におけるパナマ人労働者に対する人種差別の撤廃や賃金引き上げなどを約束した。１９６３年、ケネディはさらに運河地帯のいくつかの公的施設において星条旗と並ぶパナマ国旗の掲揚を義務化するとパナマ政府に約束した。ただし、この若きアメリカ大統領も、指定の場所以外の公共スペースや通航する船舶上でのパナマ国旗の掲揚を拒絶し、運河地帯におけるパナマ人労働者の割合を増やす要求を却下するなど、アメリカの「運河の支配者」としての威信にかかわる問題に関

『ライフ』誌（1964年1月24日号）に掲載された1964年暴動の一場面

してはまったく譲らなかった。

1964年、運河地帯のバルボア高校において、この「ケネディ案」を無視したアメリカ人学生がパナマ国旗を掲げることを拒絶し、星条旗のみを掲揚するという事件が起きると、これに反発した愛国主義的なパナマ人学生集団が運河地帯において激しい抗議運動を行った。この怒りがパナマ市やコロン市にも飛び火して、ついには大きな大衆暴動へと発展することになる。『ライフ』誌の表紙を飾ったこの暴動を撮影した有名な写真（火事による黒煙が立ちのぼるなか、高い街灯によじのぼってその頂点にパナマ国旗を掲げている若者たちを写したもの）は、まさに国旗をめぐって起こったこの暴動の本質をみごとに映しだしている。結局、アメリカはこの事態の収拾をねらって軍隊を投入したため、パナマ側に21名の死亡者、および約450人の負傷者を出すこととなってしまう。

この事件に対し、パナマ国内でアメリカを非難する論調が急速に高まっていき、これを深刻に受け止めたパナマのチアリ政府は、アメリカ合衆国との国交断絶を宣言した。両国の国交は、すぐに米州機構（OAS）の仲介で政治的には回復することになるが、この事件はアメリカ人のパナマ国民に対する抑圧の歴史として人びとの記憶に残ることになり、パナマ人民族主義者に反米運動を行う大義名分を与えることになった。

こうした自国旗の掲揚を求めるパナマ・ナショナリズム運動は、次章で紹介する1977年の新運

第 35 章

パナマ・ナショナリズム

河条約において大きな進展を見せる。その第7条においては、①パナマの全領土内においてパナマ共和国旗が光栄ある状態で掲げられること、②運河委員会本部など一定の公共空間において米国旗をパナマ国旗とともに掲揚してもよいこと、③指定された場所以外での米国旗の掲揚に関しては両国の合意に従うことなど、これまでの争点であった国旗の掲揚に関して明確な法的規定が示されることになった。これ以降、運河と運河地帯にもパナマ国旗が悠然とひるがえることになったのである。

かつて、高校の教科書に次のようなパナマ人の国旗に対する思いを込めた詩が掲載された。そこには、運河は「パナマ国民」のものであるという強い意志が、パナマ人の主権を示す国旗への敬意をつうじて明らかにされている。その詩は次のようにむすばれている。

わたしの国旗ほど、悲しみや嘆きとは無縁の国旗は存在しない
それゆえに、他国の侵略に対する恐怖も感じず
つねにその色彩をふかき熱情をもって見つめていられるのだろう
運河の路をわたるとき、人はためいているわたしたちの国旗に敬礼する
世界でもっとも愛しきその国旗に

（小澤卓也）

36

トリホス将軍と1977年の新パナマ運河条約

★約束された運河の返還★

アルヌルフォ・アリアスが3度目の大統領の座から追われ、国家防衛隊の主導による臨時議会が成立した。ここでめきめきと政治的な頭角をあらわしてきたのが、オマール・トリホス中佐であった。彼は独裁的な軍事政権を確立し、反対派を徹底的な暴力によってねじ伏せていたにもかかわらず、そのわかりやすい発言と柔軟性に富んだ物腰から「軍人らしからぬ軍人」として多くの民衆から慕われた異色の軍人政治家であった。彼が行った68年の軍事クーデタ以降、パナマでは20年間にわたって軍部による政治支配システムが続くことになる。

エルサルバドルの軍人学校で職業軍人としての英才教育を受けたトリホスは、1952年に国家防衛隊に入隊するや、すぐに市民運動対策や暴動の鎮圧において特異な才能を発揮し、司令室でらつ腕を振るうようになった。1968年、国家防衛隊の最高司令官にのぼりつめて全軍を掌握すると、強力な反米・反オリガルキーアの姿勢を打ちだし、パナマ人民族主義者に熱狂的に支持されるようになった。彼の筋金入りの反米主義は、母親が米兵にぞんざいに扱われるのを目撃した幼少期の記憶に端を発すると言われている。

トリホス大統領は「アメとムチ」を巧みに使いわけて権力を掌握した。一方では、都市の労働者階級と連帯する姿勢を明確にし、労働法を整備するなどしてその取り込みをはかった。また、農村部においても、農業組合を支援し、学校、診療所、市場などを建設し、農村社会の安定をはかるとともに農村から都市への急激な人口移動を防ごうと努力した。これらの政策は、「市民派」であり、「貧者の味方」であるというトリホスのイメージ戦略とあいまって、彼のカリスマ的人気を確かなものとしていた。

アマドール地区のトリホス廟（国本伊代撮影）

しかし他方では、自由な政党活動を禁止し、学生の自治や反政府運動を弾圧するなど、パナマ市民の政治的自由をつぎつぎと奪っていった。トリホスは国家防衛隊をさらに強化して市民の自由主義運動を抑圧するとともに、腹心であったマヌエルアントニオ・ノリエガの指揮するG－2と称される諜報機関を通じて政敵を拉致・拷問・暗殺するという恐怖政治をしいた。この頃になると、国家防衛隊は行政・立法・司法の各府と並びたつか、あるいはそれらをしのぐ「第四の権力」と化していたのである。

とりわけトリホスは、くすぶっていた人びとの反米意識やナショナリズムをあおりつつ、運河地帯の奪回を最終目的とする主権回復運動の先頭に立つことによって、政権の安定をはかろうと躍起になった。その背景には、深刻化していた貧富の格差や治安の悪化などの社会・経済的不

オマール・トリホス・エレラ将軍

安から人びとの目をそらす意図もあったと考えられる。トリホスは、「第三世界」諸国との関係を緊密化しながら、ヴェトナムからの撤退以降、対外消極策に転じていたアメリカ政府にさらなる国際的圧力をかけた。そうしながらトリホスは、もし運河条約交渉が失敗に終わった場合、数年間にわたってゲリラを組織してアメリカの運河運営に混乱をもたらすと公言するなど、アメリカ側に早々の決断を迫ったのである。

こうしたトリホスの強硬路線を前に、アメリカ政府は、たとえパナマ運河の経営権がパナマに移管されたとしても、運河の安全が確保され、船舶の航行が保障されるならば、アメリカの基本的な国益は確保できると考えるようになる。カーター政権は、この観点から運河の「永久中立化案」を練りあげ、「運河がパナマに返還されたあともアメリカの防衛権を存続させる」ことを条件とする新条約案を打診し、トリホスもこれを受け入れた。

その結果として、1977年、トリホスとカーターとの間で運河に関する新条約（トリホス・カーター条約）が締結された。カーター大統領は、「1903年の条約は、ラテンアメリカとのより良い関係にとって障害となっていた」と述べ、この新しい取り決めは「相互の尊敬と協力のシンボル」であると強調した。これに対してトリホスは、アメリカの決定を合衆国国民の自由主義のなせるわざと評価しながらも、新条約が正しく管理されなければ「永続的干渉の道具になってしまう」と警告することを忘れなかった。この条約によって、これまでのパナマ運河と運河地帯に関する不平等条約はいちおう破棄され、アメリカ・パナマ両国の代表によって構成される運河委員会が運河の管理・運営を行うことや、1999年12月31日の正午までに運河地帯におけるすべての財産（軍事基地やアメリカ人居住区を含む約15万ヘクタールの土地や河川など）がパナマへ返還され、この地におけるパナマの主権が完全に回復されることなどが約束されたのである。

これを受けてパナマ国内には賛否両論の反応があった。条約調印前には、アメリカの即時撤退を望む1万5000名にものぼる市民のデモが「汚い条約」、「米軍基地反対」などのプラカードを掲げて市内を行進して外務省に向かったが、国家防衛隊の投入により散会させられている。他方で大部分の市民は、条約調印の様子をテレビで見て、車の警笛を鳴らしながら「とうとうやった」と叫びあったという。

こうしたパナマ人の反応とはうって変わって、運河地帯に居住するゾーニアンと呼ばれるアメリカ人たちの反応は暗かった。彼らは各自ろうそくを手にし、表面に「民主主義」と書いた棺をひきずって「葬送行進」を行い、運河を建設したジョージ・ゲーサルスの記念碑前まで行進したのである。

この条約の直後、トリホスは国家の最高役職からは身を引いたが、新たに結成した民主革命党（PDR）を通じてその後も圧倒的な政治的影響力を維持し続けた。そして1981年、暗殺説もささやかれる謎の飛行機事故で悲運の最期をとげたのである。現在、アマドール地区にあるトリホスの墓には、何よりもパナマ運河の奪還を優先した故人が生前に残した名言が刻まれている。

「わたしは歴史書のなかに入りたいのではなく、運河地帯のなかに入りたい」

（小澤卓也）

37

ノリエガ将軍とアメリカの侵攻

★再び忍び寄るアメリカの影★

1979年、ニカラグアにおいて親米派のソモサ独裁政権がソ連・キューバとの親交の厚いサンディニスタ民族解放戦線（FSLN）を中心とする民衆革命によって打倒された。さらにその近隣のエルサルバドルやグアテマラにおいても左派民衆運動が活発化してくると、社会・共産主義陣営との対決姿勢を明確にしていたアメリカのレーガン政権は、再び大規模な軍事基地・施設が置かれているパナマ運河地帯の保持に執着するようになる。レーガンは、パナマ側の運河管理・運営能力への疑問、運河の安全や中立に対する将来的不安、パナマ社会に見られる国家暴力などの「非民主主義」に対する危惧、共産主義陣営および麻薬組織に対抗する際の運河地帯における米軍基地の「世界的な重要性」などの議論を持ちだし、1977年のトリホス・カーター条約を再検討する必要性を国内外に呼びかけた。

これに対して、トリホス以降いっそう民族主義政策に傾倒していたパナマ政府は、1983年1月、コロンビア、メキシコ、ベネズエラなどと「コンタドーラ・グループ」を結成し、中米における紛争は東西問題としてではなく社会・経済的な構造の問題としてとらえるべきであること、そしてラテンアメリカ地域で起こった問題はラテンアメリカ自身の手で解決すべきであることなどを主張し、アメリカと対峙しながら独自に中米諸国と地域安定のための外交努力を重ねていった。このことを通じてパナマ政府は、すでに決着したはずの運河地帯の返還問題を再検討しはじめたアメリカを牽制したのである。

しかし、パナマを軍事・情報基地として保持し、キューバを監視するとともにラテンアメリカ地域における存在感を誇示しようとするアメリカの態度がすぐに変化することはなかった。1989年のパナマ侵攻はまさにそのことを物語っている。

米軍侵攻で破壊されたパナマ国防軍総司令部（小林志郎撮影）

反米主義を掲げてアメリカを挑発し、マイアミの大陪審に国際的な麻薬取引への関与で起訴されていたパナマの軍事独裁者マヌエル・アントニオ・ノリエガに対して、ブッシュ政権は「（パナマ国内の）アメリカ人の生命を救い、パナマの民主主義を守り、麻薬取引と戦い、パナマ運河条約を遵守するため」に軍事攻撃に踏み切った。アメリカ側が「大義名分」作戦と名づけたこの侵攻は、約3000人ものパナマ市民を戦闘に巻き込んで死亡させ、1万人以上の住居を破壊している。米軍は高度に武装・訓練された常駐軍に増援部隊を加えて合計約2万4000人の兵力で、武器・戦略においてはるかに劣る約1万5400人からなるパナマ軍をほぼ一方的にひねりつぶしたのである。命からがら戦火を逃れ、一時バチカン市国の大使館にかくまわれたノリエガも、やがて自らアメリカ側へ投降した。

ノリエガは、トリホスのもとで長い間治安・諜報部門の責任者を務めており、1983年からパナマの実権を握っていた。彼はアメリカの中央情報局(CIA)やイスラエルの諜報機関「モサド」から、それらと敵対するキューバのカストロ首相やリビアのカダフィ大佐、さらにはコロンビアの麻薬組織「メデイジン・カルテル」にわたる幅広い交友関係を持っていた。そのためアメリカのレーガンとブッシュ両政権は、敵国に関する情報を得たり、さまざまな軍事的ノウハウや武器を供与してアメリカが敵対するニカラグア革命政権の転覆をはかるなど、ノリエガを最大限に利用していたのである。

米軍を歓迎するパナマ市民(小林志郎撮影)

しかし、ノリエガがアメリカの警戒するキューバ人やリビア人に対して合衆国のビザやパスポートを不正に売買していたことが明らかとなり、アメリカ国内において麻薬撲滅の気運が高まってくると、その存在はレーガン、ブッシュ両政権にとって疎ましいものに変わっていった。1986年にアメリカ合衆国議会がニカラグア・コントラ(反革命軍)への資金援助を承認したことによって、もうアメリカ政府は対ニカラグア政治のためにノリエガの「裏ルート」を利用する必要がなくなったこともその背景にあった。最終的にアメリカはパナマの大統領選挙において反ノリエガ派のギジェルモ・エンダラを支援し、その勝利に寄与したが、ノリエガがこの選挙結果を無効とし、パナマ国内のアメリカ人に対する殺傷事件が起きると、これをきっかけにアメリカがパナマへ侵攻したのだった。

第37章
ノリエガ将軍とアメリカの侵攻

この侵攻の直後にアメリカのCBSが行った調査結果は、全体の92％にものぼるパナマ人がアメリカの軍事侵攻を「解放」と見なしたと結論づけているが、これはむしろノリエガに対するパナマ人の不信感のあらわれだと考えるべきである。実際に、パナマ社会が平静を取り戻すとすぐに、多くの生命や財産が失われたことや、戦争被害に端を発する経済危機が全人口の30〜40％にものぼる約15万人の失業者を現出したことに対して、パナマ国内のみならず、ＯＡＳ加盟国からもアメリカに対する激しい非難の声があがっている。この機に、都市を中心とした愛国主義者は、新聞などのメディアを通じてアメリカの帝国主義を批判することに尽力し、多くのパナマ人は、アメリカがパナマ侵攻を通じてそれ以前に失ったラテンアメリカにおける政治的ヘゲモニーを復活させようと企んでいると考えるようになる。米軍の侵攻に関わるパナマ人の死亡者たちも、ナショナリストたちにとって「殉国者」と見なされるようになった。

一方でノリエガは、９１年から拘束されたアメリカにおいて裁判にかけられ、その翌年、マイアミの連邦地裁において8件の事件について有罪とされた。８１年から８６年にかけての、麻薬の製造や取引、それにからむマネー・ロンダリング（麻薬資金を「浄化」して他の資金へと転換すること）、「メデジン・カルテル」からの賄賂取得などが、その主な罪状であった。これに基づきノリエガは最終的に懲役40年の実刑判決を受けたが、模範囚として早期釈放が決定された。しかし、麻薬洗浄の罪で10年の禁固刑が確定していたフランスの要求によってフランスに引き渡された。２０１２年にフランスからパナマに送還されたのち病状が悪化したノリエガは１７年5月に83歳で死去している。（小澤卓也）

さらば星条旗
――密かに行われたアメリカ国旗返還式典

コラム5

小澤卓也

運河返還式典前日の1999年12月30日、ひっそりとアメリカ国旗返還式典が行われた。これは、これまで運河委員会本部前に悠然と翻り、アメリカの支配と権威の象徴となってきた星条旗を降ろし、アメリカ側に返還するというセレモニーである。

当初、この儀式は運河返還式典のなかで行われるはずだったが、米国側の強い反対にあってその前日にくり上げされた。アメリカ政府は、この儀式が運河の返還に反対する保守的なアメリカ人の反発を招くことを恐れていたのである。そのため、クリントン政権は日程の変更を求めたうえで、このアメリカ国旗返還式への一般のパナマ人の参加を拒否した。結局、この式典は、パナマ・アメリカ両国の閣僚たちと、ごく少数のアメリカ人およびパナマ人が見守るなかで行われ、10分ほどで終了したのである。

ところが、これを伝える両国の報道メディアは、それぞれの立場からこの式典に大変注目していた。一方で、アメリカのメディアはこの式典にはっきりとアメリカの「敗北」を見てとり、これをノスタルジーたっぷりに伝えている。

たとえば、『ワシントン・ポスト』紙は運河地帯に住むゾーニアンたちの証言を集め、彼らが自分たちの共同体を失う悲しみについて伝えている。同紙は、ゾーニアンたちにとって運河地帯は「アメリカ人の社会主義的ユートピア」、あるいは「ファンタジーの土地」であると紹介しながら、「しかし、その地上の楽園は失われた」と結んでいる。このように、アメリカ側のメディアは、悲しみに暮れるゾーニアンの姿を通じて、アメリカがパナマとの運河争奪戦に敗北した挫折感を読者に伝えている。

旧運河委員会本部、現パナマ運河庁前に掲げられたパナマ国旗（国本伊代撮影）

　これに対してパナマ側のマスメディアは、星条旗をひき降ろすという行為にパナマ国民のアメリカに対する「勝利」を見てとった。翌日の新聞第一面の見出しは、それぞれ「たった1つの国旗」（『ウニベルサル』紙）、「ついに素晴らしい日がやってきた」（『パナマ・アメリカ』紙）、「アメリカ合衆国の兵士が彼らの国旗を運河管理ビルから撤去」（『プレンサ』紙）などといったもので、各紙とも数ページにわたって国旗返還式典の様子をこと細かに伝えている。とりわけ後者の2紙は、「アメリカの敗北」を象徴する光景として、静かに降ろされていく星条旗を見ながら感きわまって涙するアメリカ人男女の写真を大きく掲載している。つまり、この星条旗をアメリカに返還するだけの簡素な儀式が、パナマ人愛国者にとって、主権の回復を象徴するきわめて重要な意義を持っていたのである。

　このように、「96年を経たパナマの土地におけるアメリカ合衆国の存在を示す最後の痕跡を取り除くように、運河管理ビルディングから北アメリカの国旗が降ろされた」のであった。この国旗返還式典に関するニュースやメッセージが、運河返還式典にのぞむパナマ人の愛国心の炎に、いっそう油を注ぐことになったことは間違いない。

◆現代パナマの建設に貢献した2人の人物◆

選挙裁判所の正面に立つパナマ立憲制度の父グアルディアの全身像
(国本伊代撮影)

パナマ運河の返還を実現させたトリホス将軍を記念した博物館
(国本伊代撮影)

VI

米国からの自立を目指す21世紀のパナマの政治・経済

38

運河返還後の米国とパナマ運河

★地球規模で利害を共有する国家間の協力★

米国とパナマ共和国（パナマと略称）との関係は、1999年末のパナマ運河返還によって一変した。つまり、これまでパナマは同運河の所在国でありながら1903年の建国以降100年余にわたり運河の建設・管理・防備についての実権を保有せず、これらに関しては米国との不平等条約による諸制約を受けていた。その桎梏から運河返還以降ついに解放され、運河に関するかぎり完全な管轄権を保持するにいたり、駐屯していた米軍も完全撤退した。同時にパナマは、米国と対等な国家として運河の公正かつ適切な管理運営に当たる主たる責務を果たすことを求められることともなった。

一方、米国は引き続きパナマと歴史的に深いかかわりを持つ至近の強大国であるとの立場に変わりはなく、その運河の管理運営に関する役割は運河が国際的合意に従い円滑に管理運営されるよう全面的にパナマに協力すべきパートナー国という立場に移行した。しかも米国にとっては、パナマ運河の管理に関する従来の強大な権限が失われても、パナマ運河の運営の利益を享受する最大の利害関係国として、米国の安全保障・米国経済・世界経済上のパナマの重要性は全く変わらず、むしろ増大さえしている。

米国は、これまでもパナマの政治状況には常に強い関心を払い、返還以前にはパナマの内政にしばしば介入してきた。とくに1977年に締結された返還協定が79年に発効し、運河返還時期が僅か10年後に迫った1987〜89年に国軍最高司令官ノリエガ将軍が大統領選挙における不正を暴露したことを契機として国内政治が混乱した際には、米国は軍事介入を行い、ノリエガ将軍を投降させて、その後の民主体制の復活を可能にした。

パナマ市街の旧クレイトン基地内にある米国大使館の外観
（国本伊代撮影　2017年）

返還後における米国のパナマに対する政策は、概ね次のようなものに変容したといえる。第1に、米国にとってパナマ運河が引き続き円滑に管理運営されるためにはパナマの民主的ガバナンスが安定的に確保されることが最重要であることから、これを監視し支援する政策をとることである。その結果、民主的体制復活後に実施された1994年以降の大統領選挙（94年のエルネスト・ペレス＝バラダレス、99年のミレヤ・モスコソ、2004年のマルティン・トリホス、09年のリカルド・マルティネリ、14年のファン＝カルロス・バレーラ各大統領の選出）は、いずれも民主的に実施され、民主革命党（2回）、パナメニスタ党（2回）、民主変革党（1回）の主要3政党間で平和裡に政権交替が行われてきたと、米国は評価している。

第2に、パナマが西半球の中心に位置するという地政学的および戦略的重要性と世界貿易に果たしている役割に照らし、パナマの繁栄と安定が米国の繁栄と安全保障に直結しているとの考えから、米国とパナマは米州地域における、いわば同盟国同士の関係にあると、米国は見做している。

第3に、米国がパナマとの関係でとくに関心を有する問題は麻薬取引と組織犯罪防止である。パナマの国土と海洋交通上の地理的位置は米国への不法麻薬流入を防止する上での重要ルートとなっており、また麻薬取引や組織犯罪の増加がパナマの国家安全、民主的機構、経済発展を脅かす問題ともなっていることから、両国が協力し合う必要性が増大しているからである。

第4に、パナマは48章で紹介されているように国際金融センターの1つであり、同時に　タックスヘイブン（租税回避地）としても知られ（49章を参照）、加えて世界的な麻薬輸送の拠点となっていることから、とくにマネーロンダリング防止法制実施の上で金融分野での透明性の引き上げを求められていることである。

第5に、歴史的経緯からパナマと米国の人的・文化的交流が緊密かつ活発であることである。加えて政治経済の安定と観光産業の振興政策の一環として進められてきた退職者移住のための環境整備によって、両国の関係は国民生活のレベルにおいても拡大している。

以上のような状況から、米国はパナマに対して国務省の「中米諸国への地域安全強化支援」（CARSI）計画による援助のほか、司法省麻薬取締局、国土安全保障省の沿岸警備隊および税関・国境警備局、国防省、米南方軍、米国エネルギー省国家核安全保障局による手厚い支援体制を敷いている。これは、パナマへの支援が米国の安全保障上の必要に合致すると考えられているからにほかならない。

一方、パナマ側においても、運河返還実現後の米国との関係は、以前のような特別な関係から脱して正常化された対等の主権国家同士の関係となったとしつつも、現実においては米州の他のどの国との関係よりも緊密な協力関係を維持することがパナマの利益に合致すると認識されている。

運河返還後の米国とパナマ間の貿易・投資関係は、順調に発展してきた。両国間の自由貿易協定（FTA）交渉は２００７年に開始され、パナマ議会は早期に交渉結果を承認した。これに対して米国議会は必要な法案を２０１１年まで承認せず、同協定が双方の国内手続きを経て発効したのは１２年10月となった。しかしFTAの成立により米国にとっては、パナマ向け消費財と工業産品の87％が関税ゼロ、農産品の50％以上が無関税となり、パナマの商品サービス市場へのアクセスが拡充された。パナマへの外国投資環境は基本的に良好で、パナマ国内資本との間に差別はなく開放的である。ただし投資環境は複雑で、未整備の部分もあるが、米国企業の進出が顕著である。

２０１６年10月にオバマ政権のケリー国務省顧問がパナマを訪問し、サイン・マロ副大統領兼外相と会談した際に、「米国にとりパナマは戦略的パートナーであり、米国企業のパナマへの関心も深く、両国の緊密な友好関係に満足しており、パナマの域内の地理的立場を活用しつつ、域内安全保障上の関係を強化していく」旨を述べた。トランプ政権発足後の１７年２月にバレーラ大統領はトランプ大統領と電話会談を行うとともに、６月19日に訪米してトランプ大統領との初の首脳会談をもち、パナマで開催予定の両国間ハイレベル安全保障協議、パナマ運河拡張工事の完了、経済協力関係、麻薬取引・不法移民流入防止協力や民主体制が危うくなっているベネズエラ情勢などについて話し合ったとされる。

（石垣泰司）

39

パナマの国連および米州機構外交

★積極化する巧みな対世界・地域外交★

パナマは、ラテンアメリカ諸国の独立の起点として歴史上名高い1826年のシモン・ボリバルが連帯を呼びかけた「パナマ会議」の開催地である。運河建設を企図する米国の後押しにより1903年にパナマはコロンビアから分離独立し、1914年の運河完成とともに太平洋と大西洋を繋ぐ国際交通・運輸の大動脈の出入り口という戦略的拠点に位置する国際場裡のプレーヤーとなった。国際連合（国連と略称）および米州機構（OAS）は、パナマにとり世界および米州地域諸国全体との連携を可能とする重要な外交の舞台である。

パナマは、国連が1945年に設立された当初からの原加盟国である。またOASについても、米国主導の下で1948年に署名された米州機構憲章に基づき米国ワシントンDCに本部を置いて1951年に発足した当初より参加し、活動を行ってきた。

まず国連については、その主要機関のうち、総会は国連に加盟するすべての国に開かれ、かつ主権平等の原則の下でその審議および表決には国の大小の別なく等しく参加できる。しかし一定数の構成国に限定された一部の主要機関に参加するには、国連総会において全加盟国による投票により選出されなければならない。そのような主要機関には、現在、安全保障理事会（安保理と略称）、経済社会理事会および人権理事会があるが、パナマはこれらの理事会に幾度も選出され、活動してきている。とくに、世界の平和と安全の維持について責任をもつ安保理の常任理事国は米英仏露中の5大国に固定され、非常任理事国についてのみそれ以外の加盟国が所属する地域からの候補国として立候補可能となっているため、非常任理事国は毎年の総会で熾烈な競争による選挙戦の結果選出される。パナマは安保理非常任理事国にこれまで5回選出され（各2年任期）、その任期合計は10年という長期にわたり活動してきている。これは、ラテンアメリカ・カリブ諸国の中ではブラジル（20年）、アルゼンチン（18年）、コロンビア（14年）に次ぐ回数と長い就任期間（チリも同じ）である。

パナマ外務省の外観——別名「ボリバル宮殿」とも称される（国本伊代撮影　2017年）

またパナマは、経済社会理事会の理事国に幾度も選出され（近年では２０１４〜１６年）、１９６７年と１９８６年には同理事会の幹事国団メンバー（副議長）を務めた。２００６年に創設された人権理事会のメンバーにも２０１６〜１８年の任期で選出され、活動している。国連平和維持活動（ＰＫＯ）に従事する要員の安全に関する条約にも率先して締約国となった。２０１１年には国連気候変動会議の特別作業部会の開催地国の役割も果たしている。

安保理関連のニュースとして近年パナマが世界に大きく報道されたのは、パナマが行った北朝鮮による国連安保理制裁措置違反行為の摘発である。2013年7月に武器の違法輸送の疑いにより乗組員35名の北朝鮮籍船清川江号をパナマ領海で拘束し、翌14年2月にキューバ向けて出航するまで勾留し、船長（発見された時自殺未遂）らを取り調べた。パナマは、北朝鮮ミサイル発射や中東情勢などの問題に関しても政府見解を発表している。

一方、米州機構においても、パナマは活発な活動を行ってきている。パナマは対外関係においては近隣のコスタリカ、ホンジュラス、ニカラグア、ベネズエラら中・南米諸国と国境・治安を含む諸問題に関して二国間協議を頻繁に行い平和的解決に努めているが、問題の性質・地域的重要性によってはOASの外相協議の場に躊躇なく提起し、自国および地域全体の利益のために良かれと考える地域外交を積極的に行ってきている。近年の事例としては、2017年6月現在まだ打開の展望が見えないベネズエラ情勢の比較的初期（2014年2月）に同国で死傷者を出した市民の抗議デモに対する政府の責任を明らかにすべきであるとの声明を出してOAS内で配布し、その後もOAS常設理事会に対しベネズエラ情勢検討のため外相会合の招集を要請した。これに対してベネズエラは内政干渉行為であるとしてパナマとの外交関係を断絶したが、翌年には両国関係は協議により修復された。

2017年6月にメキシコのカンクンで開催されたOAS年次総会では34の全加盟国が参加してベネズエラ情勢を特別議題として取り上げ、意見の調整のための努力が払われた。メキシコ、ペルー、ブラジル、アルゼンチン、米国、パナマを含む中米諸国からなる20カ国は、ベネズエラに対してOASの民主主義原則に沿って、同国憲法が規定する三権分立、人権尊重、民主的選挙を求めたのに対し、一部のカリコム諸国（カリブ共同体）を含む5カ国が反対し、8カ国が棄権（ベネズエラはOAS脱退の意向表明）したため、同会議では事態打開のための決議を採択できずに閉幕した。

またパナマは、ＯＡＳの重要な会議のホスト国として会議の開催・運営にイニシアティブをとり、歴史に残る役割も果たしてきている。最近とくに注目されたのは、パナマが第7回米州首脳会議のホスト国として、キューバのＯＡＳサミットへの復帰と米国とキューバの半世紀にわたる反目から和解の実現を瞬時世界に広報する役割を担ったことである。同会議は数年前からパナマでの開催が決定されていたが、キューバが出席しない首脳会議には参加しないとの態度を示す国も少なくなく、キューバ自身も長い間ＯＡＳに復帰する意図はないとの立場であり、米国も非民主的国家キューバを招請することに反対の態度を堅持していたため、同首脳会議の成功の見通しは直前まで暗澹たるものであった。しかし、オバマ政権二期目後半になり米国とキューバ間の直接交渉が始まり、パナマは両国と緊密な接触を保ちつつ、ＯＡＳ全メンバーへの根回し・会議運営準備において卓越した能力を発揮した。その結果、２０１５年4月パナマ市において、キューバを含む米州全35カ国が初めて参加する第7回米州首脳会議が成功裡に開催され、オバマ大統領とラウル・カストロ国家評議会議長との二国間会談が行われた。その間のパナマの外交的努力は、仲介外交の成功として賞賛された。パナマは、米州諸国の政治的・経済的連携関係の多様化とともに、ＯＡＳとは異なった発展を遂げつつある米国とカナダを含まない地域諸国間協力の枠組みである中米統合機構（ＳＩＣＡ）、カリブ諸国連合（ＡＣＳ）、ラテンアメリカ・カリブ諸国共同体（ＣＥＬＡＣ）の場においても積極的に参加してきている。

（石垣泰司）

40

パナマの東アジア外交

★日本との太いパイプ、台湾から中国への外交関係の転換★

日本とパナマの関係は、日本とカリブ海世界の他のどの国よりも古く、1904年、つまりパナマが独立し、建国した年の翌年の1月に早ばやと日本とパナマとの外交関係が樹立されている。その年は、パナマ運河建設工事が着工した年、また日本が東アジアにおいて国運を賭けて戦った日露戦争が勃発した年であり、翌05年には奇しくもパナマ運河の建設に執念を燃やしたセオドア・ローズベルト大統領の仲介により日露両国間でポーツマス講和条約が成功裡に締結された歴史的諸事実を考え、その関連性に思いを致すと、感慨深い。

第二次大戦中、日本とパナマの外交関係は中断したが、戦後1953年2月に外交関係を再開させ、1962年には大使レベルの関係に昇格している。

パナマ運河の開通後、日本は貿易立国および海運国として同運河の利用面では常に上位にあり、近年においては米国、中国、チリ、ペルーに次ぐ第5位（重量ベース。国ごとの通行料支払い額では世界第1位）の利用国となっている（通航料金については41章を参照）。日本の使用済み核燃料廃棄物を欧州の核燃料処理会社で再処理した後にカリブ海ルートで日本に輸送されている問題に関し、カリブ海諸国から懸念を表明されることもあるが、そのパナマ運河の通航には問題は生じていない。

日本は、パナマおよび米国と共に1985年パナマ運河代替案調査委員会に関する条約を締結し、拡大運河建設では重要な役割を果たした。2004年には日本・パナマ外交関係樹立100周年を祝すメッセージの交換が両国首脳間で行われた。近年における日本とパナマ両国間の政府・議会要人の往来は活発で、パナマ側からはマルティネリ大統領（2012年）、バレーラ大統領（2016年）が訪日し、それぞれ野田首相および安倍首相と首脳会談を行った。日本・パナマ外交関係樹立110周年にあたった2014年には、安倍首相とバレーラ大統領のニューヨークにおける国連総会出席中にも首脳会談が行われた。さらにパナマ側からは、一時期実権を有したノリエガ国軍司令官が在任中2回訪日しており、また外相、経済財務、運河担当閣僚、長官などが頻繁に訪日している。これに対して日本側からは、1999年の運河返還式典、2003年の独立100周年式典および歴代の大統領就任式に関係の深い有力議員が特派大使として派遣されている。また、2013年5月には岸田文雄外相がパナマを訪問したほか、外務、財務、国土交通、経済産業各省副大臣ら首脳が頻繁にパナマを訪問し、協議を行っている。さらにパナマがメンバーとなっているわが国と中米諸国の枠組みである「日本・中米〝対話と協力〟フォーラム」や「日本・SICA対話」の中でも緊密な関係を保っている。

一方、パナマの台湾・中国との関係は、東アジア地域諸国の中では日本に次いで緊密である。双方は、これまで世界各地域において外交関係をめぐり熾烈な争いを繰り広げてきた。2017年初頭に台湾が外交関係を保持するのは、ラテンアメリカ・カリブの12カ国と大洋州およびアフリカ地域を中心とした一部の国のみであった。そのうち南米で台湾と外交関係を保持しているのはパラグアイのみで、11カ国は中米6カ国とカリブ共同体（カリコム）のうちの5カ国であった。そのような中で、パナマは最近まで1つの中国の建前の下、清朝以来の関係として台湾（中華民国）との間で外交関係を継続してきた。２０１６年5月の馬総統の後を受けて台湾の総統に就任した蔡英文総統は、外相らを伴い同年6月から7月にかけ初の外国訪問としてパナマとパラグアイを訪問した。そして6月26日の運河拡張工事の完成式典に出席し、翌27日には同大統領と官邸で会談した。

他方、パナマと中国との関係は長年にわたって公式の外交関係ではなかったが、貿易・経済関係および人的交流の活発化にともない、近年公的関係が増加していた。双方は、相互に首都に商務代表部を設置しており、とくに中国の駐パナマ代表部の活動は活発で注目されていた。そのような中で中国が２０１５年1月に北京で大々的に開催した第1回中国・ラテンアメリカ・カリブ諸国共同体（ＣＥＬＡＣ）閣僚級会合に、中国側は自国と正式な外交関係を有する国のみならずそうでない国の参加も歓迎したことから、中国側発表ではＣＥＬＡＣの全メンバー33カ国が参加した。その結果、台湾との外交関係を有する諸国も参加したのである。これら諸国の参加者のレベルは多様であったが、ドミニカ共和国は閣僚級代表ではなくリリアーノ筆頭外務次官を送ったのに対し、パナマはバレーラ大統領が開会式に出席したことで注目された。しかも同大統領は、その折、次の第2回会議（２０１８年）は、首脳レベルの会議となるべきであると述べたと報じられた。

２０１０年前後に、パナマ（マルティネリ政権時代）を含む数カ国が中国への外交関係の変更を打診したことがあったが、当時の中国は台湾の馬英九政権と良好な関係を維持していたこともあり応じなかった。それ以来、パナマと台湾との関係の転換の可能性が取りざたされていた。その後、中国が米国に次ぐ第二位の運河利用国となり、とくにバレーラ大統領の就任後しきりにその発言の中で中国寄りの言辞が伝えられるようになった。しかもパナマ政府は、パナマ運河拡張工事完成の式典には台湾総統とともに習近平国家主席をも招待したが、中国はこれに応じることはなかった。しかしパナマが拡大運河式典の第1号船として中国の船を通航させたことは世界的な注目を集めた。

2017年6月パナマが中国と外交関係を樹立した北京における文書調印式で握手する両国外相（パナマ外務省 HP より）

　このような中で２０１７年６月13日に、ついにパナマと中国は外交関係を樹立したことを正式に発表した。北京ではサイン・マロ副大統領兼外相と王毅中国外相が関係文書に署名し、パナマは同時に台湾と断交した。バレーラ大統領は、ツイッター声明の中で、「中国が世界第二の経済大国であり、パナマとの関係は１６０年前にさかのぼること、中国系パナマ人コミュニティーは経済社会の発展に寄与してきており、今後中国とは観光・通商・移住・農業・教育・海運に関する協定を締結していきたい」旨を述べ、同時に台湾は友人であり、これまでの友好協力関係に謝する旨を付言した。パナマの台湾から中国への切り替えは、中米諸国の中では２００７年６月のコスタリカに次ぐ政策転換であるが、パナマの動向には非常に敏感な他の中米・カリブ諸国に影響を与えることは間違いないであろう。

（石垣泰司）

41

運河のパナマ化

★重要な国家財源となった国際公共財の運用★

1999年末にパナマ運河が完全にパナマに返還されてからの運河経営は、目覚ましい変化を遂げてきた。実際には返還の5年程前に、まだ米国の国家機関であったパナマ運河委員会（PCC）の事務局次長にパナマ人が就任した時から、全面返還に向けた計画的な技術移転が進められてきた。そのため返還時点では、ほぼ全分野でパナマ人スタッフ約1万人による技術習得が完了していた。

現在、運河を管理運営しているパナマ運河庁（ACP）は、パナマ共和国修正憲法第14条に基づき、運河返還を2年半後に控えた97年6月1日付けで制定されたパナマ運河庁組織法（法律97年第19号）によって設立されたものである。ACPの最高意思決定機関である理事会は「運河庁の理事会に関する規則」により設置されている。理事会を構成する11名の理事は全員パナマ人で、理事長（議長）は運河担当大臣が務める。残る10名のうち9名は閣議ならびに国会の過半数による同意を必要とするものの大統領の指名で職に就き、1名は国会の指名によって選出される。国内の政治的影響力を排除するため、理事10名の任期は9年となっている（大統領は4年任期）。また、運河の国際的公共財としての性格から、理事会の諮問機関として世界の海事産業と貿易ビジネス界の有識者からなる「諮問会議」が設けられている。理事会で採決された基本方針を執行するのは、ACP出身者の中から理事会が任命する「事務局長」である。通常、長官と呼ばれている。2017年現在、在任中のホルヘ・キハノ長官は07年に就任し、第三閘門運河工事を完成に導いた人物である。

運河経営の基本方針には、「運河はパナマ国家の不可分の資産であり、運河はパナマの重要な国富の源泉である」という理念がある。そのため運河収益極大化の方針は重要な課題である。ACPは財政的な自治権を有するが、同時に「第三閘門案」を提案する権利も持っていた。ただし提案には閣議と議会で承認後に国民投票にかける条件が含まれていた。返還後のACPにとって最大の事業は第三閘門運河工事の完成であった。それに向けて各種の調査を実施し、「マスタープラン」(施工実施要領)を作成して、国際入札準備が進められた。その概要は28章で触れているので、ここでは国家財政に大きく寄与する結果をもたらしている運河通航料金政策を紹介しよう。

実は2006年に発表した「マスタープラン」の中で、通航料金の年3・5%引き上げが国際的に公約されていた。しかし現実にはその後、年10%近い引き上げが継続的に行われてきた。運河利用国からは強い反対意見も出されたが、パナマ運河の国際的競争力への自信と運河収益極大化原則を背景にACPは引き上げを強行した。その結果、05年にはパナマ運河の通航料金トン当たり平均4・37ドルでスエズ運河の平均6・05ドルを大きく下回っていたものが、11年には前者が7・79ドル、後者が7・55ドルで逆転した。そのため大型コンテナ船の中には料金の高いパナマ運河経由を敬遠してスエズ運河経由で大西洋を横断し、米国東岸向けに貨物を迂回させ輸送コストを節約するところも現れた。これに対抗するためにも、大型コンテナ船が優先航行できる第三閘門運河の完成が急がれたのである。

パナマ運河の通航料金収入から操業に伴う諸経費を差し引いた純利益（2015年には約10億ドル）は、基本的には中央政府の歳入となる。中央政府の総歳入額は同年約100億ドルであったので、パナマ運河からの納入分は約1割を占め、政府の運河収入増への期待が高くなるのは当然である。

運河通航料金に関して、運河庁は通航貨物を以下のように10の貨物（セグメント）に分類して賦課している。次に紹介する貨物別料金は、2014年のACP『年報』に記載されている貨物別通航量（トン）と貨物別料金収入（ドル）からトン当たりのドル料金（カッコ内）を逆算し、高い順に示したものである。自動車運搬船（41・5ドル）、コンテナ（21ドル）、冷凍貨物（14ドル）、液化ガス（8・5ドル）、一般貨物（7・3ドル）、その他貨物（5・1ドル）、化学品タンカー（4・6ドル）、原油タンカー（4・1ドル）、ドライ・バルク（3・6ドル）等となっている。このようにトン当たり41・5ドルの自動車運搬船からドライ・バルク（穀物、鉱物等、乾燥バラ積み貨物類）の3・6ドルまで、貨物の種類により通航料金は大きく異なっている。なお理由は不明だが、15年度以降の『年報』には貨物別料金収入が掲載されなくなった。そのため、トン当たりドル料金を逆算して貨物別料金の概要をチェックすることができない。今後はACPのホームページに掲載される詳細な貨物別料金表をチェックすることになる。

ところで2014年度の通航料金収入総額18・4億ドルでは、9・5億ドルのコンテナ収入額が全料金収入のほぼ半分を占めていた。ちなみに、コンテナ船の実際の支払い額を見ると、5000TEU（TEUは20フィートコンテナ換算）規模のパナマックス船（既存運河の最大通航船）の場合は約39万ド

過去最高額の通航料金（1億2240万円）を支払って、第三閘門運河を通過したフランスのコンテナ船 OOCL France 号（13,208TEU）（パナマ運河庁提供）

ル（1ドル＝113円換算で約4400万円）、1万1000TEU規模のポストパナマックス船（第三閘門運河の最大通航船）の場合は約78万ドル（約8800万円）となっている。2017年5月に通航したフランスのOOCLフランス号（1万3200TEU）は108万3000ドル（1億2240万円）を支払って、過去最高額を記録した。

もう1つ、注意を要するのは、通航料金計算の際に使用される計算単位が、運河庁が特別に設定する通称「パナマ運河ネットトン」（PC/UMS Net Tons）であることだ。このため、14年の通航貨物総重量はトン表示では2億2490万トンであるが、「パナマ運河ネットトン」表示では3億2640万ネットトンであり、1・45倍になっている。運河庁の『年報』でもこの2つの貨物量単位で表示されているので、注意を要する。

このように返還後のパナマ運河の経営はパナマ政府独自のものとなり、拡大運河が開通した後の2017年の報告によると想定以上の財政収入を政府にもたらしている。

（小林志郎）

42

フリーゾーンと経済特区

★運河と並ぶパナマ経済の支柱★

中米の小国パナマの名目GDPは、約551億米ドル（2016年：IMF）と、ラテンアメリカで最大を誇るブラジルと較べ僅か3・1%余りに過ぎないが、世界の物流の要衝の1つとして、地政学的にも重要なこの国の特殊性は、経済規模だけでは計れないものがある。

2016年6月に新閘門が開通して拡張されたパナマ運河を中心にパナマでは海・空の物流、商業、金融などのサービス産業が経済の80%を占めるが、運河と並んでパナマ経済を支えるのが、運河のカリブ海側出口に在る「コロン・フリーゾーン」と太平洋側のパナマ市から運河を跨いで西側にある「パナマ・パシフィコ経済特区」である。

コロン・フリーゾーン（ZLC）は1948年6月の法律第18号によりパナマ政府の直轄事業体としてコロン地域に設立され、現在は2016年法律第8号を基としている。35ヘクタールでスタートした面積は、16年には30倍の1065ヘクタールに拡張され、企業数約3000社、従業員約3万人、年間来客数25万人、取扱額はGDPの8・5%の規模に達している。

フリーゾーンとしては香港に次ぐ世界第2位の規模を誇り、

西半球最大の自由貿易地区として世界各国から商品が集まり、ラテンアメリカ諸国への流通センターの役割を果たしている。ＺＬＣで保管できる物品の種類は、武器・爆発物・原油以外であれば、保税状態で無期限に保管できるが、パナマは電気代が高いため冷蔵・冷凍品には不向きである。

輸入先はアジアからが約50％、再輸出先はプエルトリコ、中米諸国、コロンビア、ベネズエラなどが約70％を占める。輸入・輸出合計の取扱額は16年で約２００億米ドルだが、再輸出先の不況により減少し対12年比で３分の２に落ちている。取扱商品は化学品、機械・電気・電子機器や部品が1位と2位を占め、次いで紡織用繊維と製品および日用生活用品が多く、日本企業も電気・電子部品、自動車部品、事務機器、衣料品などを取扱っている。

主な機能は、中国、シンガポールなどアジアから主として輸入された商品を一時在庫し、注文に応じて加工・包装して、カリブ海諸国へは主に船舶で、中米諸国へはトラックによるモーダル輸送で、南米諸国へは航空機と船舶で再輸出する。隣接地にクリストバル港、マンサニージョ国際コンテナターミナルなどの輸送施設があるのも大きな強みであり、さらにトクメン国際空港やパナマ市へ陸路で約1～1.5時間という恵まれた立地条件にある。

コロン・フリーゾーン内のショッピングセンター入口（国本伊代撮影　2017年）

内部は、保管地域とショッピング街に分かれており、世界中から輸入された商品・産品がサプライヤーのショーウィンドーにギッシリと並び、ラテンアメリカ地域からユダヤ系、インド系、アラブ系、中国系などを含むバイヤーが訪れ、売り込みと買い付けに鎬を削る光景がみられる。

進出業者の利用形態は、構内にある土地や建物をＺＬＣなどから賃借し営業するケースと、ＺＬＣに登録した物流代行業者に業務委託するケースがある。業務の内容は、在庫管理・加工・包装・梱包・出荷・一時輸入・再輸出手続などである。多国籍企業本部制度により税制上のインセンティブとして、輸出入税の免除、再輸出品による利益への所得税免除、配当に対する低率（５％）課税、固定資産税・地方税・消費税の免除がある。また、外国人社員への査証も優遇されている。観光客は窓口でパスポートを見せ1米ドルを払えば自由にＺＬＣ内に入れて無税で商品を買えるので、一般の観光客も立寄りショッピングを楽しんでいる光景がみられる。

このようにＺＬＣのビジネス上の利便性と経済性は極めて高いが、近年ラテンアメリカ諸国が相互に自由貿易協定（ＦＴＡ）を締結するようになって、ＺＬＣが武器・爆発物・麻薬など貿易禁止品の密輸の温床として不信感を持たれるという問題も起きている。その結果、各国の特恵関税率の適用を受けるため、再輸出証明に関する条項がＦＴＡ協定に盛り込まれるようになった。また、ＺＬＣユーザー協会からは割高な利用税と手数料の見直しを求める抗議行動も起きている。

一方、パナマ・パシフィコ経済特区の歴史は、コロン・フリーゾーンと較べて新しく、２００４年法律第41号によって開設された。２０００年以降にパナマ運河と共に返還された旧米軍基地が、国内線用のアルブルック空港やリゾートホテル・住宅に転用され、運河のミラフローレス閘門を守っていた旧クレイトン基地が研究開発拠点や研修施設の集積した「知の都市」に転用されたのに対して（60章参照）、パナマ市から運河を挟んで西側対岸の旧ハワード空軍基地には、先端技術製品の製造・加工業の集積を狙ったパナマ・パシフィコ経済特区が設置された。その目的は、世界を結ぶ5本の基幹光ファイバーケーブルに依存する物流・中継貿易・金融などのサービスに偏重した現在の産業構造から脱却した高付加価値製品の製造である。運用はパナマ・パシフィコ経済特区庁（APP）と民間企業の共同で行われている。

重点業種は、多国籍企業の地域本部、バックオフィス、コールセンター、マルチモーダル物流サービス、先端製品の製造・加工、船舶・航空機用品提供、航空機整備など航空産業向けサービス、オフショア・サービス、映画産業、データ・ラジオ・テレビ・音声・ビデオ配信など多岐にわたる。現在、特区内でビジネスを行う多国籍企業数は250社に上る。

税制上の恩典として、直接税（法人所得税・配当税・外国送金税）および間接税（特区に搬入される全商品への関税・消費税・燃料関係諸税・登録税・印紙税・不動産税・輸出・再輸出税・ファイナンスリース税・ロイヤリティ・コミッション・金利関係税など）が免除される。また、雇用面で労働法よりも柔軟な就労条件の設定（外国人・パナマ人構成比率、休日の設定や割増出勤手当など）が許される。いずれも多国籍企業であることがこの多国籍本部企業制度を利用する条件である。

このようなパナマ・パシフィコ経済特区の2017年の現状は、16年に既にスタートしているコスタリカとコロンビアを結ぶLCCの空港や、住宅団地・企業向オフィスや工場用建物の建設が進められているが、コロン市に通じる既存のセンテナリオ橋までの運河西側の道路や、パナマ市に通じるアメリカ橋を補完する新橋、日本政府のODAで建設が計画されているメトロ3号線など交通インフラが整備されるまでは、日中をはじめ朝夕に特に激しい交通渋滞がネックとなり開発が遅れ気味である。

（杉浦　篤）

43

パナマ独自の小売産業の発展

★地元資本による緩やかな近代化★

パナマの小売産業は同国経済の急激な発展に伴って成長してきた。国際通貨基金（ＩＭＦ）の統計によれば、２０１６年のパナマの１人当たり国内総生産（ＧＤＰ）は１万３５１４ドルで世界56位であり、ラテンアメリカ33カ国のなかで経済協力開発機構（ＯＥＣＤ）のメンバー国であるメキシコ（世界72位、８６９９ドル）とチリ（世界57位、1万２９１０ドル）を上回っている。しかし、経済成長の果実が全国民に届いているわけではなく、所得配分の平等度を示すジニ係数は若干改善する方向に向かっているものの、50・７（２０１４年の世界銀行推計）であり、格差社会として知られるブラジルの51・48に近い水準にある。

経済成長を続ける格差社会パナマにおける小売産業は、２割強の富裕層と上位中間層を主要な標的として、地元小売チェーン主導で近代化が進められてきた。こうした状況は外資進出が進み、地元資本が厳しい状況にある周辺諸国とは対照的である。なお、パナマの北に位置する中米地峡５カ国では、日本では西友を傘下におき世界最大の小売売上をあげている米国出身ウォルマートが市場を支配し、パナマの南に位置するコロンビアでは、フランス出身のカジノやチリ出身のセンコスッドとファラベラなど有力外資が進出している。

地元チェーンは、首都圏と主要都市（コロン県コロン、コクレ県ペノノメー、エレーラ県チトレ、ベラグアス県サンティアゴ・デ・ベラグアス、チリキ県ダビッドなど）にスーパーマーケットを開業している。多国籍企業が持ち込む輸入品を扱い、欧米先進諸国と変わらない程商品の品揃えは豊富である。代表的チェーンとしては、エルレイ・グループとスーパー99が2強である。エルレイ・グループはロメロ、メトロプラス、レイ、ミスター・プレシオの4ブランドの店舗を展開している。

パナマ新市街地のレイ店舗外観（国本伊代撮影 2017年）

同社は１９１１年にコロン市で創業し、５８年にパナマ市で最初の食品スーパーであるレイを開業した。２００３年にはチニートスを呼ばれる小規模食料品店に対抗するために、ミスター・プレシオという別ブランドの食品スーパーを中間層下位に位置する所得層向けに開業した。０７年5月にはコスタリカとの国境沿いの2つの県に9店舗を展開していた地方食品スーパーチェーンのロメロを１５９０万ドルで買収した。１１年にはメトロというドラッグストアを買収し、メトロプラスとした。このような拡大戦略の結果として、グループ全体の店舗網は全国規模となり、食品スーパーのエルレイは6県に18店舗（パナマ県6店舗、西パナマ県5店舗、コロン県4店舗、チリキ県、コクレ県、ベラグアス県各1店舗）、ロメロはダビッドなどチリキ県9店舗、ボカスデルトーロ県2店舗というよ

パナマの国内市場を支配する「スーパー99」と「レイ」の看板（国本伊代撮影）

うにコスタリカ国境沿いの2県のみで合わせて11店舗を展開するようになった。メトロプラスはパナマ県19店舗に加えて、西パナマ県2店舗、ベラグアス県1店舗、チトレ県1店舗で合わせて23店舗を展開し、ミスター・プレシオはパナマ市にのみ10店舗を展開している。なお、同グループは自身がメーカーも経営しており、食品スーパーの主要食材であるパン、肉および野菜の調達に注力していることで有名である。

スーパー99は中国人移民のワン・チャン一族が19世紀末に創業したが、後に実業家から政治家へと転身した前大統領リカルド・マルティネリが１９８１年に経営に携わって成長した食品スーパーチェーンである。スーパー99は全10県のうち7県に44店舗を出店している（パナマ県27店舗、西パナマ県6店舗、コロン県4店舗、チリキ県3店舗、エレーラ県のチトレ1店舗、コクレ県のペノノメーとリオ・ハト各1店舗、ベラグアス県のサンティアゴ・デ・ベラグアス1店舗）。同チェーンは中間層を標的としつつも、品揃えを立地ごとに変えており、例えばプンタ・パシフィーカ、アルフロークおよびコスタデルエステの店舗では中の上および高所得階層向けの品揃えを行っている。さらに、食品スーパーの他に、メガデポというパイパーマーケットの展開も開始した。

その他の主要チェーンとしては、スーパーエクストラ、エルマチエタソ、リバスミスがある。スーパーエクストラは、中の下、低所得階層向けに14店舗（パナマ県9、西パナマ県3、エレーラ県（チトレ）、ベラグアス県（サンティアゴ・デ・ベラグアス）、コロン県（コロン））の食品スーパーを展開している。エルマチェタソは1966年創業で、中間所得階層の中から下および低所得階層向けに11店舗（パナマ県6店舗、西パナマ県2店舗、エレーラ県（チトレ）、ベラグアス県（サンティアゴ・デ・ベラグアス）、コクレ県（ペノメノメ））の食品スーパーを展開している。上記2社が大手2社との競合もみすえて、中間層以下を標的として段階的に出店地域を地方にも拡大しているのに対して、リバスミスは1920年代後半創業であり、46年に同国最初の食品スーパーを創設し、現在も中の上および高所得階層向けにパナマ市に5店舗の食品スーパーを展開している。

他方、中米地峡およびカリブ海沿岸諸国に会員制倉庫型卸売を展開するプライススマートの存在も見過ごせない。同社は会員制ホールセールクラブ（MWC）のパイオニアであるプライスクラブを考案したプライス氏が1996年に新興市場向けに自身の考案したMWCを小型化することによって展開を開始した企業である。同社のビジネスモデルの特徴は、顧客から会費を取ることによって利益を確保した上で、低価格で定番ナショナルブランド（NB）とNBと変わらない品質のプライベートブランドを大容量販売するというものである。当初は中国、フィリピン、グアムなどにも店舗を展開していたが、2005年以降出店地区をカリブ海沿岸諸国に絞り込み、17年3月現在13カ国に39店舗を展開し、カリブ海域諸国に合わせて店舗規模は小型化されている。パナマはまさにカリブ海諸国で最初の出店場所であり、1996年に1号店を出店以降、翌97年に2号店、99年に3号店、2000年に4号店を出店し、15年6月に久々に西パナマ県ラチョレーラ（コスタベルデ店）に5号店を出店しており、これらの店舗は、現地中小飲食店などの業務用の仕入先としても機能している。

（丸谷雄一郎）

44

マグロの養殖という新たな産業

★パナマにおける近畿大学の挑戦★

サーモンを中心としたチリの養殖産業への日本による貢献はODAの成功事例として非常に有名である。詳細は『南米のチリをサケ輸出大国に変えた日本人たち』（細野昭雄著）に譲るが、日本による技術導入はサーモンをチリの主要輸出産品とするのに大きく貢献した。パナマにおいても「近大マグロ」で大成功を収めた近畿大学が、今度は日本でのクロマグロの養殖事業と並行してパナマにおいてキハダマグロの資源管理と完全養殖の事業化に向けた取り組みを行い、一定の成果をあげつつある。

ここでパナマの水産業について簡単に説明しておこう。太平洋とカリブ海に挟まれたパナマもチリ同様に細長い国家であり、水産業が広域で行われてきたが、産業化がはじまったのは1940年以降である。とはいえ、当時地元で消費される水産物ですら多くは輸入されており、小規模で行われていたに過ぎなかった。50年代に入りバナメイなどのクルマエビ科のエビ漁が重要な産業となり、60年代にカタクチイワシとサッパの魚粉生産が加わって、漁業はパナマの主要産業の1つとなった。

パナマのエビ漁は太平洋岸のパナマ湾岸とチリキ湾岸にお

いて発展し、取りすぎを防ぐための漁獲制限策がとられたが、それ以外の制限はあまり機能しなかった。しかし近年になり一定の成果があがってきた。小型ロブスター漁は太平洋とカリブ海側両方で行われ、カリブ海側のボカスデルトーロやグナヤラで盛んであるが、ロブスターに関しても禁漁区が設定されている。その他にもヒオウギ貝漁が１９６３年に始まり、８０年代には米国へ輸出されたが、９１年にとりすぎにより壊滅した。代わってサメ漁が８０年代以降、国際的なニーズの高まりにのって行われるようになっている。

本章で取り上げるマグロについては１９４０年代に行われていたという記録があるが、国連食糧農業機関（ＦＡＯ）の記録によると大規模遠洋漁業は７０年代に開始された。この中に近畿大学が養殖を試みているキハダマグロも入っている。近畿大学のマグロの養殖については「世界初クロマグロ完全養殖」としてＮＨＫの「プロジェクトＸ」でとりあげられるなどで知られているが、マグロの養殖は当時日本以外でトルコ、マルタ、クロアチア、チュニジア、スペイン、イタリアなどの地中海における大西洋クロマグロ、メキシコにおける太平洋クロマグロ、豪州における近縁種ミナミマグロのように、世界中で行われてきた。これらの国々において行われていたのは幼稚魚（天然の小さなマグロ）または成魚を獲って育てる短期畜養様式であった。しかしこの蓄養は資源保護につながらず、近年の市場拡大に伴う漁獲規制の強化に対応できないため、卵から成魚まで一貫生産することが可能な完全養殖が模索されている。

近畿大学は１９７０年以降太平洋クロマグロの完全養殖に向けた研究を行い、２００２年に完全養殖に成功した。これは、天然のクロマグロ種苗を養成した親魚から産卵、孵化した人工種苗を育成した人工親魚から採卵、孵化して人工種苗を育成する方法である。07年以降は人工種苗を販売し、それを導入して飼育・出荷しているマグロ養殖業者も増えており、大学発ベンチャーである「アーマリン近大」を立ち上げ、13年に大学直営のレストラン近畿大学水産研究所大阪店を梅田駅近くのグランフロント大阪ナレッジキャピタルに、また東京銀座に銀座店を出店し、外食事業も行っている。

パナマ共和国におけるキハダマグロの資源管理と完全養殖の技術開発プロジェクトは、世界初のクロマグロ完全養殖に成功した近畿大学水産研究所がパナマ共和国水産資源庁（ARAP）と全米熱帯マグロ類委員会（IATTC）からの要請を受ける形で科学技術振興機構（JST）と国際協力機構（JICA）の支援を受けて2011年4月から「5カ年計画」で行われてきた。キハダマグロの漁獲量は全世界のマグロ漁獲量の3分の2を占め、マグロ類の中で最も資源量が多い種となっている。日本は12・5％を消費する消費大国であるだけではなく、世界遺産となった和食を世界に発信する立場からも、水産資源管理において求められる役割は高まっている。そのような意味でも重要な取り組みといえる。

本プロジェクトは全てが順調にいったわけではない。陸上水槽での産卵の困難さから2013年には産卵予定であった雌親魚が衝突死し、産卵が1年間停止してしまった。翌14年には新たに天然海域で捕獲して補充した親魚が2歳で産卵したものの、若い個体では卵質が良くないためか、どのように努力しても稚魚まで数十尾しか生残せず、あまりに数が少ないために大型生簀《いけす》での飼育をあきらめざるを得なかった。このような経験を経て最終年度である15年には、人工孵化したキハダマグロは孵化の稚魚を幼魚まで海面生簀で飼育することに成功した。残念ながら人工孵化したキハダマグロは孵化後156日ですべて死んでしまったが、その飼育に対するパナマを含めたラテンアメリカ諸国の反応は大きく、多くのマスコミが取材に訪れ、日本へもその様子は報道された。さらにキハダマグロの資源管理に必要な科学情報も数多く得られている。

同プロジェクトを率いた近畿大学水産研究所の澤田好史教授によると、キハダマグロの完全養殖自体は5年という短期プロジェクトでは当然困難であるが、パナマの養殖産業には発展の可能性があるという。その根拠として、パナマは水温が産卵に適した温度である24度を10カ月間上回るという好条件であること、マグロ類を研究する研究所であるIATTCのアチョチネス研究所が既に存在し一定のレベルの現地人材を確保できること、資金がかかるプロジェクトを支える一定の経済水準に達している国であること、養殖化が実現した際における市場へのアクセスもインフラが整備されていて容易であること等であった。

パナマでキハダマグロの養殖に取り組む日本とパナマの共同研究グループ（澤田好史氏提供）

今回のプロジェクトの成果は、キハダマグロの将来的な完全養殖に向けた重要な一歩を踏み出したということ以上に、他の養殖事業への波及効果が高いということにある。魚の育成という意味ではキハダマグロも他の魚でも基本的には同じ育成行程をたどるだけに、一定のレベルの現地人材がプロジェクトにかかわり、各工程での課題解決の方式を蓄積したことは今後の養殖事業の発展につながる。本プロジェクトを契機として、マグロ養殖技術のトップを走る日本と生産地として将来性を有するパナマがパートナーとなり、産業としての漁業・養殖業の復興につながることが期待されている。

（丸谷雄一郎）

45

ブランド化するパナマ・コーヒー

★超高級スペシャリティ・コーヒーの品種「ゲイシャ」★

パナマの国土の一部はコーヒー生産に適しているが、世界的な産地ではない。国連食糧農業機関（ＦＡＯ）によると、２０１３年のコーヒー生産量と輸出量がともに世界第3位のコロンビアと高品質のコーヒー豆の評価を近年受けているコスタリカとに挟まれたパナマのコーヒーは、生産量が第42位、輸出量が第54位で、知名度は低い。しかし今パナマには、世界的に注目されているスペシャリティ・コーヒー品種がある。それが後述する「ゲイシャ」である。

パナマにおけるコーヒー栽培の歴史は古い。隣国コロンビアやコスタリカは19世紀初頭にコーヒー栽培が行われた。パナマには19世紀末に導入されたので、コーヒー栽培の歴史は両国よりも浅い。パナマのコーヒーは栽培当初から主に国内消費に向けられていたが、ごく少量は１９００年代にすでに米国とドイツなどの欧米諸国に輸出されていた。その後、約１００年後の１９９４年には、輸出の約53％が米国へ、約20％がカナダへ、そして約19％がドイツに輸出された。コーヒーは、最近までバナナと粗糖に並ぶ伝統的輸出農産物であった。しかし最近、その輸出先であるヨーロッパ諸国への輸出が少なくなり、

北部のコーヒー生産地帯ボケテのルイス・コーヒー農園の「ゲイシャ」（実の付き方に注目。国本伊代撮影2017年）

世界貿易統計データによると、2015年には輸出量の多い順に、1位が米国（約1130トン、約40%）、2位が台湾（約232トン、約8%）、そして3位が日本（約174トン、約6%）であり、輸出額の方も多い順に1位が米国（約773万ドル、約32%）、2位が台湾（約302万ドル、約13%）、3位が日本（約288万ドル、約12%）となっている。

1990年代末から2005年にかけての史上最悪の「コーヒー危機」下で、その状況を脱する救世主として登場した「第三の波」のコーヒーはスペシャリティ・コーヒーと言われ、それは産地と品質にこだわったコーヒーである。パナマのコーヒーはこれに当てはまり、さらにトレーサビリティ（生産履歴の管理）のコーヒーである。米国では、このパナマ産コーヒーに人気が高まっている。パナマ農牧開発省によると、14年に輸出されたコーヒー豆の90%はスペシャリティ・コーヒーで、オーガニック・コーヒーが10%である。なお、これらのコーヒーは、現在、非伝統的輸出農産物として扱われている。それは新たな輸出市場を開拓した農産物を意味する。

パナマはロブスタ種のコーヒーも栽培しているが、これはすべて国内消費用である。輸出コーヒーはティピカ種やブルボン種も栽培されているが、カトゥーラ種またはカトゥアイ種が大半で、ロブスタ種より高品質のアラビカ種に属している。後述のゲイシャ種も野生種ではあるが、「アラビカ種」に属している。コーヒーの栽培地は、西部の最高峰バルー火山周辺のボケテ、ボルカン、レナシミエント地区などが中心で、これらの地区はコスタリカと国境を接するチリ

パナマ・ジャンソン社の「ゲイシャ・コーヒー」（筆者撮影）

キ県に属し、同県は国内の生産量の50％以上を生産する。

パナマは陸続きのコスタリカとコロンビアとに気候が類似しているが、最近までパナマのコーヒーは両国のそれに比べて個性に乏しいと評されてきた。１９９６年には、米国人がパナマ産コーヒーをハワイに輸入し、自分の農園でハワイ産のコナ・コーヒーのラベルを付けて販売した。スターバックス社やネスレ社といったコーヒー業界のその道のプロもこの偽コナ・コーヒーに騙された（コナ・コーヒー・スキャンダル）。このことは、パナマのコーヒーが高品質であることの裏返しであった。このスキャンダルに巻き込まれたのは、パナマのコーヒーにはブランドが無かったからでもある。

２００４年に彗星の如く前述のゲイシャ種のコーヒーが登場し、「ベスト・オブ・パナマ」という国際品評会で優勝した。この豆は１９３１年にエチオピア南西部の「ゲシャ村」で発見された野生種の一種で、ゲイシャはこの村名に由来する。５３年にコスタリカの南北米農業科学研究所に、その後６３年に、耐サビ病品種としてパナマのボケテ地区にあるドンパチ農園に移入された。オーナーのフランシスコ・セラシン氏は「パナマ・ゲイシャの父」と言われる。しかしゲイシャは生産性が低いため、多くの農園から姿を消した。ゲイシャ・コーヒーは、柑橘系の香りと白ワインのような、またフローラルでフルーティーな香りがする。なお筆者はＪ社のゲイシャを試飲したが、酸味が程よく、これまでにないフルーティーな香りに感動した。このゲイシャは病気に弱く、１本の木から取れる豆の量が少なく（211頁写真参照）、また気温や湿度に非常にデリケートな豆で、栽培することが難しかった。この栽培には、標高1450メートル以上で海の湿気を含んだ風が吹き、気温の上昇を抑える雲霧林をもつミネラル分を含んだ火山性土壌がベストである。

1990年代中頃にエスメラルダ農園主がこのコーヒーの栽培実験を始め、2004年に初めて収穫して陽の目を見た。ゲイシャはスペシャルティ・コーヒー運動が生んだ最大のスターであると言われ、その後の品評会でも何回も優勝し、エスメラルダ農園（標高1659〜1850メートル）のゲイシャにオークションの国際審査員が満点をつけたこともある。13年には価格も350・25米ドル／重量ポンドという単一農園が生産したコーヒーとしては世界最高価格を記録した。また、日本の茨城県でコーヒー店十数店を展開するS社はエスメラルダ農園のゲイシャをインターネット競売で、2008〜13年の6年連続、そして15年〜16年にも落札している。

このように、コナ・コーヒー・スキャンダルでも証明された高い品質、高いレベルのトレーサビリティ、さらにはスペシャリティ・コーヒー業界などから注目されているゲイシャが牽引しているパナマのコーヒーには、明るい未来が開かれているようにみえる。近年、多くの農園でエスメラルダ農園のように拡張しているにもかかわらず、人気の高いゲイシャは需要に供給が追いつかない。ただしすべてが順調ではない。パナマでは欧米人の退職後の移住のために地価が高騰し、農園の多くが宅地として販売されるという現象が進行中である。また農園の人件費が高騰しているうえに、サビ病が広がっている。FAOによると、2010年と13年の数値で比較すると、コーヒーの作付面積と生産量、さらには輸出量が逓減傾向にあるなど、いくつかの不安要因がみられる。

（太田　潔）

コラム6

パナマへの日本の企業進出の将来性

杉浦　篤

パナマ市には、米国のマイアミやヒューストン、南アメリカ大陸のチリのサンティアゴと並び、世界の多国籍企業の拠点が集中している。パナマ市所在の世界的多国籍企業は、2015年現在241社で、そのうちラテンアメリカ統括拠点は60社である。日本企業は現地法人45社と、駐在員事務所15社で、統括拠点と位置づけられているのは僅か2社に留まる。

日本企業60社の業種別内訳は、便宜置籍をする船社関係21社、製造メーカー30社、商社3社、その他サービス6社である。メーカーは販売・研修・アフターサービス・物流の拠点が中心で、業種別には、自動車・重機械・同部品15社、情報通信機器7社、精密機器4社、医療機材3社、生活用品1社である。組立・製造工場はない。

このように日本企業の進出が少ないのは、パナマ市場の狭小さと共に、距離・時差・言語・文化などのハンディキャップに加え、近年の資源価格の低迷やラテンアメリカ地域の全般的な政治の混乱による経済不振のため、ラテンアメリカ全体のビジネスが米国・アジア・欧州などと較べて少ないためである。

日本にとって総人口約6億人にのぼるラテンアメリカは、アフリカと共に世界中で残された大消費市場であると同時に、鉄・銅・亜鉛・リチュウムなどの鉱物資源や、大豆・小麦・トウモロコシ・鶏肉・コーヒーなど食糧の重要な供給源である。また、約180万人に上る日系移民の存在や、日本への約35万人に上る出稼ぎ移民という日本固有の人的繋がりもある。33カ国もの国連加盟国が持つ外交上の重要性から安倍政権もこの地域を重視し、近年漸く日本企業の関心も次第に高まりつつある。

ラテンアメリカ地域の統括拠点としてのパナ

パナソニックのLA統括拠点外観（筆者撮影　2017年）

マの優位性は、①空・海運インフラ、②物流倉庫・工場・オフィス、③労働者・管理職、④経営者・弁護士・会計士など高度専門人材、⑤IT システムなどビジネス関係サービス、⑥法律・政治の安定性などに係っている。パナマは、地域統括企業の立地条件では、最も競合するマイアミと較べて①②③⑥の費用や質では互角かそれ以上の優位性を持ち、ラテンアメリカ地域では最も優れている。

パナマには上記の優位性に加え、南北アメリカ大陸の結節点という地理的優位性、自国通貨が米ドルゆえの低金利・低インフレ、フリーゾーン・経済特区・輸出加工区・「知の都市」・多国籍企業本部制度（SEM）などによる課税の減免、住民の英語力など、他のラテンアメリカ諸国にはない優位性が多くある。日本企業のブランド認知度は自動車・家電などで特に高いが、パナマを含めたラテンアメリカ地域全体での日本企業のビジネスが少ないため、進出総数、地域統括拠点数共に欧米勢に大きく遅れをとっている。

日本企業には今後パナマの利点を生かし、パナマ国内の運河、空・海港、フリーゾーン、道路、電力、鉄道、情報通信などのインフラ建設や運用、農水産物加工、さらに欧米多国籍企業と同様に、北米・ラテンアメリカの各国へ進出した日本企業向のバックオフィス・IT・経理・法務などのサービス提供、パナマの国際金融機能を生したラテンアメリカ地域への金融サービスの拡大などが考えられる。空路直行便の相互乗り入れも重要である。

日本企業がラテンアメリカ市場の戦略的重要性を認識し、今後、パナマとこの地域全体での日本企業のビジネスが増加するにつれて、パナマの日本企業の総数も、地域統括拠点も、中長期的に増加して行くことが期待される。

◆パナマのバナナとコーヒー◆

ボカスデルトーロ県コロン島でのバナナの荷揚げ風景（杉浦篤撮影）

チリキ県ボケテの収穫前のコーヒーの実（国本伊代撮影）

VII

モノ・カネ・ヒトの交差点

46

アジアと大西洋を結ぶ海上ルート

★通航隻数の増加と水資源の限界★

中国の貿易量は2001年の世界貿易機関（WTO）加盟後から急増し、パナマ運河利用国としても、2000年代初め以降、香港分が含められ、米国に次ぐ第2位の地位を占めるに至った。日本・韓国・台湾など、極東アジアと米国の貿易関係も持続的に発展し、パナマ運河はアジアと大西洋を結ぶ海上輸送ルートとしての重要性を増している。一方で見逃せないのは、南米の太平洋岸諸国（チリ、ペルー、エクアドル、コロンビア）が、自由貿易協定（FTA）などを通じて米国やヨーロッパ諸国との貿易関係を拡大し、パナマ運河利用度を高めてきている事実である。

パナマ運河通航貨物は、その貨物が向かうルートにより、大きく2つに区別されている。1つは大西洋岸から太平洋岸向けの貨物で「南向け貨物」と呼ばれ、もう1つは太平洋岸から大西洋岸向けの貨物で「北向け貨物」と呼ばれる。運河庁（ACP）の『年報』では長年、これら2つの主要ルートごとに主要国の搬出と搬入データを掲載してきた。しかし2015年以降は、主要国の搬出入データは掲載されなくなった。ここでは14年『年報』を基に主要国間の運河通航貨物量の流れを概観しておこう。14年の運河通航貨物量は合計2億2490万トンであった。この内の「南向け貨物」は1億3400万トンであった。その内訳は、米東岸搬出が8940万トンで全体の66・7%を占めている。その内、ガルフ（メキシコ湾の港）からの搬出が7410万トン（その内、穀物が4500万トン）で全体の55%強を占める。ガルフからの仕向け先は、アジア向けが4780万トンで、国別では中国（2530万トン）、日本（1370万トン）、韓国（630万トン）などである。ガルフから南米西岸向けは1650万トンで、チリ（520万トン）とペルー（470万トン）が多い。また南米東岸（コロンビア、ブラジル、ベネズエラ）から運河を通って運ばれる南米西岸向けの貨物は830万トンで、その内コロンビア（カリブ海側）から太平洋岸のチリ向け貨物（主に原油）が630万トンを占める。

一方、「北向け貨物」は7430万トンで、前述の「南向け貨物」の半分弱である。内訳は、アジアからの搬出が3370万トンであり、全体の4割近い2500万トンがコンテナである。国別では、中国からが1530万トン（全体の18%）、韓国から980万トン（12%）、日本から490万トン（6%）となっている。南米西岸からの搬出貨物量は2680万トン（全体の31%）で、チリが1240万トン（15%）、ペルーが660万トン（8%）、エクアドルが660万トン（8%）で、仕向け地はいずれも米東岸とヨーロッパ向けで、銅・ワイン・フルーツが多い。

運河利用国別順位を見ると（2016年度）、米国が圧倒的に1位で、その貨物量は1億3700万トン（全体に占める割合が67%）、2位中国3870万トン（19%）、3位チリ2530万トン（12%）、4位ペルー1940万トン（10%）、5位日本1900万トン（9%）、6位韓国1620万トン（8%）であった。17年度の場合、新たに操業開始した「第三閘門運河」の結果が注目された。特に新運河により

アメリカのメキシコ湾で積み込まれた日本向けLNG輸送船（オーク・スピリット号、約10万トン）が第三閘門運河をタグボートに誘導され航行中　（パナマ運河庁提供）

通航可能となったガルフから日本向けＬＮＧ船の通航により、日本が運河利用国として第3位に浮上したことであろう。米本土の対日ＬＮＧ輸出計画（２０２０年頃まで年５０００万トン、７万トンのＬＮＧ船で輸送した場合７１４隻）が実現すれば、日本は中国を抜き米国に次ぐ第2位の運河利用国になる可能性もある。

これまで運河利用国としてのパナマは余り注目されてこなかった。しかし近年、港湾開発が進み２０１６年度には５６０万トンで12位（2・7％）となった。貨物の多くはコンテナである。太平洋側運河入り口に近いバルボア港や、カリブ海側の「コロン・フリーゾーン」に近いマンサニージョ港、クリストバル港のコンテナ取扱量は近年大きく伸び、１５年には、全港湾合計で約６８９万ＴＥＵ（20フィートコンテナ換算）を記録した。ラテンアメリカ地域の港湾の中ではブラジルに次ぐ規模である。「第三閘門運河」の開通に伴い、両洋にある港湾では今後、メキシコ・中米・カリブ地域の港を結ぶ「トランシップメント・サービス」（大型船から中小型船に積み替えてのコンテナ再輸送サービス）需要が増える見込みが大きい。運河に付加価値をつける意味でパナマ運河庁（ＡＣＰ）自身も太平洋側の運河入り口近くに「コロサル・コンテナ港」（４００万ＴＥＵ規模）を建設する計画を進めている。それ以外にも自動車専用船埠頭の建設、「ロジスティック・パーク」建設などの検討も行われており、今後の具体化が注目される。

ところで「第三閘門運河」開通1年後の2017年6月時点で、年間通航船舶は1500隻（1日当たり4隻）を実現した。ACP長官は、「今後、1日当たり6隻、数年内には10隻を実現する」、「通航需要の増加に対応するため〝第四閘門運河〟の企業化調査も進めている」と述べた。パナマ運河は最終的には運河流域で降る雨量に依存している。16年4月には、乾期が長引き18年ぶりに通航船舶の〝喫水制限〟を発令する直前まで行った。幸い遅れていた雨期が始まり危機は回避できた。

ここでは、運河通航隻数と水資源の限界について触れておこう。「第三閘門運河」の閘門操作で使われる水量は、節水槽の設置で既存運河同様20万立方メートルとされている。1日10隻の場合、10×365日×20万立方メートル＝7・3億立方メートルの水使用量となる。「第三閘門運河」のための新たな水の供給は、「第三閘門運河」工事を通じて、ガツン湖やクレブラカットの拡幅や深化により約12億立方メートルが確保された。既存運河での操作回数の改善で2億立方メートルの使用増加があるとした場合、新運河では10億立方メートルが使用できる計算となる。1日10隻（回）を実現した場合でも、2・7億立方メートルの余裕があることになる。しかし問題は、パナマ運河の水源には運河操作用水以外に、水力発電・排水・蒸発・パナマ市とコロン市周辺地域の市民上水用などの要素も絡んでいることである。特に市民上水用は、近年の経済発展に伴う人口増を考慮すると、新運河で1日10隻の通航隻数を実現させる段階より前に、水不足問題が現実化する可能性が高い。「マスタープラン」では2025年時点での水不足を予測していたが、さらに早まりそうだ。ACPが実施中の「第四閘門運河」の企業化調査では、当然、新たな水源確保も検討されているはずなので注目される。

（小林志郎）

47

パナマ運輸産業の発展

★立地を生かして発展を目指すコパ航空★

パナマは南北アメリカ大陸の結節点にあり、運河を中心に両大陸のハブとしての役割を果たしてきた。こうした地理的優位性を活かして発展してきたのが航空輸送産業である。パナマの航空輸送産業はパナマ市の主要空港であるトクメン国際空港を中心に発展してきた。2016年2月には、中東の雄であるエミレーツ航空がドバイとパナマ市を結ぶ直線で世界最長の1万3821キロメートルの路線（ドバイ発で17時間35分）を就航するなど、ハブ空港としての地位を確立してきた。

パナマの航空輸送は第二次大戦以前には、米軍のみの利用が許されていた。しかし第二次大戦後に段階的に民間利用が促進され、1947年にはトクメン空港が開港した。7年後には現在貨物ターミナルとなっている場所に旅客空港ターミナルが開設され、旅客量の増加に対応して71年には新ターミナルの工事が開始され、78年に開業した。81年には当時の軍政下で飛行機事故死した元国家主席オマール・トリホス将軍にちなんでオマール・トリホス国際空港と改称されたが、89年の米軍パナマ侵攻後にノリエガ政権が倒れ、名称は元に戻された。

2003年の民営化後、トクメン空港は06年までの第2

期拡張工事を経て拡張され、欧米90以上の都市との間を結ぶ二本の滑走路を有する中米地峡地域最大の乗降客数をもつ空港となっている。こうした拡張の成果もあり、国際空港評議会（ATI）によるラテンアメリカ空港航空旅客数ランキングで、2014年に初めてトップテン入りし、16年も旅客数約1474万人で第10位を維持している。そして、2017年完成に向けて8億ドルの投資を行い、第3期拡張工事が行われている。この工事が完成すると、同空港は54のゲートを有する規模になることが予定されている。

ちなみに、上記ランキングにおいて、トクメン空港より上位の9位までの空港は、メキシコ（1位メキシコ市、4位カンクン）、ブラジル（2位と5位サンパウロ、8位ブラジリア、9位リオデジャネイロ）、コロンビア（3位ボゴタ）、ペルー（6位リマ）、チリ（7位サンティアゴ）であり、パナマに比べて人口や経済規模がかなり大きな国ぐにである。このことを踏まえても、トクメン空港がこの地域のハブ空港としての役割が大きいことがわかる。

この空港を本拠地とするのがパナマのナショナル・フラッグ・キャリアであるコパ航空である。コパ航空はトクメン空港が開港した1947年にパンアメリカン航空（当時）の子会社として発足した。70年代まではパナマ国内および近隣諸国に就航してきたが、国内便は79年にやめ、パナマの有力財閥であるモッタ・グループが80年代に入り経営に参画したのをきっかけに段階的にアルゼンチン、チリなどへと国際路線が拡張された。

コパ航空はまた1998年に米国の主要航空会社であったコンチネンタル航空が株式の49%を取得、マイレージの共通化、販売拠点の共有、コードシェア便の拡大を行い、99年には51%に増資し、

パナマ市トクメン国際空港のコパ航空機体
（国本伊代撮影　2017年）

ロゴもコンチネンタルに合わせたものに変更したが、２００５年には出資比率を約27・３％に、０６年には約10％まで引き下げた。他方、コパ航空は０５年にはコロンビアの国内航空会社であったアエロ・レプブリカの株式の85・６％を取得し、０５年12月にはニューヨーク証券取引所にパナマ出身企業として３社目で９年ぶりの上場を果たした。０８年に99・９％まで出資比率を引き上げ、コードシェア便の運航を開始し、２００９年に提携先であるコンチネンタル航空がユナイテッド航空に買収されたことを契機に、２０１０年ユナイテッド航空が所属するスターアライアンスに移籍した。そして同年、コパ航空コロンビアと改名し路線を拡大して機材刷新も行っている。ちなみに、スターアライアンスは米国のユナイテッド、日本の全日空、ドイツのルフトハンザ、中国の中国国際航空、インドのエアインディアなど多くの主要国の現在28の航空会社が加盟し、世界周遊を含む様々な連携を行っている。

同社のサービスの質は高く、定時運航率ランキングを発表している米国フライトスタッツによれば、２０１６年のランキングでもラテンアメリカ諸国の主要航空輸送会社（コパ航空、タム航空、ゴル航空、アルゼンチン航空、ラン航空、アエロメヒコ、アビアンカ航空）のうち第１位であった。

順調に成長してきたコパ航空にとっても近年、ローコストキャリア（ＬＣＣ）という新たなライバルが台頭してきている。ＬＣＣはコスト削減のためにチケットのインターネット販売、事前座席指定の省略、座席の広さのカット、荷物の有料配送、機内サービスの簡素化などによってコストを削減するなど、様々な工夫により格安を実現している。ラテンアメリカの代表的なLCCとしては、2001年に同地域初のLCCとして注目され現在タム航空と並んでブラジル主要航空会社となっているゴル航空、メキシコのインテルジェット、ポラリスおよびビバ・アエロバス、コロンビアのビバコロンビアなどがあげられる。

日本でも全日空がピーチ・アビエーションを設立したように、コパ航空も2016年10月にウインゴ（WINGO）というローコストキャリアを就航させた。コパ航空は12のビジネスクラスを含む112シートのエコノミークラスを配置することを基本にしているのに対して、ボーイング737―700を用いてエコノミークラスのみ142シートを配置している。

旧ハワード米空軍基地を利用する格安航空WINGO（国本伊代撮影　2017年）

空港も日本でLCCが茨城空港、神戸空港など主要空港以外を利用するのと同様に、ウインゴは前述のトクメン国際航空ではなく、パナマでは前述のビバコロンビアが既に就航しているパナマ・パシフィコ国際空港（元ハワード空軍基地）を利用している。この空港からの路線は、コロンビアのボゴダ、カリ、カルタヘナ、メデジン、バランキージャ、サンアンドレス6都市およびコスタリカのサンホセを結ぶ路線を就航しており、その他にアルバ島のオラニエスタッド、ドミニカ共和国プンタカーナ、キューバのハバナ、メキシコのメキシコ市とカンクン、エクアドルのキト、ベネズエラのカラカスにも既に就航し、今後も路線を拡大する見込みである。

（丸谷雄一郎）

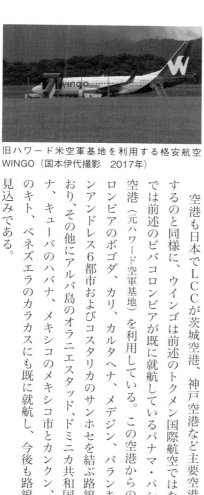

48

国際金融センター

―★内外の米ドル資金需要に応えるユニークな金融センター★―

米国はパナマ運河工事を開始した1904年、パナマとの間に通貨協定を締結した。それ以降、パナマでは米ドルが法定通貨となり、現在に至っている。パナマでは、米ドル通貨のことをわざわざ「バルボア」と呼んでいるが、通貨主権への願望の現れなのかは定かではない。パナマ独自の通貨と言えば25セント以下のコイン硬貨だけだが、それも毎年、国際入札を行い外国造幣機関に生産を委託している。この硬貨の表面には、1513年にカリブ海側から陸路探検の末、世界史上初めて太平洋を発見したスペイン人探検家バルボアの肖像が刻印されている（コラム1参照）。独自に通貨を印刷し、それを流通させる必要がないので、パナマは中央銀行を持たないユニークな国だ。金融・為替規制もなく、パナマ人も、外国人も米国にいるように米ドルを使用できる。

パナマ共和国としてコロンビアから分離・独立した1903年時点では、米系のシティバンクと国立銀行（中央銀行ではない）の2行が既に営業していた。その後、1930年代には、不動産抵当融資専門の貯蓄銀行が創設され、40年代にはパリ国立銀行（後のBNP Paribas）の進出、50年代にはジェネラル銀行などが設立され、60年代末には内外資本20行以上が営業していた。

1970年に、パナマの銀行活動を規制する法律（政令238号）ができ、銀行を監視するための「国家銀行委員会」が創設された。しかし、銀行に対する監視は建前だけで、取引に関する規制は緩かった。ラテンアメリカ諸国での度重なる債務危機や経済危機の際は、自国通貨価値が目減りする中、資産防衛を目的としてパナマの銀行に米ドルを預金できるメリットは大きかった。さらに1940年以降設置されている保税倉庫と再配送機能を持つ西半球最大規模の「コロン・フリーゾーン」を活用した貿易取引もパナマの銀行を活用してドル決済ができた。また、パナマの会社法では、国内法による規制をほとんど受けないオフショアビジネス用の会社（形式的なペーパーカンパニー）設立も容易であった。船の船籍登録の場合も、パナマ国内への会社設立義務はペーパーカンパニーだけで済むこともあり、この種の会社が増加した。パナマの銀行にはスイスの銀行と同様、官憲にも顧客の情報を開示してはならない「守秘義務」が守られていたことも人気の背景にあった。わざわざ、米国本土まで行かなくてもスペイン語が通じるパナマを利用するラテンアメリカからの顧客が増え、パナマの銀行はラテンアメリカに対する融資機能を持つに至った。近年では、米国から

パナマ新市街地摩天楼街に集中する銀行（国本伊代撮影　2017年）

の定年退職者の居住者誘致政策の一環としてパナマ銀行センターの利便性が宣伝されている。その一方、麻薬資金の資金洗浄（マネーロンダリング）や租税回避を目的としてパナマ銀行センターを利用するケースも増えていったことも事実である。

銀行数は年々増え、1983年には最高の125行を記録した。銀行の種類はおおまかに4種類に分類され、同年の場合、①公的銀行（2行）、②一般ライセンス銀行（68行）、③国際ライセンス銀行（43行）、④代表事務所ライセンス（12行）であった。国内での通常の預貯金、融資業務ができるのは、②の一般ライセンス銀行だけである。③の国際ライセンス銀行は、パナマ国内での業務は行わず、専ら海外向けサービスを行うことができる。④は、銀行業務は行わず、連絡事務所としての機能を果たすだけである。

1988年、パナマの国内政治が不安定になり、軍事独裁政権下、対米関係が悪化し、翌89年末には米軍のパナマ侵攻という事態に至った。この間、米国による経済封鎖が行われ、銀行資産額は148億ドル減少（当時のGDPの2倍以上）、銀行システムは9週間半の閉鎖を余儀なくされ、市民生活、ビジネス活動は一時的に完全に息の根を止められた。

1990年代に入り、パナマの銀行法や会社法を悪用して税金逃れをする企業に対する監視体制を強化するために、米財務省はパナマの銀行法の改正を求めた。それに対応し1998年にパナマ政府は、バーゼル国際基準に基づく「銀行法」を制定し、新たに中立性を高め、銀行システムの健全化、競争力向上のため、それまでの「国家銀行委員会」を廃止し「銀行監督局」を新設した。同局は銀行業務に関するあらゆる情報を公開し、バーゼルにある国際支払銀行（BIS）に情報を提供し、取引の透明性の確保を図ってきた。それにもかかわらずパナマは、経済協力開発機構（ＯＥＣＤ）が求める、資金洗浄対策、テロリストへの資金供与対策、大量破壊兵器拡散への資金供与対策などに対する努力を十分に行っていない国として「グレー・リスト」に含められてきた。その上２０１５年８月には、ドイツの新聞にパナマ法律事務所「モサック・フォンセカ社」の膨大な内部資料が「パナマ文書」として掲載され、世界の有名政治家や企業がパナマなどに設立されたペーパーカンパニーを利用して資産隠し、脱税を行っているという実態が暴露された。パナマの銀行業界や内外企業の会社設立の仲介業務を行う弁護士事務所などには、国際的信用の失墜への危険性があり衝撃が走った。会社法の改正、銀行業務の透明化、「グレー・リスト」からの脱却に向けたパナマ政府の対応により２０１６年に入ると、事態はかなり鎮静化した。懸念されたパナマ銀行センターの営業実績には大きな影響が出ていないことが次のデータからも判明した。

銀行監督局の両年末のデータを見ると、銀行センターの総資産額は２０１５年の１１７２億ドルから２０１６年には１２１０億ドルで微増した。預金額は８３８億ドル（パナマ人預金４９０億ドル、外国人預金３４９億ドル）から８６０億ドル（パナマ人５０７億ドル、外国人３５３億ドル）へと微増。融資額は２０１５年の７２５億ドル（パナマ国内向け４５１億ドル、外国向け２８０億ドル）から２０１６年には７４９億ドル（国内向け４８６億ドル、外国向け２７０億ドル）へと微増した。１６年の国内向け融資の対象分野を多い順で見ると不動産抵当（１４７億ドル）、商業（１１３億ドル）、個人消費（１００億ドル）、製造業（25億ドル）、農牧水産業（16億ドル）となっている。農牧水産業向け融資は、別途、農牧開発省が所管する農牧開発銀行が行っているので、民間銀行からの融資額は少なくなっている。

（小林志郎）

49

タックスヘイブン

★「パナマ文書」が明らかにした租税回避地★

タックスヘイブンは日本語に訳すと「租税回避地」となり、外国資本および回避地自身の外貨獲得のために、意図的に課税を無くすか極めて低い税率に軽減し、企業や富裕層の資産を誘致しようとする国や地域のことである。オフショア・ファイナンシャル・センター（OFC）と呼ばれることもある。

2016年4月3日に、パナマ市内に事務所を置くモサック・フォンセカ法律事務所が国外のサーバーからのハッキングを受けて、内部機密文書が漏洩したという被害届をパナマ検察当局に提出した。

この時、漏洩した2・6テラバイト（文書現物にするとトラック1000台分）という膨大な文書が「パナマ文書」と呼ばれ、契約証書、パスポートのコピー、株主や取締役のリスト、交わされたメールなど合わせて、1150万件もの企業や個人に関する膨大な内部機密文書から、租税回避の実態が明らかとなり、世界的な注目を集めた。

文書の流出は、公開の1年以上前に、南ドイツ新聞に匿名の人物から寄せられた1通のメールから始まった。文書データを受け取った同紙は、国際調査報道ジャーナリスト連合（IC

ＩＪ）に持ち込み、ＩＣＩＪは最終的に80カ国以上、１００余の報道機関、約４００人の記者を動員して、１年がかりで調査・分析を行い、２０１６年４月と５月に、個人名や企業名、住所などのリストや関係図を、ＩＣＩＪのホームページで公開した。文書自体は非公開のまま分析は現在も進められている。

ＩＣＩＪは１９９７年に、世界65カ国約２００人の記者が共同で調査報道を行うために設立した国際ネットワークである。同機関はタックスヘイブン問題に関してだけでもいくつかの内部文書の暴露で世界的に知られてきた。２０１３年４月に英領バージン諸島などのタックスヘイブンの２５０万件に上る秘密ファイルを公表した「オフショア・リークス」、１４年11月にルクセンブルクの税務当局が数百社の多国籍企業に対し、優遇課税を行ってきた秘密合意文書を公表した「ルクセンブルク・リークス」、１５年２月にＨＳＢＣ（香港上海銀行）スイス支店が保有する２００カ国、10万人の顧客情報を暴露した「スイス・リークス」などがあり、パナマ文書公開後も１６年９月にバハマに設立された17万５０００余の法人に関する「バハマ・リークス」があり、１７年11月に公開された「パラダイス文書」もＩＣＩＪによる。しかし、今回の「パナマ文書」は、そのデータの大きさも２・６テラバイトと、オフショア・リークス２６０ギガバイト、ルクセンブルク・リークス４・４ギガバイト、ＨＳＢＣリークス３・３ギ

パナマ文書で世界的に有名となり、標識を変えた旧モサック・フォンセカ法律事務所（国本伊代撮影　2017年）

ガバイトと比較しても桁違いであった。

しかし今回のパナマ文書の公開で、習近平・中国国家主席、プーチン・ロシア大統領、マクリ・アルゼンチン大統領など多くの政治家の関与も明らかになり、アイスランドのグンロイグソン首相は4月5日に直ちに辞任し、イギリスのキャメロン首相も2016年9月に引退を表明するなど、世界の政界に与えるインパクトは強烈であった。一方、公開された名前の中に、アメリカの企業や個人の名前が見当たらないのは、不思議だとも噂されている。日本については、大企業やIT関係などの新興企業や、そのオーナーの名前が400余り明らかになっている。

租税回避の試み自体は、租税制度のはじまりと同時に古くから存在してきたものであるが、現在のタックスヘイブンという仕組みは19世紀末からアメリカのデラウェア州で始まっている。1950年代後半以降にユーロダラー市場が発展すると、規制のないOFCが資源の乏しい英領ケイマン諸島やバージン諸島などカリブ海域で盛んとなった。そして62年に米国が被支配外国法人（CFC）の特定留保所得を課税対象とする内国歳入法の改正を行って以降、72年にドイツとカナダ、80年にフランス、84年には英国でタックスヘイブン対策税制が設けられ、日本でも78年にタックスヘイブン税制（外国子会社合算税制）が導入された。

冷戦終結後の1990年代以降、多国籍企業は活動範囲を拡大し、連結実効税率に注目して国際的に活動するようになり、為替管理の自由化、情報通信技術の発展による地理的な制約の低下、金融・サービス取引の手段の多様化により、各国の税制の差を利用した租税回避が一層容易になった。タックスヘイブンとなったOFCが立地する国や地域は彼らを誘致するために税率を引き下げ、税のダンピング（有害な租税競争）が開始された。

タックスヘイブンはその潤沢な資金で世界の闇経済を潤してきたが、犯罪組織による資金洗浄（マネーロンダリング）への悪用が明らかになると共に、08年のリーマンショック以降の世界的な不況の中で、各国での税収確保の必要性が高まったことや、投機資金が危機を増幅させたことへの批判が厳しさを増したことにより、見直しを求められた。

09年4月にロンドンで行われたG20の首脳声明および金融システムの強化に関する宣言においては、国際的に合意された租税の基準を充たしていない国・地域に対する監視を強化することが採りあげられ、経済協力開発機構（OECD）やEUも1990年代後半以降タックスヘイブンへの対抗措置を講じるための努力を継続的に行っている。

OFCの利用主体は多国籍企業から個人まで多岐にわたり、特に多国籍企業は主として移転価格操作を通じて多様な資産をOFCに運ぶという方法を採っている。OFC側のメリットとしては、外国法人が現地で専門職員を雇用し教育訓練していることや、金融サービス業が発展することに伴い外国から来訪する関係者へのホテルやレストランなどのサービス業も発展し、通信・交通運輸などのインフラも整備され、さらにOFCのプロモーションに伴う広告宣伝業が発展することなどがあげられる。

今回のパナマ文書公開が、タックスヘイブンを通じた租税回避という国際社会の重要問題に、世界の注目を集める結果に繋がった意義は極めて大きい。しかし、今回発見された不正は氷山の一角ともいわれ、明らかになった租税回避の仕組みを踏まえて、世界各国が協力しながら今後も継続して、国際租税制度の改善に取り組むことが求められている。


（丸谷雄一郎）

50

麻薬の交差点

――★欧米の闇市場に向かうアンデス・コカインの通過地点★――

パナマは、南アメリカ大陸が原産地であるコカの葉から精製されるコカインの国際流通拠点として広く知られている。アンデス山脈地帯に位置するペルー、ボリビア、エクアドルのアンデス山麓で栽培されるコカの葉をペイスト状に加工して密かにコロンビアへ運び、コカインと呼ばれる強い幻覚作用と常習性のある麻薬が密輸商品として送り出される、その密輸中継地点としてパナマは重要な役割を担ってきた。中米地峡に位置するパナマが、生産地であるアンデス諸国と消費地である欧米市場をつなぐ中間地点に位置するという地理的条件からだけではない。パナマ市は、密売されて得られる莫大な資金の洗浄にも好都合な世界有数の国際金融センターでもあるからだ。物流・金融・交通の要衝であるパナマは、麻薬がらみのグローバル犯罪の拠点でもある。

もちろんパナマ政府は麻薬密輸の取締りに取り組み、税関・国境監視に力を入れている。パナマ政府が真剣に麻薬密輸入に取り組んでいる背景には世界最大の消費地である米国からの強い要請もあるが、麻薬に絡む犯罪の多発によって国内治安が悪化しているからである。しかしパナマ政府の摘発は現実に追いつけず、麻薬組織に絡んだ殺人事件が深刻化しているのが２０１７年の姿である。陸路・海路・空路からパナマ国内に入る密輸麻薬の摘発件数は増加の一途をたどっており、それに並行するように国内治安は悪化しつづけている。治安の悪化は、従来から世界的に有名であったコロン市やダリエン地区だけではない。太平洋と大西洋の両側に長い海岸線を持つパナマの地方の港町が海路によるコカインの陸揚げ地となったため、麻薬組織間の抗争だけでなく、運び屋として取り込まれる貧困層の若者や女性たち、また不法入国者たちが巻き込まれる殺人事件が全国的に多発しているからである。

パナマ市の旧市街地――再開発に取り残された犯罪多発地域の一角（筆者撮影　2017年）

　パナマには「バグダード」と「カロール・カロール」を名乗る２大麻薬組織が存在するが、いずれも拠点はコスタリカ側にある。両国の約３３０キロにわたる国境には３５０カ所以上の秘密のルートが存在するといわれ、これらのルートを使って麻薬・盗難車・人身売買の対象とされた「ヒト」などがコスタリカ側へ運ばれる。しかしこれらの２大組織だけがパナマの麻薬犯罪組織ではない。直近の10年間だけでもパナマ国内では中小の犯罪組織が88から２００以上に増加して組織間の抗争が激しくなり、国内の殺人事件を急増させてきた。日本の外務省が出す危険情報によると、長年にわたって「不要不急の渡航を控えるべし」とする危険度２の地域であったダリエン地区と危険度１の地域の常習危険都市であったコロン市に加えて、２０１７年５月にはパナマ市の他にチリキ県のダビッド市、西パナマ県のアライハン市、ラ・チョーラ市、サンミゲリート港が危険度１に追加された。コロンビアから送り込まれる麻薬密輸ルートが陸路から太平洋とカリブ海側の両海路へと変更しつつある実態をよく表している。麻薬取引をめぐる麻薬組織間の抗争に絡んだ銃撃戦・殺人・人身売買・麻薬組織と結ばれているパンディーリャと呼ばれる若者たちで構成されている犯罪集団によるスリ・たかり・ゆすり・強盗などが全国的に発生しているからである。

これらの組織の多くは世界でも名だたる麻薬密輸王国であるコロンビアとメキシコの麻薬カルテルと深くつながっているとされる。麻薬取引を牛耳るカルテル組織は南北アメリカを通じて網の目のようなネットワークでつながっていて、利害が対立すると武力抗争へと発展して麻薬と関係のない一般市民を巻き込む。そして事態を深刻化させているのは、麻薬取引の末端に取り込まれた若者や女性たちが地獄のような犯罪の罠にはまり、命を落としていくことである。さらに麻薬の密売に絡む大金が動くために、それを狙った闇の商売が規制の緩いパナマに広がり、社会の暗黒部に転落する人びとが世界中から集まって吸い込まれていく。カジノの繁盛と大金の移動、世界中から集まっていると言っても過言ではない、それと容易に識別できる売春婦たちの存在、パンディーリャたちによる強盗・スリ・ゆすり、人身売買、武器弾薬・麻薬の流通が絡んだ殺人事件は日常的なものとなっている。

一方コカインの原料となるコカの葉を栽培する極貧層の農民たちにとっては、コカの栽培は貴重な収入源である。アンデス山脈の山麓の孤立した貧しい農村にとってもっとも有利な栽培物であるかぎり、熱帯の密林地帯に位置するコカの葉栽培地を遠隔の都市部にある中央政府が管理するのはどの国でも難しい。コカの葉の最大栽培国ボリビアは、伝統的な使用目的で生産されるコカの葉の栽培を2009年に合法化した。しかし非合法で生産されるコカの葉の移動を取り締まるのが難しいことは、その後のコカの葉の流通を見れば明らかである。パナマには、このようなアンデス山麓で栽培され、密輸送されてコロンビアで精製されたコカインがさまざまなルートで運び込まれる。

陸路についてはダリエン地区を通るルートが確立されている。ダリエン地区を通りコロンビアとパナマの国境を越えるのは容易である。コロンビアで半世紀にわたって続いた内戦の反政府勢力の主要な資金源であったコカイン取引の流通ルートがあるからである。国境から97キロ地点のパナマのダリエン県ヤビサでパンアメリカンハイウエイが途切れており、国境からヤビサまでの密林地帯には数多くの秘密ルートがある。コロンビアで精製されたコカインはこの過疎の密林山岳地帯を多様な手段でコロンビア側から国境を越えて運び込まれ、パナマ国内の犯罪組織の手によってさらにコスタリカ国境を越えて運び出される。そして警備体制の脆弱な中米諸国を通過してメキシコと米国の国境地帯へ運ばれていく。

米国側の取締りがいっそう厳しくなった陸路に代わって、近年急速に進んでいるのが小型飛行機と潜水艦によるコカインの大量輸送である。麻薬の通過拠点であったダリエン地区を通過せず、コロンビアから空路と海路で監視体制が脆弱な中米とカリブ海諸国に運ばれる。そこからはさまざまな手段でメキシコと米国の国境地帯まで運ばれて、地下トンネルか改造した車両に潜ませて米国側に届けられる。近年は、ドローンを利用した国境越えの輸送手段が進んでいる。コロンビア国内で建造される傍受の難しい最先端技術を取り入れた「準潜水艦」が米国沿岸の海上で行う取引形態も存在する。米国の麻薬取引捜査当局によると、コロンビアから米国に密輸入されるコカインの半分は「準潜水艦」によるものだとされる。

（国本伊代）

51

クロスロードの食文化

★狭いパナマで世界のグルメと土着料理を味わう★

人口100万にも満たないパナマ市ではあるが、過去の歴史を物語るかのように、文字通り世界中の食文化を味わうことができる。スペイン、フランス、イタリア、中国、ブラジル、アルゼンチン、ユダヤ、日本、インドなど、とりどりのレストランがあり、旅行者を楽しませてくれる。

数の多さで言えば、中国レストランだ。中国料理は世界中どんな辺鄙な場所に行ってもお目にかかれるが、パナマはその数が半端ではない。これは、パナマにおける中国系住民が多いことを反映している。パナマ鉄道の建設時代から運河建設時代を通じてかなりの数の中国人が移住し、現在パナマ全土に、中国系住民は20万人から30万人（全人口の1割）住んでいると言われる。

週末の昼食時にパナマ市内の中国レストランに行けば、本格的な「飲茶《やむちゃ》」を楽しむことができる。うまい上に値段も安いので、中国系パナマ人の家族で活況を呈している。パナマの地方に行くと中国系パナマ人が中国の食材を生産・栽培している。お陰で日本人駐在員も、市内の中国人の店で豆腐や野菜類を買うことができる。ショッピングセンターの一角には、小さな家族経営の食堂もあり、多数のパナマ人が焼きそばや炒飯を楽しんでいる。

スペイン・レストランも多い。パナマ近海で採れる伊勢えび（ランゴスタ）、カニ（セントージャ）、さわら、ひらめ、グアビーナ、その他の魚をふんだんに使った本格的な料理を輸入ワインと共に楽しむことができる。米を多く食べるパナマ人には「パエリャ」も人気メニューの1つだ。

パナマ運河の歴史からすれば次はフランス料理だ。旧パナマ市には昔からフランス大使館があり、近くにレセップス広場がある。その一角に、アーチ型をしたレンガ造りの天井で倉庫風のフランス・レストランが最近まであった。少し不便な場所のせいか、今は店を街の中心部に移した。うまいフランス・ワインとフランス料理を堪能できるせいか外国人旅行客に人気がある。

パスタ料理ではイタリア・レストランが人気だ。値段も手ごろのせいか広い客層のパナマ人でいつも満員だ。目の前でピザを焼き、宅配もしてくれる。イタリア人オーナー家族が常に目を配っていて、客との信頼関係もよい。家族連れでも安心して食事が楽しめる。ブラジルの焼肉レストランは、値段は高いが外国人旅行客を対象とし、珍しい海産物ビュッフェも人気だ。アルゼンチン・レストランはアメリカからの輸入肉をアルゼンチン風の炭火焼きで出してくれるが、パナマ産牛肉もある。ちなみに、パナマ産牛肉は背中にこぶのある白いセブ牛のものが多いが、健康管理がよいせいかアフトーサ（口蹄疫《こうていえき》）に汚染されておらず、ラテンアメリカでは例外的に日本にも輸出されている。日本レストランもパナマには多数あり、寿司や天ぷらはやはりパナマ人にも人気がある。

世界中のレストランがひしめくなかでパナマ独自の食文化はどうなっているのだろうか？　パナマ独自の食材を使った料理に随所でお目にかかることができる。パナマの伝統的な食材と言えば、熱帯農産物と周辺の海で採れる魚介類が多い。パナマでは米が多く消費されている。この米は日本とは違いパサパサした長粒米である。米だけで食べる習慣は少なくバターでいためたり、エビや肉と一緒に煮て食べる。

米はパナマでは主食ではなく、料理のあわせものといった感じが強い。ときにはデザートとして半煮えの米に砂糖とミルクを加えたものもあるが、長粒米のせいかさっぱりとした味になっている。米にレーズンを加えて煮た料理はクリスマスの家庭料理として定着している。

とうもろこしは、そのまま食べるよりも粉になったものが多く使われる。暑いパナマで人気のある飲みものの1つに、とうもろこしの粉を使った「チチェメ」がある。これはとうもろこしの粉を一昼夜水に浸したあと、シナモン棒を入れて煮る。再び冷やし、飲む前にミルクと砂糖を加えるだけだが予想外にうまい。シナモンが持つ強壮作用が熱帯の暑さを吹き飛ばしてくれる。

ゆでたカニ（セントージャ）1匹で十分満腹
（筆者撮影）

とうもろこしの粉を使った料理として、日本のちまきに似た「タマル」も大衆料理の1つだ。とうもろこしの粉と鶏肉やレーズンそれにオリーブの実、その他好きなものを混ぜ、こぶし大にして、バナナの葉でくるみ、ふかして食べる。これは2つもあれば十分昼飯になる。同じ「タマル」でも何も混ぜずにとうもろこしの粉だけを使い、とうもろこしの房の覆い部分で包んでふかしたものもある。とうもろこしのでんぷん質が結合して、もちのような風味でなかなかうまい。小麦粉のパンもあるが、どちらかと言えばとうもろこしの粉の方が馴染み深い。

熱帯農産品で、イモ科の植物として代表的な、「ニャメ」、「ユカ」、「オトエ」は、いずれも土のなかに茎を差し込んでおけば生育するのでパナマでも広く栽培されている。ある地域では「キャッサバ」とも言われ、料理でもいろいろな形で用いられる。その栄養価が近年注目されアメリカ向け輸出が増えている。パナマでは「ユカ」を湯がいてつぶし、味付けした具を包んで揚げ物にしたものを「カリマニョーラス」と呼び、食品店やコンビニで広く売られている。一流レストランでも、「ユカ」を細切りにしたものを一度蒸して、先ほどの魚と同じ皿につけて出すことが多い。「ニャメ」、「オトエ」も、ほぼ同じで、蒸すとかフライにして食べる。またこれらの野菜は、鳥の骨付き肉と一緒に3～4時間煮て香草のクラントロで風味付けをして作るパナマの代表的なスープ「サンコーチョ」にも多く使われている。

ラテンアメリカではよく前菜として食べる「セビチェ」はパナマでも人気がある。年間豊富にあるライムは、キロ1ドル（日本では1個200円）と安く手に入るので、エビ、コルビナ、タコと香草クラントロを混ぜて手軽に作る。家庭料理で代表的なものの1つに「ロパ・ビエハ」（古着の意味）という料理がある。牛肉のあばらの部分の肉を使い、一度ゆでたものを熱いうちに手で細かくちぎり、たまねぎ、人参などといためてトマト味をつけたものである。

また牛の胃袋はスペイン語で「モンドンゴ」と呼ばれ、パナマでも人気がある。パナマの金持ちクラブとして知られる「ユニオン・クラブ」では、定期的に「モンドンゴを食べる会」が催される。胃袋が強くないとパナマでも金持ちにはなれないらしい。

（小林志郎）

コラム7

闇の世界を描く小説の舞台としてのパナマ

杉浦　篤

「パナマ」という地名は、2つの大洋を繋ぐ国際公共インフラの「パナマ運河」として一般に認識されているが、最近は「パナマ文書」によりタックスヘイブンというグレーな闇の世界の代名詞として、政治・経済小説やミステリー小説の題材にもなっている。

2016年4～5月に「国際調査報道ジャーナリスト連合（ICIJ）」が公表した「パナマ文書」は、パナマの法律事務所「モサック・フォンセカ」作成の1150万点の電子ファイルや21万余の法人名とその株主・役員名・住所を暴露した。日本の大手商社や金融機関、新興IT企業、個人富裕層なども名を連ね、国際金融のプロによれば、各会社や個人は、パナマ運河が決壊したかのような衝撃を受け、流出した機密情報は世界中の超富裕層、多国籍企業、情報機関、麻薬組織、マフィアなどを震え上がらせた。

日本の小説ではタイミングよく、橘玲が『タックスヘイブン』（幻冬舎）を16年4月に上梓し、それ以前にも『マネーロンダリング』、『永遠の旅行者（上）（下）』（同）を出している。国際金融コンサルタントや弁護士を主人公として、世界各地に設立されたオフショア法人を舞台に、顧客のいわく因縁のある資金を巡る隠匿や課税回避、政治工作などを題材とした三部作の金融小説である。また、ミステリー小説では、平岩弓枝が1988年にズバリ『パナマ運河の殺人』（角川書店）というタイトルで、有名百貨店のオーナー一族間の愛憎の縺れから起きた殺人事件を、パナマ運河を航行中の豪華客船を舞台として描いている。

海外に目を転じると、イギリスの元情報部員でスパイ小説の大家ジョン・ル＝カレの愛読者なら、今回の事件が暴いた闇の世界が、彼の代表作『パナマの仕立屋』（集英社）の舞台となった1990年代半ば以降も、パナマでは存在したことをご存知であろう。

ル＝カレはイギリス情報部員の先輩であり、映画にもなった『第三の男』を書いたグレアム・グリーンが、冷戦期に書いた『ハバナの男』に触発されてこの小説を書いたという。冷戦の主戦場であったヨーロッパから遙かに離れ、太平洋と大西洋を結ぶ大運河のあるパナマには、冷戦後の世界における戦略的価値が秘められていた。アメリカのカーター政権が新運河条約により1999年に両岸地帯の租借権を返還することになったパナマを取り込もうと、米国・英国など列強に加えて、中国や日本も密かに触手を伸ばし始めていた。

『パナマの仕立屋』の表紙

その様な時期に、パナマのイギリス大使館にこの小説の主人公で政治担当の外交官、実は秘密情報部員のアンドルー・オスナードが赴任した。大統領から反政府派まで幅広い第一級の情報源を持つ高級注文服テーラー、実は犯罪歴のあるイギリスからの移住者ハリー・ペンデルとその妻をエイジェントとして「仕立て上げ」、彼女の上司のパナマ政府運河委員会のアドバイザーが、英国・米国に対抗すべく、運河の拡張計画への参画を求める日本政府と秘密交渉の過程を必死に探ろうとする。運河の返還を巡って様々な策略が渦巻く小国での情報戦について、冷戦後のエスピオナージをリアルに描いたこのスパイ小説は、『テイラー・オブ・パナマ』のタイトルで2001年には映画化されている。

◆パナマ運河太平洋側入り口の風景◆

運河入り口にかかるアメリカ橋（杉浦篤撮影）

バルボア港のコンテナターミナル（国本伊代撮影）

VIII

グローバル化の中のパナマ社会の変化と課題

52

運河返還後のパナマ政治

★経済界が政界へ進出する21世紀の政局★

1989年末の米軍侵攻による軍事政権の崩壊後、民主化を達成したパナマの政治は落ち着きを見せ、アルヌルフィスタ党（ARN）と民主革命党（PRD）が交互に政権を担ってきた。国際NGOのフリーダムハウスは、米軍侵攻後に実施されたいずれの選挙も自由かつ公正に実施され、パナマの民主主義は定着していると評価している。

しかし2000年代に入ると、この傾向に変化が見られるようになった。はじめにその兆候が表れたのは04年の大統領選挙である。この選挙では、米軍侵攻以降PRDと政権を争ってきたARNがはじめて第3位に転落した。与党であったにもかかわらずARNが惨敗した背景には、当時ARN総裁でもあったミレヤ・モスコソ大統領（在任1999～2004年）と政府与党への国民の厳しい評価と党執行部の指導力の低下があった。99年末の運河と運河地帯の返還完了によってパナマは独立以降初めて主権を完全に行使できるようになったが、モスコソ大統領はそれに伴って生じた政治的・経済的空白へ充分に対応できなかったからである。とくに政権末期には社会保険庁の財政問題をめぐって市内各所でデモや道路封鎖が頻発するなどの社会的混乱もあり、０４年の総選挙までモスコソ大統領への支持率は低いままであった。

また30章で紹介されているように、ＡＲＮはアルヌルフォ・アリアス元大統領の支持者により創設された政党であり、かつての政治指導者をシンボルとしていた。アリアス元大統領はすでに死去していたが、その未亡人であるモスコソ総裁をはじめとするグループが党執行部となっていた。しかしギジェルモ・エンダーラ元大統領（在任１９８９～９４年）がこれに反発し、ＡＲＮを離党して別の政党から２００４年の大統領選挙に立候補した。落選はしたものの、米軍侵攻直後に大統領に就任してパナマの政治的安定と国際社会への復帰に貢献したことから国民の評価が高かったエンダーラ元大統領の離党は、ＡＲＮに深刻なダメージとなった。この選挙結果を受けて、ＡＲＮでは、モスコソ総裁をはじめとする党執行部は辞職し、ファン＝カルロス・バレーラをはじめ企業経営者や弁護士を中心とするグループが新たに台頭した。彼らは政党名をアルヌルフィスタ党からパナメニスタ党（ＰＡＮ）に変更し、アリアス元大統領のカリスマ性に依存しない政党へと改革を進めていった。このことが、２００９年の総選挙における民主変革党（ＣＤ）との連合成立につながっていく。

パナマ議会。手前の建物が本会議場。開会中は各政党の旗が，祝休日にはパナマ国旗が掲げられる（国本伊代撮影　2017年）

ＡＲＮと政権を争ってきたもう一方の主要政党であるＰＲＤは、１９７９年に軍事政権の支持基盤として創立され、運河返還交渉を成功させたトリホス将軍がそのシンボルとなっていた。米軍侵攻以降、ＰＲＤは軍事政権のイメージを払拭するために党内改革を進めて党員が候補者選出の過程に直接参加できるようにするなど、民主主義擁護の姿勢を鮮明に打ち出した。この過程でＰＲＤにおいても、経営者や弁護士を中心としたグループが台頭し、９４年には、銀行家でもあるエルネスト・ペレス＝バジャダレスがＰＲＤから大統領選挙に立候補し当選している。

２００４年の大統領選挙では、トリホス将軍の息子であるマルティン・トリホスＰＲＤ幹事長が当選し、同日行われた議会選挙でもＰＲＤが全78議席のうち41議席を獲得した。これはＰＲＤを支持する人びとがトリホス候補に父親と同様の政治手腕を期待したというだけではなく、党内改革を通じた民主主義擁護の姿勢が広く国民に支持されたからといえる。０４年９月に就任したトリホス大統領（在任２００４～０９年）は、まず憲法改正を行い国家機構の合理化を進め、運河拡張計画を成立させるなど政治的指導力を発揮した。

２００９年の大統領選挙では、候補者選出で出遅れた与党ＰＲＤが敗北し、ＰＡＮと連合したリカルド・マルティネリＣＤ総裁が当選した。米軍侵攻以降交互に政権を担ってきた主要政党のＰＲＤとＰＡＮ（ＡＲＮ）に代わって、新しい政党であるＣＤが政権を担うことになったのである。スーパーチェーンなど複数の企業の経営者でもあるマルティネリ総裁が１９９８年に創設したＣＤは、経済界を主な支持基盤としていた。したがって、２００４年以降バレーラ総裁をはじめ経営者と弁護士を中心としたグループが改革を進めていたＰＡＮと歴史的にもイデオロギー的にも対立がなかったことが連合を可能にした。その後、０９年７月に就任したマルティネリ大統領（在任２００９～１４年）がＰＡＮとの合意をうやむやにする動きを見せたことから、ＰＡＮに所属する閣僚は副大統領職にとどまったバレーラ総裁を除きすべて辞任し、最終的にCDとPANの連合は解消された。

マルティネリ大統領は、消費税の引き上げなどの税制改革、生活必需品の価格抑制、貧困地区の都市再生パイロットプランなどの貧困対策を進めた。都市交通問題ではメトロ庁を創設して、パナマ初の地下鉄であるメトロ1号線を建設するなど大量公共輸送システムを整備した。

2014年の大統領選挙では、マルティネリ政権で副大統領を務めたバレーラPAN総裁が、世論調査などの事前予想を覆して当選した。11年にPANとCDは連合を解消し、マルティネリ前大統領と袂を分かったバレーラ大統領であるが、前政権の路線を基本的に踏襲している。

2009年と14年の総選挙では、いずれも経営者および弁護士を中心とするグループが主要政党の中心となっており、それぞれの主張する政策に大きな違いはない。したがって、選挙運動におけるイメージ戦略が重要となっており、このことが選挙資金の高騰を招き、資金調達が容易な経済界出身の政治家に有利に働くという構造ができている。政治を「取引から奉仕へ」と国民に訴えて当選したバレーラ大統領は、政治における透明性を実現するため、マルティネリ前大統領や前政権閣僚の汚職疑惑を次々と摘発している。しかし、莫大な選挙資金を投じて当選した経営者出身の大統領は、国民の信頼を得るには至っていない。「バレーラ・エルマノス社のラム酒は、スーパー99（マルティネリ前大統領の経営するスーパーチェーン）で売っているからね」というのが、多くのパナマ国民の見方である。17年の選挙法改正では、無所属での立候補の条件が緩和され、米軍侵攻以降初めて選挙資金に上限が設定された。19年に行われる次回総選挙では、上記のような構造が変わることで、より多様な国民の意見を反映できるような新しい流れが生まれるのか注目される。

（藤岡　潔）

53

女性の社会進出

★ジェンダーギャップとマチスモの普遍性★

パナマは、1999年から5年間、選挙で国民に選ばれた女性大統領ミレヤ・モスコソが国政を統率した国である。歴史的な記念行事であった1999年12月31日のパナマ運河の返還式典や2003年5月の独立百周年という記念すべき大式典を華やかに飾ったのもモスコソ大統領である。パナマにおける女性の政界進出は、1955年の女性閣僚第1号の誕生が中米7カ国のなかで最初であった。しかし女性大統領の誕生は、90年にビオレッタ・チャモロ政権（1990～97年）が成立したニカラグアの方が早い。

女性大統領の誕生とその国における女性の社会進出のレベルが必ずしも一致するわけでない。典型的な例は、ニカラグアのチャモロ女史やパナマのモスコソ女史のように、大統領を経験した夫の死亡後にその影響力を背景に選挙で担ぎ出されることである。モスコソ政権の誕生の主な要因は、アルヌルフォ・アリアスというカリスマ性と独自のパナマ・ナショナリズムを高揚させた国民大衆派政治家（31章参照）の妻であったことにあり、5年間の政権運営は汚職と縁故主義の批判の中で支持率15％にまで低下した。

第53章

女性の社会進出

しかしパナマは、女性の社会進出や政界への進出に関する限り、日本より進んだ国である。女性の社会的地位を国際比較する指標として使われる尺度に「男女格差指数」というものがある。これは、女性の政治・経済・教育・健康という4つの分野に関して14項目の変数を総合して世界各国の女性が置かれている状況を数値化して国際比較するもので、世界経済フォーラムが２００６年から毎年公表している世界各国の男女格差の実態を示すデータである。これらのデータの中から主として政治経済における男女格差指数を取り上げ、比較のために日本と総合指数で世界トップの国の数値を比較してみよう。

男女格差の総合ランキングでまず注目に値するのは、２００６年と10年後の１６年においても、総合指数ではパナマが日本よりも順位がはるかに高いことである。０６年のパナマの31位に対して日本は80位であり、１６年のパナマの47位に対して日本は１１１位であった。世界の先進国および中進国を含めて男女格差が極端に開いている日本が例外的な国である一方で、中進国グループのパナマ社会は分野によって男女格差社会であるものの、女性の社会的進出と活躍がめざましい国の１つであることがわかる。

まず国会の議席に占める女性の割合からみていこう。パナマにおける女性議員の割合は日本の倍であるが、世界にはほぼ男女平等を達成している国が少なくないことから判断すると、パナマも日本も政界における女性の進出度は低い。しかもパナマの場合には１９９７年に議席のジェンダー・クオータ（女性割当制）を導入しており、この時の30％割当が２０１２年には50％に引き上げられているという事情を勘案すると、クオータ制を導入していない日本の低さよりもパナマには別の深刻な男女格差

パナマ大学のキャンパスで出会った弁護士を目指して学ぶ女子学生2名（筆者撮影　2017年）

問題が潜んでいると考えられる。なお北欧諸国やラテンアメリカの一部の国は政界における男女平等をほぼ達成しているが、これらの国のほとんどはクオータ制の導入によって政界における男女格差解消へと進んできている。その意味では、パナマにおける女性の政界進出の停滞はむしろ例外であると考えられる。

経済面における男女格差問題は、概ねパナマは日本よりも改善されている。労働市場への女性の参加率が日本のそれよりかなり低い理由については後述するが、パナマの管理職的職業および専門職に占める女性の割合の高さは世界のトップクラスに位置する。一方、管理職的職業に占める日本の女性の割合の低さは日本の社会の異常な特殊性としてしか説明できない。類似する職種における男女の賃金格差は先進国から開発途上国までほぼ共通したレベルにあるが、出産と育児および伝統的な社会的役割など単なる労働意欲と効率のみでは図ることができない要因をもっとも多く含む項目であることを物語っていよう。

パナマの労働市場への女性の参加率の低さは、6章で紹介したパナマ女性の高学歴の現実、さらに5章で紹介した社会上昇の有効な手段となる高学歴というパナマ社会の実情を考えると、パナマの女性たちが労働市場へ出ることを阻む要因が何かを探るのは興味深い。世界経済フォーラムの指数は結果のみから割り出された数値であるため、伝統・慣習・社会的条件から女性が男性と同等に労働市場に「参加できない」あるいは「しない」背景はこれらの指数には加味されていない。パナマの男性が受ける高等教育の割合は２００６年の37％と１６年の31％であったが、女性は57％と47％と圧倒する割合で高かった。女性の社会進出の上位にある国のほとんどで、女性の高等教育を受ける割合が男性のそれを大きく上回っている。２００６年の総合第1位であったスウェーデンでは２００６年と10年後のデータでも女性が男性よりも高等教育を受ける割合がとびぬけて高かったが、高等教育は政治・経済の場における女性の進出に直結した要素であるといえよう。

しかしパナマ社会における女性の教育水準が男性よりも高いにもかかわらず就労率が非常に低く、また賃金水準も低い状態および順調な経済成長と失業率の低下および労働力を外国人に求めている政府の姿勢などに関する専門家の論評を概要すると、次のようになる。第1位の理由はパナマ社会の保守性に求められる。マチスモと呼ばれるラテンアメリカ諸国に共通する男性優位社会のなかで、女性が男性と同等の立場で社会的活動をすることの難しさである。好調な経済環境のなかで待遇の良い職場を得られる高等教育を受けた男性たちの結婚相手は高等教育を受けた女性たちであり、妻たちが経済的理由から働く必要がないために、自分自身のキャリアーを追求するタイプの女性を除くと、女性たち自身が労働市場に参加しない傾向がある。そして賃金格差の背景は、女性たちが選ぶ高等教育の分野も大きく作用している。労働市場で価値の高い技術系・建築・建設関係よりは人文科学系や教育・看護学部を選択する傾向が強く、その卒業生たちが就く職場は伝統的に女性専用とも呼べる職場であり、高い賃金は望めない。男女間の賃金格差を縮小する1つの方法は、女性たちが将来を見据えて進学先や専攻分野を選択する必要があると指摘されている。しかしパナマ社会の数百年におよぶマチスモの伝統の残滓は根強く、それが格差社会の底辺に置き去りにされた女性たちが人身売買や「女性殺し」と呼ばれる21世紀の凶悪犯罪の的となっている状況の背景にある。

（国本伊代）

54

観光立国への取組み

★急成長する21世紀パナマの観光産業★

パナマが本格的に観光開発に乗り出したのは21世紀に入ってからである。２００８年に定められた「観光長期国家プラン」によれば、０６年に１２０万人弱だった海外からの観光客を２０年に２１４万人に伸ばすという目標は、早くも１５年に２１１万人とほぼ達成された。観光収入は42億米ドルとコスタリカの33億ドルを上回り、世界経済フォーラムによる１５年の世界１３６カ国・地域を対象とした旅行・観光競争力指数ランキングでは、１１年の56位から35位に上昇し、観光開発に関する基盤は急速に整いつつある。

パナマは観光産業発展のための基本条件をほとんど充たしている。気候は熱帯気候で１～４月が乾季、５～12月が雨季であるが、年間を通じて気温は20～35度の範囲内であまり変化がない。自然環境では、東西に伸びる国土はカリブ海と太平洋に挟まれ、長い海岸線は白い砂浜と青い珊瑚礁に恵まれたリゾート観光地に適している。背骨に当る山岳地帯から多くの河川が北はカリブ海、南は太平洋へと流れ込む急流で、リバーラフティングに最適である。３０００メートルを超える火山もある高原地帯には「ゲイシャ」というブランドのコーヒー豆を生産するプランテーションが広がり、高原リゾート地のボケテがある。カリブ海側の東部沿岸に点在するサンブラス諸島には、先住民族クナが伝統的な暮らしを守っている。

パナマ市とコロン市はパナマ運河で繋がれ、その一部をなすガツン湖の東側にあるソベラニア国立公園は、チャグレス川をはじめ大小の河川が入り組む熱帯雨林の中にある。無数の湖沼があり、数百種の野鳥が生息し、哺乳類や昆虫類も多く、蘭など熱帯の豊かな植物が保護されている。また、チャグレス川を遡った上流の一帯はチャグレス国立公園になっており、広大な公園内では場所によって気候が異なり、熱帯雨林から乾燥林まで植生もさまざまで、ツアーボートで進むと生息する多種多様の動植物を見ることができる。また、西部のボカスデルトーロも海浜が自然国立公園となり、ここから25キロのサバティージャ島は椰子の木と白砂のビーチで、最高のシュノーケリングポイントである。

このような自然に加えて、パナマには太平洋岸のパナマ市とカリブ側のポルトベーロというスペイン植民地時代に遡る「歴史遺産」がある。パナマ市には16世紀から17世紀に建設され、現在も当時の市街地の廃墟が残る「パナマ・ビエホ」と、１６７１年に海賊ヘンリー・モーガンによって街全体が完全に破壊された後に新たに建設された「カスコ・アンティグオ」と呼ばれる旧市街である。コロンビアのカルタヘナ、プエルトリコのサンフアン、キューバのハバナと共に、スペイン植民地全盛時代の独占貿易港として栄えた名残を見出すことができる。特にパナマ旧市街地では、１９４０年以前に建設された建物がスペインなど先進国の支援を受けて始まった再開発計画で修復保全され、それ以後の建物は取り壊された。独立広場には１６８８年から１０６年の長い年月をかけて完成された大聖堂があり、広場の東側には19世紀のフランス運河会社の建物が運河博物館となっている。

運河ツアーの船上から眺める閘門内の光景（国本伊代撮影　2017年）

パナマ市から北へ約１００キロにあり、パナマのカリブ海側の玄関口に位置するコロン市はパナマ第二の大都市で、香港に次ぐ世界第二の規模を持つ自由貿易港である。ここから約50キロほど北東にありカリブ海に面したポルトベーロはコロンブスが命名したと言われ、８０年にユネスコの歴史遺産に登録された。南米のペルーなどからパナマ地峡を縦断して運ばれた財宝を、ガレオン船でスペイン本国へ送り出した植民地時代の税関兼宝物庫が、現在では博物館として保存されている。海賊の襲撃に備えた要塞が運河の西側にサン・ロレンソ砦、また東側にもいくつか保存されている。かつてコロン市は中米一の治安の悪さで有名だったが、パナマ市と共に同市がマイナスイメージの払拭に力を入れ警官を増やした結果、最近は改善されつつある。

パナマにはまた「20世紀近代の歴史遺産」であり、21世紀の現在においても西半球と東半球を結ぶ「現役の世界公共資産」であるパナマ運河があり、観光資源としても第一級の価値を誇る。パナマ市に近いミラフローレス閘門やコロン市に近い新アグア・クララ閘門では、巨大なコンテナー船がこの運河を通過する仕組みをつぶさに見ることができる。ミラフローレス湖に続くペドロ・ミゲル閘門で折り返す往復約6時間のクルーズがシーズンには週2～4便あり、さらにコロンまでの片道約8時間のフルクルーズも月間1便土曜日にある。また、１９９９年の運河返還までは立入り禁止であった運河地帯の旧米軍関係施設やアメリカ人専用の施設が、５つ星のリゾートホテルなどに変身すると共に、周辺の熱帯雨林探索ツアーの拠点となり観光にも役立っている。

パナマ政府はまた、南北アメリカ大陸の結節点という強みを生かして、産業界や学術界の国際会議の誘致に積極的である。TV会議、高速インターネット、データ処理、大会議室・ホールなどのサービスを提供するコンベンションセンターが、運河建設で排出した土砂の埋め立てで造成されたアマドール地区、パナマ市内のホテル、パナマ湾内のコンタドーラ島にあり、グルメやカジノなどの施設と共に参加客を楽しませる。さらに無償返還された米軍施設を利用して建設された旧運河地帯に位置する研究学園都市の「知の都市」も、研究・学習や会議を目的とする学者・研究者・学生を世界中から引き寄せている。

また、このように世界から多くの人々を集める上で必須条件として、パナマ市と元米軍施設地域では「パナマのシャンパン」と呼ばれる水道水をそのまま飲むことができる。さらに、米国で教育を受けた医師が勤務するレベルの高い医療施設も、観光を下支えしている1つであろう。そして、これらのインフラに加え、税制上の特典、英語の普及、米ドルの流通、安定した政治と物価、便数の多い空路の直行便などに着目して、米国の退職者を「年金生活者の楽園」という謡い文句で誘致していることも付け加えてもよいであろう。

一方、パナマは政府主導の観光開発が進む中で豊富な観光資源を生かしきれていない。高層ビルの目立つ遠景からは想像できないパナマ市内の複雑な街路・歩道の整備・清掃、下水道や廃棄物処理、交通渋滞と大気汚染という問題もある。観光開発分野での、官民の連携、都市・地方双方を通じてインフラの整備が大きな課題である。

（杉浦　篤）

55

パナマ社会に定住する外国人たち

★移民流入超過に転じた背景★

２０１５年時点での世界の総人口約73億人中、自国を離れて合法的に他国に定住する人口（以下、移民と総称）は2億４４００人と３・３％を占める。パナマの総人口は約４００万人と世界的にも小国であるが、移民人口は、２０１５年に流入18万５０００人、流出14万３０００人、合計32万８０００人と総人口の８・２％に達し、この国が南北両大陸、大西・大平両洋の結節点に位置するという地理的・地政学的特徴を如実に示している。

「流入移民」は、２０１５年には１９９０年比で約３倍の12万人増、２０００年比で約2・2倍の10万人増と大きく増加している。その主な要因は、８９年の米国侵攻によりノリエガ独裁政権が倒れて対米関係が正常化した後、９９年の運河返還へと繋がって政治と経済が安定した結果、パナマがこの地域では数少ない成長国となったことであるが、併せて９０年代のラテンアメリカでは内戦からの避難民に二重国籍を認める国が増加したことも一因である。パナマは難民受入れに柔軟な姿勢で臨んでいる国の1つである。

流入移民の出身国は世界88カ国からと多岐にわたる。２０１５

年での第1位は隣国でかつてはパナマがその一部であったコロンビアが5万5000人、次いで中国が1万9000人、3位が米国で1万4000人、4位ニカラグアで1万3000人、5位ベネズエラ1万人と上位5カ国合計で定住移民総数の約60％を占め11万1000人となっている。ラテンアメリカ諸国に限ると、パナマはこの地域の26カ国から13万3000人（72％）の移住者を受入れている。

最多のコロンビアからは、歴史的繋がりとともに同国の内戦の危険を逃れて90年代以前からパナマへの移民が増え、2015年には対1990年比で約4倍に達している。ベネズエラからもチャベスが大統領の就任した99年以降パナマへの移民は2015年で10倍に達した。政情混乱のニカラグアからも流入移民が増え06年の第二次オルテガ政権誕生以後15年までに60％増加した。中国とパナマは第二次大戦前から国交があり79年の中国の改革開放政策の進展や97年の香港返還を境にパナマへの移民も着実に増加している。なお、パナマ政府は16年6月に不法滞在の中国人1万人に恩赦を与える一方、翌17年6月には台湾との外交関係を断交した。因みに、移民とは別にパナマ国籍を持つ中国系パナマ人約10～13万人がコミュニティを形成している（69章参照）。

一方、「流出移民」は49カ国へ向けて1990年以降概ね年間13～14万人（総人口比3・6％）で安定している。2015年には、米国が突出して1位で10万8000人（76％）、以下、隣国のコスタリカへ1万2000人、スペインが4000人、カナダ3000人、コロンビア2000人と5カ国で合計12万9000人と約90％を占め、世界全体へは14万3000人であった。

移民の流入と流出のバランスを見ると、1990年には7万2000人の流出超過であったが、年々その幅は縮小して2006年に均衡したのち流入に転じ、10年には2万2000人、15年には4万2000人の流入超過となっている。

これを主な国別にみると、近隣のコロンビア、ニカラグア、ベネズエラ、ドミニカ共和国については1990年から一貫して流入超過で、2015年にはこの4カ国合計で8万2000人に達する。他方で、米国とコスタリカについては対象的に同期間で一貫して流出超過を続け、米国には15年に9万4000人、コスタリカには4000人の流出超過となっている。興味深いのは、メキシコについて90年に2万4000人の流出超過であったものが、15年には約3000人の流入超過と逆転しており、北米自由貿易協定（NAFTA）の下で経済発展著しいメキシコに対しパナマが移民の出入りでは優位に立っていることである。

上記の流出移民からパナマへの送金は、90年の1億1000万米ドルから2010年には4億1000万米ドル、15年には5億6000万米ドルへと大きく増加している。うち米国からの送金は、夫々2億9600万米ドル、4億4400万米ドルで、総額の72～80%を占めている。

2015年の米国への流出移民のプロファイルをみると、大学卒が27%、65歳以上の高齢者が約4分の1、貧困層の割合は12～13%、帰化割合70%、健康保険加入率89%、うち民間健保加入率は66%と、他の中米諸国からの移民をやや上回る生活レベルにある。他の中米からの流出移民とほぼ同様に、カリフォルニア、テキサス、フロリダの各州に多く住み、サービス業33%、鉱山・建設業23%、製造・物流業19%、経営者・自営・大学・芸術関係に11%が就業している。平均生計費は年4万2000米ドルで、外国人平均の5万1000米ドルや、米国生まれの米国人平均の5万6000米ドルよりはかなり低い。

パナマ政府は観光振興や外貨獲得などを目的に、コスタリカと同様に外国人退職者の移住流入を狙った「退職年金受給者ビザ」制度を１９８７年から導入している。適用条件は、夫婦合計での月額終身年金が１０００米ドル以上（パナマで10万米ドル以上の不動産を購入すれば月額７５０米ドル以上に減額）、数々の生活費割引（映画などエンタテインメント50％割引、バスなど運賃30％割引、医療費15～20％割引、光熱費・ホテル代30～50％割引など）、輸入関税の免税（家具・上限1万米ドル、自動車2年ごと）などの優遇措置がある。２０１５年現在で約２～３０００人の米国人退職年金生活者がこの制度を利用し、西部地域の保養地のボケテ、コロナンド、サンタフェや、パナマ市で引退後の余生を楽しんでいる。

この制度の主な利用者は、パナマで勤務したことのある米国の軍関係者などパナマをよく知る欧米からの「中の上の所得階層」に属する人々で、必ずしも富裕層ではない。移住の主な動機の１つは米国の医療費負担の高騰や米欧の物価上昇リスクの回避を迫られたことにあるようだ。多くは本国にある持家を処分して移住しており、収入は年金と必ずしも多くはない金融資産の運用益である。高齢者が多いため本人や配偶者の病気や死亡のリスクを背負いつつ、一定の生活上のアメニティを求めて移住し慎ましく暮らしている。できる範囲で自然保護や英語・技術教育のボアランティア活動もして、地域社会に役立とうという真面目な考えの持主というのが平均的なプロファイルである。米国の退職者向け雑誌が宣伝する優雅な生活は表面のことで、その裏には厳しい現実が隠されている。

（杉浦　篤）

外国人が多く暮らす高原都市ボケテの風景（国本伊代撮影　2017年）

56

21世紀の「ダリエン・ギャップ」

★周縁部から見える現代世界★

ダリエンは、パナマ共和国の南東部の隣国コロンビアとの国境地帯に位置する。人口密度3・6人／平方キロメートルという超過疎の熱帯密林地帯は、英語でダリエン・ギャップ、「ダリエンの溝」と呼ばれる。北米大陸と南米大陸を陸路でつなぐパンアメリカン・ハイウエイがダリエンの町ヤビサで途絶えるためである。その先には、密林が広がっている。

20世紀の中ごろまでダリエンと言えば、現在のダリエン県領だけではなくパナマ市以東の未開発地域全体のことであった。当時そこに暮らしていたのは、先住民のグナ、エンベラ、ウォウナン、そして逃亡奴隷の末裔といわれる植民地期アフリカ系の人びとだった。中央政府からの統治が及んでいないという印象を与えるこうしたダリエンの人口構成は、1960年代にはじまる首都からの道路建設に伴うパナマ中西部からの人口流入によって変わっていった。中西部の土地不足対策として、ダリエンに開拓地としての価値が見出されたのである。ただ、コロンビア共和国までつながる予定だった道路建設計画は、南米大陸で流行していた口蹄疫を理由に頓挫した。疫病のさらなる蔓延を防ぐ緩衝地帯として、ダリエンを閉じたままにするためである。道路交通網が未整備である地域に入植する者は限られており、こうして密林に覆われた「ダリエン・ギャップ」は、今でもコロンビアとパナマを隔てている。

そのようなダリエンも、21世紀の現在では、交通網とは別の仕方で世界のほかの地域と結びつき、木材伐出を伴う森林資源管理と難民移動という現代社会の重要課題の舞台になっている。交通網を遮断する密林地帯は、統治が及ぶ空間へと変わりつつある。その様子を、取り締まりという統制の技術に注目しながら、紹介したい。

ダリエンの森から伐出される木材（著者撮影）

パナマ経済にとって、木材伐出は大きな役割を果たしているわけではない。しかしながら、アジア地域への輸出量は増加しており、中米ではコスタリカに続く。輸出される木材にはチークやココボロなどがあり、チーク材の90％以上はインドに輸出されている。熱帯アジア原産のチーク材がダリエンに植林されるようになったのは１９９０年のことである。現在では、外国資本の企業が購入や貸借などによって手にした土地に植林を行い、それらを輸出している。

国際経済網に流通するダリエン産の木材には、在来種も含まれている。とりわけ近年は原生林から様々な樹木が伐採されており、なかでもローズウッドの1つであるココボロは規制なく大量に伐採され、東アジアに向かっていった。ココボロの大量輸出はダリエンに問題を引き起こした。国際価格の高騰に伴いココボロが「黄金の木」と呼ばれるようになると、絶滅が危惧されるほど伐出は盛んになった。2011年には環境庁（2015年から環境省）が、ココボロの伐出を植林されたものや倒木に限定し、伐出に際して特別許可の申請を義務づけた。しかし伐出の統制は困難で、2014年にはココボロの取引は全面的に禁じられたが、違法な伐採と密輸出は続いている。

他方で、ほかの在来種の輸出規制は緩和されており、ココボロ以外の樹が原生林からさらに伐出されるようになっている。ダリエン地方の先住民特別区も、いまでは、伐採地域となっている。これまで手付かずだった密林から、樹齢100年を超える大木も伐出されるなかで、木材伐出の透明性を高めるための許可制度がより徹底されるようになった。伐採計画地にある樹木の1つ1つに識別番号が付され、伐出が許可された番号を持つ個体由来の木材だけが合法的に検問所を通過できる。伐出をはじめるまえに、伐出事業主は対象地にある樹木すべてを調べて一覧を作成し、環境省に報告しなければならない。2016年からは、個人が管理する土地からの伐出においても、同じ作業が求められている。さらに2017年からはこの監査手法の精度を上げるために、スマートフォンを多角的に駆使する新方針の導入が予定されている。国際NGOの協力を得ながら、森林での経済活動の透明性・追跡可能性を高める、新たな取り締まりのテクノロジーが確立されつつある。

一方で難民の移動に目をむけると、取り締まりをめぐり正反対の態度が見られる。2015〜16年に、グローバルメディアであるアラブ系報道機関アルジャジーラと英国紙『ガーディアン』でダリエンが取り上げられた。記事によれば、ダリエンの国境地帯、つまり道路交通網の存在しない森が、米国までの難民移動ルートの一部になっている。難民は、コロンビア側から歩いてパナマ側までダリエン・ギャップを抜けていく。そのルートを移動しているのは、隣国コロンビアからの難民だけではない。キューバ、さらにはバングラディッシュやネパールというアジア諸国、ソマリアやコンゴ、ガーナなどのアフリカ諸国からやって来た人たちである。パナマ国内紙『ラプレンサ』があるコンゴ人女性に対するインタビューをもとに、驚くべき移動経路を紹介した。彼女は、船で一度スペインに出国した後、大西洋を船で渡りブラジルに到着すると、ペルーを経由してパナマまで徒歩も含めて移動してきた。アジア・アフリカ諸国からの難民は、ブラジル領やエクアドル領にて南米大陸に降り立ち、そこからダリエンの森を歩いて通過し、北米まで向かう。年単位に及ぶことさえある「大陸脱出」と呼ばれる大移動である。しかしそのような旅路も、「難民キャンプでの先の見えない生活を考えれば、賭けるに価する」という難民の声を、アルジャジーラは報じている。

ヤビサの国境警備隊の駐屯地では、森を抜けてきた人たちに一時の宿泊に加え、食事も無償提供している。警察機構の国境警備隊であっても、取り締まりよりも人道支援を優先する。２０１６年にこの状況を視察した大統領も、改めて人道支援を優先するよう警察に要請した。人生を賭けて移動してきた人に、「ここに来てはならない」と告げることや彼らの滞在を拒むことは、ダリエンの密林では死の危険がある場所に追いやることになってしまうかもしれないからである。人やモノが移動するネットワークが変化していく現代において、いかに取り締まるのか、そして取り締まらないのかを決めていくということが重要な課題である。

（近藤　宏）

57

地方の活性化

★地域格差の是正に向けた取り組み★

高度経済成長を遂げて大きく変貌したパナマ社会の一大特徴は、変化しない社会格差と地域格差である。4章と5章で紹介したように、経済成長は中間層を拡大させ、貧困層を大幅に縮小させた。とはいえ現実の貧富の格差はほとんど是正されず、経済繁栄の恩恵は運河地帯のパナマ市とコロン市の一部に集中している。そして縮小したとはいえ大都市に住む貧困層と過疎地の地方の貧困層および人口の12％を占める先住民はほとんど経済繁栄の恩恵を受けていない。

そして貧困人口の半分は都市部生活者である。超近代的な高層ビルの街路の片隅にホームレスが日中でも横たわって眠っている姿を見かけるのは決して珍しいことではない。２００５年を境にして失業率が10％を切り、２０１０年代には4～5％台で推移してきたパナマで、このような極貧状態から脱出できない人口が存在し続ける一方で、必要とされる労働力を補完するために労働移民の受け入れ政策推進が検討されている背景には、長年にわたる貧困の悪循環が存在するからである。教育問題はこの悪循環を断ち切る基本的な手段であるが、パナマの教育政策に大きな問題があることについてはすでに6章で紹介した。困窮者救済のためのさまざまな支援政策が取られているが、一時金の支給や必需品の配給など一時しのぎの対策が貧困問題を解決する決定的な手段とならないことは長年にわたり論じられているテーマである。

パナマが直面している格差社会と地域格差の是正に取り組む展望を、パナマ政府はやっと２０１７年になって提示した。その中心は、教育改革と地方の活性化政策である。教育問題についてはすでに概略を6章で紹介してあるので、ここでは２０１７年3月に政府が実施を開始した「西部農業開発計画」を紹介しよう。

西部地区を構成するチリキ県、ボカスデルトーロ県およびノベ＝ブグレ先住民特別区（県と同格）は、過疎と貧困地方として知られていた。この地域住民の生活環境を整備し、人口流出を防ぐと同時に、パナマ全体のバランスのとれた総合的な開発計画が策定されて、次の５つの分野に的を絞った「西部農業開発計画」が２０１７年3月に開始されている。

第１の目標は、パナマが海外に依存する食糧を国内で生産することを目指す食糧生産地帯として人口の希薄な西部地区を変えることである。３０００メートル級の山岳地帯から海岸に面した熱帯低地のあるこの地域を、農牧業生産地・高原地帯のコーヒー栽培・沿岸低地のバナナ・カカオ・パームヤシ油の生産地にするという計画である。

第２の目標は、カリブ海に面するボカスデルトーロ県のアルミランテ港と太平洋に面するチリキ県のアルムエリェス港を結ぶ物流ルートを整備し、農牧生産品の輸出を促進するという計画である。アルムエリェス港はすでに２００１年に制定された法律19号によって自由貿易港に指定されている。

ボカスデルトーロ県コロン島の海岸沿いの風景（筆者撮影　2017年）

第3の目標は観光開発である。すでにチリキ県もボカスデルトーロ県も沿岸地帯でリゾート地開発が進んでいるが、さらに多くの観光客を惹きつける開発が目指されている。チリキ県の中央部の高原地帯は、ボケテを中心とするブランドコーヒー生産地として、また長期保養地として知られているが、産業につながる観光開発が計画されている。

第4の目標はエネルギー開発地としての総合開発計画である。地理的条件を生かした風力および水力発電地としての開発計画である。

最後の第5の目標は人材の育成である。中等教育以上の教育の場を西部地区に整えることによって若い世代の地元への定着が目標となっている。

以上の開発計画は人口過疎地にとっては夢のような計画に見えるが、すでに計画の一部は着手されている。２０１７年にはネッスル社が加工用トマト栽培のために１００ヘクタールの土地を取得して栽培を開始し、１８年にはさらに４００ヘクタールのトマト栽培を計画している。同時にニカラグアの投資会社が中米地域で消費量の多い落花生生産を目指して1万ヘクタールの土地を取得している。安全な食糧生産とその輸出構想は、パナマ西部地区を食糧生産基地に変えるだけでなく、チリ、オランダ、イスラエルを具体的な輸出相手国に想定した食糧輸送の中継地点都市機能の整備構想にまで及んでいる。

さらに地方開発の一部を担うのが植林計画である。２００６年の国民投票で76％という高い支持を受けて着工した拡張運河計画は２０１６年に実現したが、その時の国民に対する政府の公約の１つが「拡張運河工事で影響を受けた土地の2倍の面積に植林する」というものがある。この公約が実行に移されたのは拡張運河工事が完成する前年の２０１５年からであるが、3年目にあたる２０１７年6月に実施された「全国植林の日」には大統領をはじめ各省庁の公務員グループや一般ボランティアの参加によって10万本の苗木が植林された。植林計画に参加する地方自治体は運河地帯に限定されず全国が対象となっており、毎年実施される植林のための樹木の選定と苗木の栽培からスタートするため、地方を巻き込んだ国民的運動に定着したという印象がある。植林する樹木は地元種を優先し、かつ有用木材として将来的には活用しうる計画である。この植林計画の背景には、米国の支配が残した遺産ともいうべきスミソニアン熱帯研究所が早くからかかわっている。パナマの土壌への適正と将来の有用性を視野に入れた樹木の選定試験が２００２年から8年にわたって行われ、パナマ原産の5種類の樹木が選ばれている。

ボケテのコーヒー農園を案内するガイド（筆者撮影　2017年）

　以上のような「西部農業開発計画」を読んだうえで２０１７年9月に、筆者はチリキ県とボカスデルトーロ県を地上と空から眺めた。緑豊かな山間地帯を走る完成されたばかりの幹線道路は起伏の大きな地形をほぼ4時間かけて完走できる。高級ブランドコーヒーの国際流通に成功した高原地帯、世界第3位ともいわれる世界有数の銅資源の埋蔵など地下資源にも恵まれている。一方で広大な先住民特別区が設定されているノベ＝ブグレ先住民が居住する地域の開発は、決して容易ではないであろう。

（国本伊代）

コラム8

スミソニアン熱帯研究所
――科学と市民社会の新たな関係

近藤　宏

パナマといえば、やはり運河であろう。世界をつなぐ船舶が通過するその運河には、世界中から専門家の集まる小さな島、バロ・コロラド島がある。この島から、熱帯の生物学に関する研究成果がこれまで数多く生み出されてきた。アメリカ合衆国に拠点を置く学術・教育諸機関であるスミソニアン研究所の海外拠点、スミソニアン熱帯研究所がこの島を管轄しているからである。

スミソニアン熱帯研究所の歴史は、バロ・コロラド島を野外調査ステーションにすることからはじまった。運河建設時にできた人造湖であるガツン湖に浮かぶこの島は、約1500ヘクタールに及び、周囲から隔絶された生態環境が維持されていた。運河建設の大きな障害となった熱帯病と自然環境の密接な関連が知られるようになると、保全された生態環境のもとでの科学的調査の必要性が研究者によって訴えられた。そして当時は米国の主権が及ぶ領土内にあったバロ・コロラド島は、1923年に科学調査のための自然保護区に指定され、1946年にはスミソニアン研究所の施設となった。さらに1960年代に運河のカリブ海側入り口に海洋研究のための施設が設置されて、研究施設全体がスミソニアン熱帯研究所となった。

スミソニアン熱帯研究所はパナマ運河返還以後も、施設の継続利用を含めこれまでの研究活動の継続に関する合意をパナマ政府と結んでいる。現在、この機関は、専門的な研究活動に加え、市民に開かれた学術機関としての活動も充実させている。

その代表例が科学教育施設、クレブラ自然センターである。パナマ運河の太平洋側のクレブラ岬に位置するこの施設の一部には第一次大戦中の軍隊の貯蔵庫などが再利用されている。ウミガメやヒトデ、サメなどの海洋生物が展示されているほか、幼稚園から高校まで、それぞれの学習程度に応じた見学・教育プログラムを提供している。そのプログラムは1992年にパナマで定められた環境教育に関する法律を実践するもので、1993〜1995年にかけて展示計画などが練られ、1996年に公開された。2002年には、パナマ教育省との関係を強化する合意が結ばれた。こうして、大戦中や軍事政権期には運河防衛用地であったその一帯は、市民教育施設へと変わっている。

ガツン湖に浮かぶバロ・コロラドへ向かう船から見るスミソニアン熱帯研究所（国本伊代撮影）

　市民社会との関係を充実させる取り組みは、施設利用に限らない。この機関を利用する研究者のプロジェクトが、直接的にパナマの特定の地域や団体と有機的な関係を持つことがある。2000年代後半、気候変動対策の一環として可能性が模索されていた炭素取引枠組みに関するワークショップが先住民集落で数度開催された。これは、もともとその先住民集落のある地域で野外調査を行っていた自然科学者との関係から発生したもので、先住民組織とその研究者とが連携して進めていた。その運営には、スミソニアン熱帯研究所とイェール大学が共同して進めている環境教育プログラムELTIもかかわっていた。パナマ固有の歴史的条件から誕生した学術機関は、独自の仕方で学術組織と市民社会の関係を築くようになっている。

◆観光産業で暮らすエンベラ族◆

船着き場で観光客の出迎えの準備をする男性たち（国本伊代撮影　2017年）

観光客にダンスを披露する準備をする女性たち（国本伊代撮影　2017年）

IX

自立と国際的地位を確立したパナマ

58

第三の独立

★1999年12月31日の運河の完全返還★

1999年12月31日、歴史に刻まれる一日が始まった。この日に行われる運河返還式典に向けて、新聞各紙は人びとの参加と国民的結束を呼びかけた。アメリカ・パナマ両政府間の運河返還式典は12月14日にも行われたが、返還当日の式典はいっそう「国民的祭典」の色彩が強かったといえる。

大統領府も新聞広告をつうじてパナマ民衆の運河返還式典への参加を大々的に呼びかけている。新聞の一面に運河を背景にした笑顔のモスコソ大統領の写真を掲載し、「ついに私たちは勝利を手にしたのです。運河は私たちみんなのものです」という大見出しの下に、「このきわめて重要な日に、すべてのパナマ人が一致団結して世代を超えた闘争の勝利を祝おうではありませんか」というモスコソの言葉が書かれたものもあった。

霧雨が降るなか、数千人のパナマ人がパナマ国旗の三色で飾りつけられ、正面に巨大なパナマ国旗をいただいた運河委員会本部前に集結し、運河が正式に返還される午後12時を迎えた。新世紀を祝う21発の祝砲がはなたれ、つぎつぎと花火が打ち上げられ、パナマ国旗を象徴する赤・青・白の無数の風船が空高く舞い、出席したパナマ人は歓喜の声をあげた。運河返還式典

第58章

第三の独立

パナマ運河の返還の瞬間、歓喜するパナマの人びと（1999年12月31日、AFP）

の始まりである。興奮のあまり、車や船のクラクションや汽笛を鳴らし続け、その喜びを表現する人びとも多く見られた。

式典の演説のなかで、モスコソ大統領は、運河をめぐるこれまでのアメリカとの関係は、「パナマ人にとって不公平」であり、「新世紀以降、友情的ではあるが決然とした協力と、商業および相互の尊重をいしずえとした新しい関係」にとって代わられるべきであるとし、パナマ国民が一致団結して運河地帯を取りもどしたことの歴史的意義を強調した。そして、「今日、1903年11月3日（コロンビアからの独立記念日）のはるか以前に始まった歴史的偉業が完結します。すなわち、その偉業とは、スペイン人が私たちの地峡に変化をもたらしたときから、数世紀にわたり、国民としてわたしたちすべてのパナマ人が切望する権利の承認を模索し続けてきた偉業です……」と述べ、運河の返還を、統合された「パナマ国民」の歴史的連続性を前提とする国民史の1つの到達点としたのである。

さらに、モスコソ大統領は、この「偉業」のために命を落とした殉国者の尊さについて触れたうえで、運河返還のために努力した歴代大統領、1903年の独立運動や1964年の暴動において「国民の復権」のために活躍した愛国者、パナマの繁栄のために愛国的なメッセージを発し続けた芸術家・詩人・民族主義者たちを、実名をあげて讃えた。とりわけ、かつてオマール・トリホスのクーデタによって亡命を余儀なくされた経験を持ち、トリホスの流れをくんだ党派と政治的な敵対関係にあるモスコソが、カーターと運河条約を締結したトリホスの業績を高く評価したことは、それ自体がきわめて「国民」的なメッセージであったと言えよう。

そして、モスコソ大統領は、パナマ国民はこれまでに経験した流血・痛み・苦しみについて深く理解しなければならないと訴えたうえで、次のように演説を締めくくった。

「わが祖国のすべての男性と女性に、もはや（運河地帯の）囲いや、わたしたちの（運河地帯への）立ち入りを妨害する標識がなくったことを宣言します。本当にこの土地はわたしたちのものとなりました。世代を超えてわたしたちが要求してきた完全なる主権の叫びは、本日、本当に現実となったのです。運河はわたしたちのものです」

この日の演説の内容からわかるとおり、モスコソ大統領は、スペインからの独立に始まり、コロンビアからの独立を経て、アメリカ合衆国からの運河地帯の回復に至る壮大な国民史について語り、そのなかで過去から現在へ受け継がれたパナマ国民の自己犠牲をいとわない愛国心を賞賛している。敵対する勢力までも国民史の連続性のなかに平然と取り込んだモスコソ大統領の意図は、この民族的祭典を成功させると同時に、生みだされたナショナリズムのエネルギーを自政権のもとに結集し、これからの運河経営にそそぎこむことであったと考えられる。

運河返還式典が進行している頃、街頭においても民族主義集団を核とした民衆デモが行われていた。そのなかで、運河返還後のパナマにおいていかなる理由があろうとも米軍の駐留を認めないと主張するパナマ人集団は、アメリカの軍服を着せたマネキン人形を路上で激しく踏みつけた。また、反米デモを起こした数百人の学生は、パナマ国旗を掲げ、「アメリカ人、出ていけ！」と叫びながら街をねり歩いたが、行列にはやがてホルヘ・イユエカ（トリホス・カーター条約締結時の外務大臣）をはじめとする国旗を手にした多くの年輩者たちが加わってより巨大なものとなった。

このように、運河返還の日は、街中にパナマ共和国旗があふれかえるパナマ史上最大のナショナリズムの祭典となったのである。これに対して、アメリカのメディアは、「彼ら（パナマ人）のプライドは、１９１４年に運河が開通して以来ずっと星条旗がはためき続けてきた場所に、パナマ国旗が掲揚されるという堂々とした愛国的なセレモニーによって高揚した」ことを伝え、かつて米兵でにぎわったパナマ市内のバーやレストランからその姿が消えたことを哀愁たっぷりに伝えることしかできなかった。

スペインからの「第一の独立」、コロンビアからの「第二の独立」に続き、この日、パナマはアメリカから「第三の独立」を実現した。主権国家としての「完全なる独立」を達成したのである。

（小澤卓也）

59

米国の支配百年が残したもの

★従属から自立への道に成功した姿★

パナマには500年以上前に遡るスペイン植民地の歴史がユネスコの世界歴史遺産として登録されて顕在であるが、パナマ運河を建設した米国が残した遺産も21世紀のパナマのあらゆる分野に存在する。

もともとパナマ共和国の建国そのものが、運河建設を目指す米国の意図によって実現した。すでにいくつかの章で紹介されているように、1903年の独立から運河が完全に返還された1999年までの97年間、パナマは米国の統治下におかれていたと言っても過言ではない。そのような米国の支配の歴史が運河返還後のパナマに残した遺産について、ここでは概観してみよう。

米国が残した最大の遺産は、国家としての独立とパナマ運河であろう。1903年に独立するまでのパナマは南米大陸北端のコロンビア共和国の一地方にすぎず、首都ボゴタからははるかに遠隔の孤立した地域であった。スペイン植民地時代を通じて太平洋からカリブ海側へ富を輸送する重要な中米地峡縦断ルートとして地峡の最狭部分にロバの通れる道が切り拓かれていたが、産業革命後の近代技術によって1850年代に鉄道が

米国が残した最大の遺産パナマ運河—ペドロ・ミゲル閘門（筆者撮影　2017年）

建設され、続いて運河建設が計画された。これらを計画したのはコロンビアではなくフランスと米国である。首都ボゴタにおける政争は、熱帯密林で断絶されているダリエン地域から西への地域を関心の対象とすらしなかった。

このようなパナマ地峡部の住民たちの不満を利用した米国の策略であったとはいえ、パナマはコロンビアから独立を達成し、米国の資本による運河建設が実現した。もともと米国は自らの利益のためにパナマ地域の独立を促し、巨大な土木工事を国家事業として完遂し、運河運航のためのもろもろの施設・人材・技術をつぎ込んだ。そして運河保全のためにパナマの政治的安定と親米政権の存在が必須であった米国は、パナマ国民の感情を激怒させるような強引で傲慢な政策をたびたびとってきた。しかし米国は、１９７７年に締結した運河返還条約を完全に履行した。運河と運河地帯のすべての施設をパナマ側に引き渡しただけでなく、２００６年には米国はパナマと日本の3カ国の共同出資による拡張パナマ運河建設計画を企画し、ほぼ10年の歳月をかけてパナマ国家所有の拡張運河を２０１６年に完成させた。運河の運営と経営の見通しは現時点では明るい。そして米国が建設して使用してきた施設の多くは、パナマ政府へ無償で引き渡された後に民間資本に売却された。アルブルック米空軍基地は国内線専用の空港となり、隣接した一角には近代的な国際・国内路線のバス・ターミナルと地下鉄1号線の始発駅が完成している。この地下鉄駅に隣接して建設されたアルブルック・モールは中米最大のショッピング・モールである。まだ手付かずの旧米軍基地が残っているものの、大半の施設は国家的事業のみならず外国資本の投入によって旧米軍基地と運河地帯は大きく変貌している。これらの具体的な姿は、本書のいくつかの章で様々な側面から紹介されている。

パナマの「ドル経済」も、まさに米国支配の遺産である。コラム1の「米ドルとパナマ通貨バルボア」で紹介したように、独立以降現在まで続いている「ドル経済」は、運河建設のためにパナマの独立を促した米国がパナマに独自の紙幣を発行させず米ドルを流通させた。このドル使用という国是はパナマ経済の安定に大きく寄与している。独自の紙幣を発行する試みもあったが成功せず、一方でラテンアメリカ諸国の多くが繰り返しインフレを起こし国家財政の破綻を経験したのに対して、米ドルに直接リンクしたパナマ経済は独自の紙幣増刷をすることがなかったことから超インフレ経済を経験することもなかったからである。またドル決済による貿易や金融取引にも好条件となった。

さらに、国民の平等な権利を保障した憲法上の理念と20世紀を通じて展開された労働運動および女性解放運動に与えた米国の強い影響も無視できない。独立時に制定された１９０４年の憲法の１３６条で政治的・軍事的介入権を米国に認めたが、この憲法は他方で国民の平等を理念的に謳いあげており、後に制定される憲法において段階的に平等の条件を確立していく基礎となった。

パナマの労働運動には米国内の労働運動の影響が強くみられる。労働者の組織化や運動方法の伝授は言うに及ばず、運動資金の援助を行ったのも米国の労働団体であった。同様に、パナマの女性解放運動にも米国のフェミニズム運動が直接的に関わっていた。もともとスペイン植民地時代に形成された封建的な社会で人格を否定されてきた女性たちが解放を求めて立ち上がったのは、運河地帯に定住した米国人女性たちの運動に触発されたからであった。婦人クラブや慈善団体の組織化に始まり、女性解放運動へと発展したパナマの女性運動は、1946年に女性参政権を勝ち取っている。太平洋戦争の敗北によって男女平等の理念が導入され、日本の女性たちが参政権を与えられたよりも1年早かった。

公文書の保存や整備および公開の機能にも、米国の影響を見出すことができる。統計資料や公文書の整理と管理は行き届いている。人口400万ほどの小国が定期的に統計資料を刊行し、閲覧する施設と一般人に資料を提供している状況は感嘆に値する。また1914年に運河地帯につくられた「運河図書館」は、パナマ運河建設に関する技術的資料や文書および図書を収蔵した「パナマ運河図書館」として返還後もガンボア地区の一角に残っている。

日常生活の中で見出せる米国支配の遺産は多様であるが、パナマ市内の浄水施設の完備はパナマが誇るものである。開発途上国の首都で水道の蛇口をひねってそのまま飲める水を提供できる国は少ないが、パナマはそのような国の1つである。運河建設の過程でつくられ、運河の機能を支える重要な水を供給するガツン湖とチャグレス川上流に建設されたアラフエラ湖は、同時に運河地帯の米国人の生活用水源であったし、またパナマ市民の生活用水として供給されたからである。「パナマのシャンパン」といわれるほど、上質の水道水である。

運河地帯を治外法権的に占有してきた米国に対してパナマ国民は時には反米感情を爆発させたが、1977年の運河返還条約締結後に米国が早々にとった返還手続きと技術的支援体制によって返還後の運河の運営が円滑に進んだことで、パナマ側に親米感情を誕生させる要因となった。

（国本伊代）

60

旧米軍基地からパナマ領土へ

★返還されたパナマ運河地帯の変貌★

パナマと米国の関係は、すでに紹介したように独立自体が米国の画策によるもので、国防と国内治安に対する介入権を米国が保有するという形でほぼ75年の歴史を歩んできた。米国の国家事業として取り組まれたパナマ運河が完成した1914年は第一次世界大戦が勃発したことによって、運河防衛の重要性が認識された年である。さらに第二次世界大戦とそれに続く冷戦時代を通じて、パナマ運河地帯のクレイトン基地に置かれた米南方軍司令部は米国にとって国防総省に次ぐ重要な戦略機関へと拡大していった。それに並行してパナマ国内の反米感情が高まった1960年代と70年代のパナマ政府には、運河地帯における米軍基地関係について正確な情報が提供されていなかった。1976年当時の軍事政権を担っていたトリホス将軍は「米帝国主義勢力はパナマに18の軍事基地を保有している」と述べたが、米軍側の資料によると少なくとも陸軍だけで11の施設を保有し、海軍関係が7カ所、空軍基地が2カ所の他に米軍関係者の住宅用地などの調整地区として2カ所を保有していた。そして77年に締結された運河返還協定が発効した79年10月1日までに運河地帯の面積のほぼ60％が返還されたのである。

第60章

旧米軍基地からパナマ領土へ

運河地帯は米国の租借地で年間一定額をパナマ政府は受領し続けてきたとはいえ、パナマ人にとっては治外法権の米国領土に等しかった。運河地帯で暮らす人びとの多くは、19世紀半ばの鉄道建設時代に英領西インド諸島から出稼ぎにきた労働者の子孫で、そのまま住みついた。彼らは運河の運営に携わる米国人約1〜2万人の生活を維持する労働者であったと同時に、運河運営の一部を担う労働者でもあった。しかしこれらの西インド諸島系の労働者は同じ労働者であっても米国人とは異なる賃金体系のもとで差別され、米国人の子供たちが通う学校へ行くことも禁じられていた。運河地帯の一般アメリカ人たちがいかに手厚い保護のもとで暮らしていたかを回想する記事がしばしば新聞・雑誌に掲載されるが、運河地帯ではすべてが米国の国内水準を保つように配慮され、1カ月の長期休暇や諸手当が支給されて、自国民が運河地帯で快適に勤務できるよう米国政府は配慮していた。

一方、軍事基地の内部は、基地の規模や役割によって多様であったが、米国内水準の生活環境が整備されていたことはもちろんである。1977年のトリホス・カーター条約に基づいて79年10月1日をもって運河地帯が撤廃されると同時に、使用していない森林地帯のほかに病院・学校などのいくつかの施設がパナマ側に引き渡たされた。そして99年12月31日までに軍事施設のすべてを返還する日程にそって、米国は軍隊の撤退を段階的に進め、ほぼ20年の年月をかけてパナマ運河と運河地帯のすべての施設を完全返還したのである。

パナマ側へ返還された施設の内容を年次順にまとめた報告書から、運河地帯における米国人の生活環境がどのようなものであったが推測できる。運河地帯には米軍基地関係者の他に、運河の運行業務に関わる米国人および非米国人労働者が生活していた。完全返還された2000年当初の数字によると、米国が返還した総面積は386平方キロメートルの土地で建造物の数は5237となっている。軍事施設は目的と機能により規模には差異がある。兵士と将校用の住宅が10数戸の基地からクレイトン基地のように2421戸を有していた基地まであり、設けられていた施設は概ね教会、小学校、郵便局、消防署、警察署、劇場・テニスコート、野球場、ボーリング場、スポーツジム、30~50メートルのプール、ゴルフ場などである。軍事施設の人口が最大であった1950年代前半の朝鮮戦争時には、10万人以上の人口が運河地帯で生活していたとされる。

返還された運河地帯と基地関係施設の再開発はまだ十分に進んでいないが、次のような再開発計画が取り組まれている。まず運河地帯の自然環境保全のために国立公園が設けられ、国民の公共空間への整備が進行中である。スベラニア国立公園やカミノデクルセス国立公園はその典型である。旧クレイトン基地の大半の用地はスベラニア国立公園に、ガツン湖に近いグリック基地に置かれていた米州軍事学校は米国内へ移転した後の建物がスペインの大手ホテルチェーンに買い取られて高級リゾートホテルとなり、熱帯ジャングル観光拠点となっている。太平洋側と大西洋側の出入り口を守ってきた海軍基地はコンテナターミナルに変貌している。

しかし40万ヘクタールの運河地帯に点在していた5000以上の軍事施設すべてが上手く活用されているわけではない。放置され、高温多湿の熱帯気候の中で朽ち果てていくに任せた施設もある。また射撃訓練場や弾薬庫の跡地などの施設は手が付けられていない。これらの軍用施設の中で、返還後に大きく変貌した大規模な3つの基地であるクレイトン陸軍基地、アルブルック空軍基地、ハワード空軍基地を取り上げてみよう。

アルブルックのバス・ターミナルの遠望（筆者撮影　2017年）

クレイトン基地は、家族用宿舎２４２１棟を有する最重要基地であった。パナマ独立と同時の１９０３年に米南方軍司令部が置かれ、１９１９年に運河防衛基地としてパナマ市から30キロ地点の運河に面した８８０ヘクタールに基地機能を拡大させて、やがて警察、消防署、劇場、映画館、50メートルのプール、スポーツジム、ガソリンスタンド、２つの小学校を備え、さらに運河地帯の米国人住民向けのラジオとテレビ放送局まで保有するに至った。運河地帯返還の決定と同時に最初にパナマ側に返還されたのはこのクレイトン基地である。このクレイトン基地の一部は、コラム９で紹介する「知の都市」へと大変貌を遂げている。

アルブルック空軍基地跡の一部には、近代的な総合ショッピングセンター、バス・ターミナルおよび地下鉄１号線の始発駅が建設されているほか、旧滑走路は国内線専用の空港として利用されている。米軍基地時代には家族用宿舎７９５棟、クレイトン基地と同様の学校、スポーツ、娯楽施設まで米国式の生活施設があった。

ハワード空軍基地は運河を挟んだ西側に位置し、２１６０ヘクタールの敷地に１１８５家族用の住宅と各施設が整っていた。返還後の再開発の大きな違いは、クレイトンとアルブルックがパナマ政府の都市計画によって早期に着工されて大きく変貌しているのに対して、ハワード基地は再開発の権利を取得したイギリス資本の行き詰まりで、開発が２０１０年代になってからであったことである。２０１７年の時点で、旧基地の大半がパナマ・パシフィコ経済特区として整備が進行中である。

（国本伊代）

61

首都パナマ市の変貌

★"スマートシティ"を目指す摩天楼都市★

2016年に人口400万人を超えたパナマ共和国の首都パナマ市の変貌は目を見張るばかりである。その変貌の第1位は、なんといっても写真で見るような新市街地に林立する超高層ビル群であろう。世界中から進出している金融機関や企業関係事務所などが入居するインテリジェント・ビルから高級ホテルおよび高層アパートまで、ニューヨークの摩天楼街とまではいかないまでも、狭い新市街地に100メートルを超える高層ビルが180棟以上林立している。これだけの数の高層ビルが狭い一角に集中している都市はラテンアメリカの他の国にはない。それも奇を衒ったような贅を尽くしたしゃれた高層ビルが多く、パナマが開発途上国であるという現実を忘れてしまうであろう。筆者のパナマ訪問はほぼ14年ぶりであったが、この間に高度経済成長を続けたパナマの変貌ぶりに圧倒された。

第4章で紹介したような経済成長率を20年近くにわたって保持してきたパナマ経済活動のほぼ80%がこのパナマ市とカリブ海側のコロン市に集中しており、ともに目覚ましい都市化を遂げてきた。この間のパナマ運河と運河地帯の米国からの全面返還の実現（1999年）と第三閘門運河工事（2007〜16

年）に伴って大規模な建設工事に沸き、パナマ市内人口も大幅に増大した。パナマ市首都圏の人口は２０００年の85万人から２０１６年には１５０万人となり、朝夕の通勤通学のラッシュ時の交通渋滞はすさまじい。都市インフラ整備に最大の資金を投入し、路線バスの改善と地下鉄1号線の２０１４年開通を実現させたが、２０１７年のパナマ市内は各地で行われている建設工事のために道路事情は無秩序のような状態であった。

パナマ新市街地の高層アパート群（筆者撮影）

地下鉄1号線は市内を南北15・8キロにわたって走る、フランス製である。朝夕のラッシュアワーの緩和に役立っているとは思えない3両編成のこの地下鉄は中米諸国で最初のもので、国内線の空港に隣接しているターミナルのアルブルック駅はパナマ市内の巨大ショッピング・モールと市内および長距離バスのターミナルが一体化している。このターミナル一角を見る限り、パナマ市民は米国都市部の生活水準を享受しているかのような錯覚に陥る。２０１５年9月に着工された地下鉄2号線は工事中で、１８年末完成が予定されている。そして3号線は１６年4月に締結された日本政府との協定によって、日本政府の融資と日本の技術で建設される予定となっている。さらに8号線までの計画案が存在する。

旧市街地の激変ぶりも驚きである。14年前には観光客もまばらで、全体が危険地域であった。いくつかの記念碑的建造物の修復作業が外国の支援で始まっていたほかは、窓やドアの傷んだ廃屋のような建物が狭い通りに並んでおり、政庁舎が集中する地点まで1人では日中でも歩けなかった。ただし大統領政庁や外務省などが建ち並ぶ地点に出ると、そこは徒歩で見て回る観光客にとって少し安心できるところでもあった。当時、この旧市街地にはまともなホテルは存在しなかった。それが14年後には5つ星のホテルが出現し、様々な国際組織の支援を受けて朽ち果てていた建物の修復工事が進み、登録されているユネスコの世界遺産にふさわしい歴史地区へと様変わりしている。修復された街並みはカラフルな商店街に変貌し、日中であればほぼ安心して徒歩で見て歩ける。観光産業に力を入れてきた成果を十分に感じられるほどに変化している。

しかしこの近代的な都市には深刻な裏の顔がある。急速な都市化につれて環境汚染問題が改善されるどころか深刻化していることである。かつてパナマ市の水道水は「パナマのシャンパン」とまで呼ばれ、蛇口からそのまま飲めることで知られていた。パナマ運河をつくった米国がパナマに駐在する自国市民の生活を守るために上水施設を完備し、パナマ市とコロン市にもその恩恵が及んでいたからである。しかし米国は大都市化することになるパナマ市の下水処理に関しては一切無関心であった。そのため生活・工場などが排出する汚染水は下水処理されずに市内を流れる川に放流され、それがパナマ湾に流れ込んで堆積し、パナマ市街地は海からの泥臭い悪臭に悩まされ続けていた。この状況は大幅に変化したが、ごみ収集や市街地清掃についてはあまり変化していない。

このようなパナマ市街地とパナマ湾の環境改善に向けた取り組みでは、2007年から13年にかけて日本政府の円借款によって進められた「パナマ市およびパナマ湾浄化事業」の第1段階が実施された。2015年6月には「パナマ首都圏下水道事業運営改善プロジェクト」がスタートし、下水処理施設の運営・管理・環境教育・工場排水の規則などを担当するパナマ保健省の職員の研修のため

到着予定時刻を表示するしゃれたメトロバスの停留所（筆者撮影）

に日本政府は専門家5名を派遣している。

ごみ処理に関しても、行政と国民全体の無関心と教育不足から、各種ゴミが市街地に溢れて放置され、海岸に沿って波打ち際に集積されて海浜は汚れ放題であった。旧版の執筆にあたって2003年と翌年に2回パナマを訪れた時の驚きは、熱帯の海辺に水遊びをする人の姿がまったくなかったことである。国連が2000年に打ち出した「国連ミレニアム開発目標（MDGs）」で目標8項目の1つであった「環境の持続可能性の確保」と「安全な飲料水および基本的衛生施設を継続的に利用できない人の割合を2015年までに半減する」という目標に後押しされて、やっとごみ処理や汚水処理問題との取り組みが始ったという感じすらする。

しかし他方で、パナマ市は「情報とコミュニケーションの先端技術」を取り込んだ「質の高い、安全な市民生活」の実現を目指す「スマートシティ」構想を2014年に打ち出しており、その一環として実現しているメトロバスと呼ばれるバスの停留所には無料Wi－Fiが備わり、路線や到着時間をスマートフォンで容易にチェックできるようになっている。米国カリフォルニア州のシスコ社とパナマ市は2014年に「スマートシティ」建設計画を締結しており、その後フランスのIT企業とも提携して計画は着々と進んでいる。数年後には落ち着いた緑豊かな近代都市へと変貌することであろう。

（国本伊代）

62

パナマ国旗を掲げる貨物船

★便宜置籍船とパナマ★

便宜置籍船や便宜置籍国という用語は、一般には馴染みのないことばである。便宜置籍船は、海上輸送に従事する船がその船を所有する会社とは異なる国に便宜的に登録された船のことである。そして船が登録された国を置籍国と呼び、その船は置籍国の国旗を掲げて海洋を航行することになる。このような制度が出来上がったのは、船主がさまざまな特典を認めている国に所有する船を登録することによってより多くの収益を得られるからであり、他方でそのような便宜を与えることによって利益を得ることができる国があるからである。

国際私法に基づく近代的な意味での便宜置籍船制度は20世紀に出来上がった制度であるが、実態としては古くから存在していたものである。さまざまな時代に、さまざまな地域で、有力者の旗印を掲げて航行することによって交易活動を有利に展開する手法は、海賊の襲撃を避けるためにも、交戦中の敵を欺くためにも、好都合な手段であったからである。

パナマは、リベリアと共に二大便宜置籍国として知られているが、商船保有船腹量ではパナマが断然トップである。これら二大国の他に、ホンジュラス、キプロス、バハマ、ギリシャ、

パナマ運河を通過する自動車専用貨物船（筆者撮影）

マレーシアなどの国が知られている。２０１７年の国連の資料によると、パナマ船籍の船は、世界の船舶（総トン数１００トン以上）の約９％を占め、８０５２隻の船がパナマ国旗を掲げて世界の海洋を航行していた。２００４年５月22日にシンガポール沖で石油タンカーが韓国製新車と日本製中古車およそ４０００台を積んだ貨物船と衝突するという事故が発生したが、双方がパナマ船籍であった。この記事だけを読むと、パナマが海運業界で大きな地位を占めているような印象を与えよう。しかしこれらの船の事実上の所有者はパナマ以外の国にいる船主である。たとえばパナマ船籍の船の15％ほどは日本の船で、この数字はパナマに籍を置く72カ国のなかでは断突の第一位となっている。つまりパナマの国旗を掲げて海洋を航行しているが、現実にはパナマが与えている好条件を活用するために外国の船主が船をパナマ籍に登録しているにすぎないのである。

パナマが便宜置籍国となったのは、１９２２年にアメリカの海運会社ユナイテッド・アメリカン・ラインが２隻の定期船を遊覧船として使用する目的で船籍をパナマに移したことに始まるとされる。その理由は、当時アメリカには禁酒法があって、アメリカ船籍の船上ではアルコール飲料を販売することが出来なかったからである。つまり遊覧船を周航させる計画をたてた船会社にとっては、厳しいアメリカの法律の下ではアルコール類を輸送したり、乗船客にアルコールをサービスしたりすることが出来なかったので、星条旗の代わりにパナマ国旗を掲げて航行するパナマ船籍へ遊覧船の登録を移したのである。そしてパナマは１９２５年にあらゆる国の船舶に対して船籍を認める法律を制定した。

パナマに登録された船舶数は、第二次世界大戦を契機として飛躍的に増大した。戦争が勃発した１９３９年から戦後の４８年までの10年間に、パナマ船籍の数は１７１％、トン数で２７８％増大し、さらに戦後の国際貿易の発展と共にパナマ船籍の数は増加の一途をたどった。その背景には、戦後の民主化の過程で労働者の保護規定が整備され、企業に課される義務が厳しく規定されるにつれて、船会社が規制のより緩やかな国へ船籍を移したという事情があった。船員の賃金の高騰と雇用者に課される義務および安全のために定められた規定から逃れるために、あるいは税法上の利点を利用するために、多くの船会社が所有する船をパナマのような規制がないか緩やかな国へ登録するようになったのである。しかしこの制度は、また国際紛争の源泉ともなった。

問題の核心は、一般的に船舶の登録簿からは登録船の船主がわからない仕組みになっていることである。安全基準や労働条件の法規を守らない場合でも、責任の所在を追及することが難しい。実質的に船主が匿名となっている場合、船が危険な行動を繰り返し、不注意な運行を行い、環境破壊に至る重大な事故を起こしても、船主を特定することが容易でなく、責任を追及することができない。もちろん置籍国が完全な無法状態で船籍を与えているわけではない。国際条約にも加盟し、自国の国旗を掲げて海洋を航行する船の責任ある行動と保護に関心を持っているのも事実である。しかし置籍国

第62章

パナマ国旗を掲げる貨物船

のほとんどは小国で、管理体制が機能しないのが現状である。その一方で登録料などから入る収入が決して小さくないことが、便宜置籍船制度を支えているのである。

パナマの置籍国としての人気は、次のような条件からきている。まず第1に、パナマ国内での会社設立・運営・清算がきわめて容易であり、船の所有者を公示する必要がないために企業秘密が確保されていることである。第2に、税金が安いことである。パナマ政府はパナマ国内源泉の所得にのみ課税し、国際間で活動するパナマ船籍の運行による利益はもとより、船を処分した売却益にも課税しない。第3に、パナマには為替管理がないことである。パナマの通貨バルボアは完全に米ドルにリンクしている。第4に、船舶の登録がきわめて容易で、早ければ申請した翌日には登録される。遅くても2~3日しかかからない。そして最後に、パナマの労働法では乗組員の10%以上をパナマ人とすることなっているにすぎないことである。たとえば、日本国籍の船の乗務員はすべて日本国民であることが要求されているのに対して、パナマ船籍の船は賃金が日本人の10分の1以下しかないパナマ人やもっと安い他の国の労働者を利用できるというメリットがある。

パナマは、登録料と重量税を徴収する以外、国旗の使用料をとっていない。パナマ政府は直接船主と接触せず、法律事務所が介在しているので秘密性が非常に高い。さらに2002年6月に改正された法律によると、パナマ国内に会社を設立する必要がない上に、パナマ船籍の取得手続きも簡易化された。世界の主要な海運国にある60カ所のパナマ領事館で手続きができるほか、登録料金の制度を改変して一定以上の船舶数と総トン数を超えた船主に対しては、登録料金を割り引くサービスも導入されている。

（国本伊代）

63

スポーツにみるパナマの社会

★世界チャンピオンを生む社会的背景★

パナマは人口約４００万人の小国ながら、プロスポーツの分野では日本ではもとより世界的に名を知られた有名選手を何人も輩出している。

キューバやプエルトリコ、ドミニカ共和国、ベネズエラと同様にパナマは19世紀半ば以降、アメリカとは政治的・経済的・社会的に強い繋がりがあり、とくに野球については伝統的にアメリカのメジャーリーグ（ＭＬＢ）向けの一方的人材供給国となっている。これまでＭＬＢに所属したパナマ人選手は59名で、うち現役は10名である。ワールドベースボールクラシック（ＷＢＣ）にも２００６年の第1回から参加している。ちなみに、ＭＬＢに所属した日本人選手は63名で、うち現役はイチローなど8名とパナマとほぼ同じ水準にある。

ＭＬＢで１９９１年に野球殿堂入りしたロッド・カルーは、運河地帯出身で４５年に母親が産気づいた列車のなかで生まれた。６７年にミネソタ・ツインズでデビューしていきなり新人王となり、その後首位打者7回、15年連続で打率3割の「安打製造機」呼ばれた。ＭＬＢ通算での３０５３安打は、２０１７年にイチローに越えられるまで米国出身以外の選手での最多記録であった。背番号29番は永久欠番となり、04年にはその名前を冠して国立スタジアムがエスタディオ・ナシオナル・ロッド・カルーと命名された。

つづくマリアノ・リベラは、1969年パナマ市で生まれた漁船の船長の息子である。90年のデビューから通算23年間、ニューヨーク・ヤンキース一筋で現役を貫いたフランチャイズプレーヤーである。ヤンキースの不動のクローザーとして、カットファーストボールを武器に、レギュラーシーズン1115試合に登板し、通算セーブ記録は652、ポストシーズンでは96試合で42セーブを達成し、最優秀選手賞6回、オールスターゲーム選出13回を記録した。背番号42は永久欠番、現在はデレク・ジーター、イチロー、アルバート・プホルス、ジム・トーミなどと共にアメリカ野球殿堂入りが確実視されている。

国内の野球環境については、18歳以下の青少年、少年、児童チームなどに、野球振興機関としてパナマ野球連盟、地元のライオンズクラブや企業が道具を寄贈して支援している。しかしMLBで活躍する選手が何人もいる割には、国内には本格的なプロチームが成り立つ経済的基盤がまだ無く、素質ある選手がMLBなど海外へ流出する原因となっている。

ハングリー精神が重要といわれるボクシングは、野球とともにパナマでもっとも人気のあるスポーツの1つである。パナマは現在までに39人の世界チャンピオンを輩出しており、世界フェザー級王座19度防衛のエウセビオ・ペドロサや、4階級制覇の歴史的名王者のロベルト・ドゥランがいる。

石の拳（マノ・デ・ピエドラ）のニックネームを持つドゥランは1951年パナマ県エンチョリーヨのスラム街に生まれ、68年にデビュー以後　70年代から80年代後半にかけてWBAとWBCを跨

マノ・デ・ピエドラ・ロベルト・ドゥラン・スタジアムの外観（国本伊代撮影　2017年）

いで世界ライト級、ウエルター級、スーパーウェルター級、ミドル級の４タイトルを制覇した。７１年にはパナマでのノンタイトル戦で、元ＷＢＡ・ＷＢＣ世界ジュニアライト級王者の日本人選手の小林弘に７回ＫＯ勝ち、７３年には再びパナマでＷＢＣ世界王者ガッツ石松に10回ＴＫＯ勝ちした。小林との一戦は名勝負として記憶されており、２０００年６月に新パナマ・スタジアムで行われたドゥランの引退試合の際のマスコミでも取り上げられた。その後このスタジアムは、「マノ・デ・ピエドラ・ロベルト・ドゥラン」と命名された。なお、０７年に世界ボクシング協会（ＷＢＡ）の本部がパナマ市に移転し、ＷＢＡから分裂した世界ボクシング評議会（ＷＢＣ）の本部はメキシコ市にある。

バスケットボールも、野球とボクシングに次いでパナマでは人気が高く、パナマ代表はオリンピックに１回、世界選手権に４回出場し、２００６年の日本での世界選手権には20年ぶりに出場した。１４年までパナマ人選手のディオニシオ・ゴメスが日本のｂｊリーグ滋賀レイクスターズで活躍していた。

サッカーも他のラテンアメリカ地域国と同様に、パナマでも人気のあるスポーツである。パナマ代表であるナショナルチームの「ロス・カナレロス」のホームスタジアムは、パナマ市のエスタディオ・ロンメル・フェルナンデスである。ＦＩＦＡワールドカップには１９７８年から参加しているがいずれも予選敗退で本戦出場を経験できなかったが、２０１８年のＦＩＦＡワールドカップ・ロシア大会への出場が決定している。一方、北中米カリブ海の国・地域によって争われるＣＯＮＣＡＣＡ

F選手権には1991年から参加して準優勝2回、3位1回の実績を残している。著名な選手では、1990~2005年のパナマ代表チームメンバーであり、その間に日本の「コンサドーレ札幌」などJ1でも活躍して1997年に得点王に輝いたホルヘ＝ルイス・デリー＝バルデスが知られている。

アマチュアスポーツに眼を転じると、コロン出身で男子走り幅跳びのイルビング・サラディノが2007年の世界陸上選手権大阪大会で8・57メートルを跳び、翌08年のオリンピック北京大会で8・34メートルと、いずれも金メダルを獲得して2冠を達成した(自己ベストは2008年の8・73メートル)。さらに12年のロンドン・オリンピックの開会式でパナマ選手団の旗手を務めた。パナマはロンドン大会に8人、16年のリオデジャネイロ大会に10人の選手団を派遣している。

一方、パナマのスポーツ一般事情としては、富裕層や中間所得層上位と、それ以下の所得層との間に大きな経済的・社会的格差があるため、乗馬・ゴルフ・ジョギングなどが中間層上位以上では盛んだが、一般大衆のスポーツとの関係は自ら「身体を動かす」よりも、専らサッカーやボクシングなどの試合を「観る」方が多くなっている。

また、上記の海外で活躍するボクサー、野球・サッカー・バスケットボールの有名選手は民族構成を反映していずれも混血で、貧困層や下位所得層の出身者が多く、自らの素質・能力とともに、それを発揮するための努力を積み重ねた一握りの選手ということもできる。一般大衆がスター選手を熱烈に応援するのも、恵まれぬ日常生活上の憂さを、スターに憧れスポーツ観戦での一時的な熱狂で紛らわすという、世界共通の現象である。それはパナマにも依然として存在している厳しい格差社会の一面を物語っている。

（杉浦　篤）

コラム9

知の都市――シウダ・デル・サベール

国本伊代

「知の都市」と日本語に翻訳できるシウダ・デル・サベールは、パナマ運河地帯がパナマに返還されるまで米軍南方軍の本部が置かれていたクレイトン基地の一部に建設された政府機関・国際機関・民間企業・研究教育機関・文化活動・スポーツ施設などを備えた都市空間である。

２０１７年の時点で約１２０ヘクタールの面積に２００以上の建造物があり、公園・広場・緑地・商業地区・文化センターとスポーツ地区に分けられた都市計画に基づく近代的な都市空間に変貌している。パナマ市の新市街地から車でなら30分、公共交通手段を使っても1時間足らずで行ける。パナマ運河を一望できる位置にあり、返還からほぼ16年を経た現在では軍事基地を想像させるような施設はない。

シウダ・デル・サベールの建設構想は、返還後のパナマ運河地帯の米軍基地および各種施設をどのように活用するかを検討する過程にあった１９９５年にシウダ・デル・サベール財団（ＦＣＤＳ）が設立されて、９８年の法律６号によって建設が決定し、９９年12月末の返還と同時に旧クレイトン基地の利用権が同財団にパナマ政府から正式に引き渡されたときにはじまる。しかし全体の構想案が完成したのは２００９年であった。このマスタープランを読むと、旧米軍基地の市街地部分にあたる約１２０ヘクタールにあった建造物をできるだけ活用しながら新たな大学研究機関・国際機関・民間企業が活動する都市へと変貌させる過程がわかる。すでに整備された「キャンパス」と称する広大な学園研究都市部では無料のシャトルバスが巡回しており、総合案内所が中央広場に面して設置されている。しかし構想はまだ道半ばで、今後の拡張が予定されている。

２０１７年の時点で、面積１２０ヘクタールの空間には旧米軍基地が残した建造物がそのまま再利用されており、空間は緑地と利用者の移動を考慮した道路が整備されている。旧軍事基地の建造物が活用された背景には、クレイトン基地が米軍南方師団の拠点基地として建設されていたため、都市としてのインフラがすでに整備されており、建造物が湿潤の熱帯の気候に合わせた天井の高い広い空間として作られていて、十分に活用できることにあった。そのため修復作業は限定的に行われ、写真でみるような3～4階建てのがっしりとした建造物が再活用されている。２０１７年の時点では、約２００の機関・団体・民間企業・大学などがすでに活動を開始していた。目立つのは国連関係の諸機関で、難民高等弁務官事務所・安全保障局・女性局・ユニセフなどがパナマ事務所と中米地域事務所を設置しているほか、パナマ政府機関が各種事務所や研究所を開設している。民間企業ではソフトウエア開発・医療薬品研究開発・バイオテクノロジー研究などが集中している。高等教育関係では、ラテンアメリカ社会科学研究機構（ＣＬＡＳＣＯ）、フロリダ州立大学パナマキャンパス、マイアミ大学パナマキャンパスなど10の大学の他にラテンアメリカ高等航空学校に代表されるような専門学校がキャンパスを持っている。このような広大な〝キャンパス〟には無料のシャトルバスが敷地内を循環しており、徒歩で移動する利用者に対する配慮もされている。

旧米軍基地から「知の都市」への変貌（筆者撮影　2017年）

◆米国支配百年が遺したもの◆

旧クレイトン基地跡につくられた「知の都市」の本部（国本伊代撮影　2017年）

旧運河地帯内の「パナマ運河図書館」内部（国本伊代撮影　2017年）

X

多民族社会の変容と21世紀の姿

64

先住民特別区制度

★先住民の諸権利を具体化する行政制度の諸問題★

直近の２０１０年の国勢調査によれば、パナマの先住民人口は約42万人であった。この数は、国内の総人口（２０１０年国勢調査）約３４０万人の12％に及ぶ。２０００年から国勢調査では、居住地域ではなくアイデンティティに基づいて先住民人口数が集計されている。２０１０年の調査では外国から近年移住してきた先住民人口数（４６０人）も明らかになっている。67章にもあるように現代では、先住民による国境を越える移動にも人々の関心は向けられているが、ここではパナマ領土にもともと居住していた先住民に焦点を絞ることにしよう。

パナマにもともと居住している先住民族は、表９でみるように、テリベ／ナソ、ブリブリ、ボコタ、ノベ、ブグレ、グナ（かつてはクナと表記されていたが２０１１年から表記が変更）、エンベラ、ウォウナンの８民族である。これら先住民のうちテリベ／ナソとブリブリはコスタリカとの国境近辺に、ボコタはボカスデルトーロ県の西部やベラグアス県の北東部に居住地域がある。相対的に人口の小さいこの３民族について、２０１０年の国勢調査結果をまとめた報告書は「あまり知られていない」と評し、数行で紹介を終えている。一方、残りの５民族については歴史や社会組織なども併せて記述されている。公的報告書におけるこうした扱いの違いには、行政制度上の決定的な違いが反映される。グナ、ノベ、ブグレ、エンベラ、ウォウナンの5民族に対しては、パナマに特有の先住民特別行政区が認められている。だが同じ制度は、ほかの3民族には認められていない。図16のような行政区分を表す地図では、ブリブリやボコタの居住地域が可視化されないのも、そのためなのである。

表9　先住民族・人口・特別区

民族名	人口(人)	特別区(設置年)
テリベ／ナソ	4,046	なし
ブリブリ	1,068	なし
ボゴタ	1,959	なし
ノベ	260,058	ノベ＝ブグレ特別区（1997）*
ブグレ	24,912	
グナ	80,526	グナヤラ特別区（1938）* グナマドゥガンディ特別区（1996） グナワルガンディ特別区（2000）
エンベラ	31,284	エンベラ＝ウォウナン特別区（1983）*
ウォウナン	7,279	

注：*印のついた特別区は県に、*印なしはムニシピオに相当する。
［出所］ INEC.*Diagnóstico de la Población Indígena en Panamá.*

特別区は、境界画定された領土の権利をその集団全体の共有財産として認めることに加え、先住民の伝統的政治組織を公的機関として位置づける行政制度である。5つの特別区の総面積はパナマ国土の約22%を占める。これらの特別区の境界は、各特別区設置法によって画定されている。そして特別区には、土地に対する権利、生活圏域の利用・開発の自己決定権などの先住民の諸権利が認められている。しかしこの制度があるという理由で、先住民の諸権利が社会生活において実現されていると考えるのは早計である。特別区制度は先住民全体には認められていない。それを補うために取られた措置も、特別区制度には及ばない。さらには、特別区制度自体にも問題点がある。以下では、これらの点を詳しく見ていこう。

まず、特別区はパナマ国内の先住民居住地すべてに及んでい

図16　パナマ国内における先住民特別区

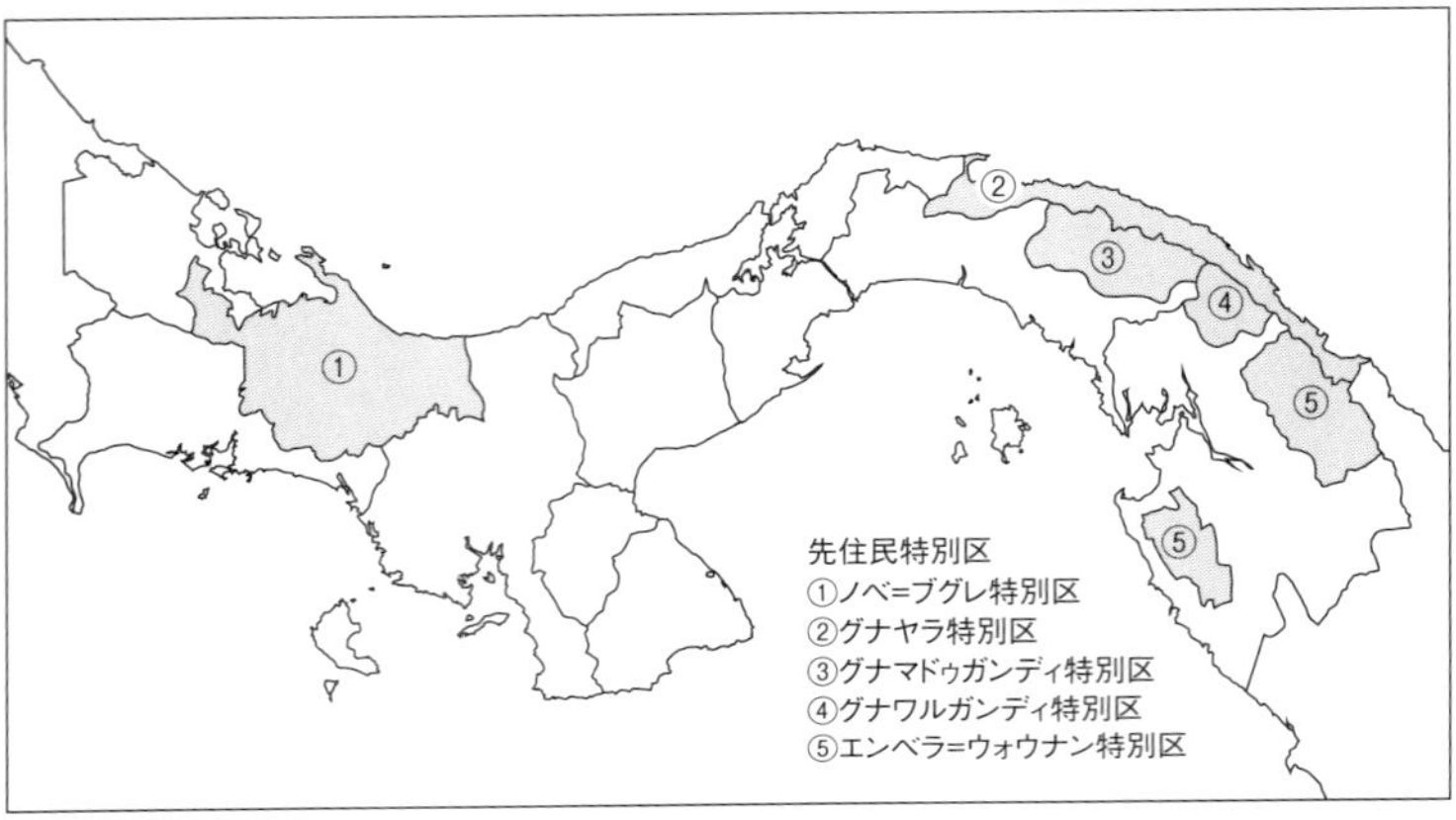

ない。その外にも先住民集落は数多く存在している。これはテリベ／ナソ、ブリブリらに限られたことではない。エンベラやノベなど特別区のある民族の一部の集落も、特別区ではない地域に位置している。

こうした特別区外の先住民居住地域に対して、土地の共有権を認める手続きを定める法律（法律72号）が2008年に公布された。申請が受理された居住地域に権利を認めると定めたこの法律を基に、土地管理庁の公布する裁定によって2012年までの4年間に、5カ所の居住地域が共有地となった。各特別区は個別の諸法によって設置されるので、一省庁の裁定で権利が認められる共有地よりも強い法的権限を持つ。さらに特別区は地方自体としての資格も有するが、共有地には認められていない。共有地の場合、その地域の政治組織のみがパナマ政府諸機関との交渉が公的に可能であるが、特別区の場合にはそれら先住民の伝統的組織に加えて、通常の地方行政組織が設置されている。つまり、特別区以外の先住民居住地域の行政上の権限は制限されている。だが先住民にとって相対的に優れた特別区にも問題点はある。

特別区の性質は、最初の特別区の命名に象徴されている。現在のグナヤラ特別区は当時、サンブラス特別区と名付けられた。国民から区別される民族よりも国土内の場所を前面に出すこの命名は、特別区がなにより国家の行政区分であることを物語っている。1938年に発布されたその特別区の設置法では、当該地域を統括する権限を持つのは内閣府が自由に任命できる監督官と規定されていた。53年に公布された改正法ではじめてグナの伝統的組織に公的な立場を認めることが記されたが、「特別区内の最高行政権限」を備えた役職である監督官は依然として、内閣府が自由に任命できる役職のままだった。30年後の83年になってようやく、監督官の任命にあたりグナの伝統的組織が候補者を選出できるようになった。エンベラ＝ウォウナン特別区やノベ＝ブグレ特別区についても、行政機構上の最高位の役職の任命権は内閣府にある。これらの特別区の場合、伝統的政治組織として認められている総評議会制度やその運用方法などは、1960年代末から政府の助力によって実現された全国先住民会議を通して導入されたものである。つまりもともと特別区は、先住民自身だけで統治する場としては設計されていなかったのである。

政府の介入の余地を残している特別区という制度を通して、パナマの先住民はいかに問題に向き合っているのだろうか。エンベラは非先住民による特別区内の土地の継続的な不法利用を法的に解決するよう訴えているが、ほとんど解決されないままである。ノベやブグレは、ダム建設や鉱山開発に関する法律の制定をめぐって反対運動を組織しているが、同時に政府との交渉を進めたことで内部分裂を経験している。こうした先住民が直面する諸問題は、先住民自身だけの課題ではない。パナマの社会のなかで特別区はいかに位置づけられていくのか。先住民による権利行使をいかに受け止めるのか。これらの問いに直面しているのは、特別区制度をその一部にすることに決めたパナマ社会である。

（近藤　宏）

65

経済格差のなかの先住民集落

★都市移住とコミュニティ企業★

64章で記したように、2010年の国勢調査によればパナマの先住民人口は約42万人にのぼる。そのうち約10万人が、パナマ市をはじめとする都市部で生活をしている。エンベラの場合では特別区人口（約1万人）が、グナの場合では都市部以外の地域（以下、周辺部と表記）含めた地方で暮らす人口全体（約4万人）が、それぞれのグループの都市生活者数とほぼ同数である。今では、都市部も先住民が暮らす場となっている。都市部の先住民人口数は、2000年から2010年の間に1・9倍になった。同じ時期、特別区も含めた周辺部での先住民人口増加率は1・3倍で、特別区ごとにみるとグナヤラ特別区では1・0倍、エンベラ＝ウォウナン特別区では1・2倍、ノベ＝ブグレ特別区では1・4倍である。特別区から離れて都市で暮らす先住民の増加は顕著である。

この都市部における先住民人口増加の原因は、すでに都市部で暮らしていた先住民による出生数の増加だけではない。グナヤラ特別区では約2万人、ノベ＝ブグレ特別区では2万5000人ほど、転出者数が転入者数を上回っている。特別区を去る先住民が都市部に向かったために、都市部と周辺部で人口増加に偏りが生じている。この人口移動は、経済的観点から説明される。パナマ経済の特徴の1つは、4章で指摘されているような著しい地域間経済格差である。2010年の統計では全人口の約30％とされる貧困層の割合も、周辺部での割合は約54％にまで上昇する。さらに先住民特別区では、人口の92％が貧困層にあたり、都市部では人口の4％にとどまる極貧層が65％にのぼる。この極端な格差が、生来の地を離れ、人びとを都市へと向かわせる1つの要因とされる。

しかし都市部に移住したからといって、経済状況の改善が約束されているわけではない。筆者の知るエンベラ特別区の集落出身の若者のなかには、就労の機会を求めて都市に行ったものの数カ月で特別区に戻る者や、集落に居住して社会保障を受給している親に経済的支援を頼む者もいる。それでも、18歳になり成人として身分証明書を入手した後に、あるいは婚姻後に都市部へと移り住む若者は増えている。

その一方で、特別区の経済状況の改善を目指す取り組みもある。1つが、通商産業省が2008～13年にかけて実施した政策プログラム「先住民企業開発支援計画」（PRODEI）である。その名の通り、先住民による企業設立・運営を支援するプロジェクトは、米州開発銀行と同銀行内に設立された日本特別基金貧困削減プログラム（JPO）から出資を受けて実現された。先住民の居住地で商業活動を組織し、国内・国際市場に商品を流通させる手法や枠組みの確立を狙うこのプロジェクトからは、14団体が支援を受けた。ノベ＝ブグレ特別区のコーヒーやカカオ生産グループ、グナヤラ特別区の民芸品生産グループなどである。これらはいずれも、すでに先住民が行なっていた経済活動を商業面で改善するために、組合や企業としての組織化を支援するものだった。

エンベラ＝ウォウナン特別区内コミュニティ企業事務所（筆者撮影）

エンベラ＝ウォウナン特別区では、森林伐採事業を行う企業が資金提供を受けた。商品は、植林ではなく原生林から伐出される木材である。農作物や民芸品とは異なり、これら森林資源の経済的利用そのものはこのプロジェクトにわずかに先行するタイミングで立ち上げられたものである。以下ではその事例に注目しよう。

２０００年代半ばのエンベラ＝ウォウナン特別区では、森林資源を活用するコミュニティ企業が組織されるようになった。当時、特別区総評議会の要職に就いていた人物が、先住民の集まる国際会議で住民主体の森林管理という枠組みを経済的に活用する取り組みに関する話を聞いたのがきっかけである。住民主体の森林管理とは、森林のある地帯に暮らす人びとを政策実践に関与できるようにする環境政策の枠組みである。この枠組みを活用することによって、企業としての組織化が進められていった。国際ＮＧＯの協力も得て、先住民の権利を認めながら先住民の生活領域を国内・国際的経済網に結び付ける条件が整えられていったのである。

しかしエンベラのコミュニティ企業の場合、貧困対策の面では成果は芳しくはない。企業の設立直後から伐出活動に関わり経験が問われる仕事を任されるまでになった一人の青年もまた、別の仕事を求めて都市部に移住した。都市部で得た職は、時給制の警備業である。特別区では不要になる日常的支出を勘案しても、都市生活の方が現金収入は安定している、と彼は言った。

このコミュニティ企業が労働者に十分な給与を提供できない要因は、複合的である。気候条件の制約ゆえに木材伐出が季節性の事業になってしまうこと、商品はほぼ未加工の丸木であること、あるいは利益を労働者と企業のみならずコミュニティにも還元しなければならないことなど、多くの点をあげることができる。とりわけ最後の点はコミュニティ企業であるがゆえの問題点である。雇用枠をコミュニティのメンバー全員に割り当てることができないために、雇用とは違うかたちでコミュニティに利益の一部を還元させることが求められているからである。コミュニティに対する利益の分配がない限り、共有財産である森を切り拓くことは正当化されない。しかしそれがかえって経済的負担になり、経験ある労働者に安定した現金収入を約束できない状況が生じている。コミュニティ企業が特別区の経済状況の改善に寄与できていない別の要因に、事業が木材伐出に限定されていることもあげられる。組織化を進めた当初は、炭素取引なども事業活動に想定されていた。しかしパナマ国内では森林に定着する炭素は誰のものなのかをめぐって、政府と先住民諸組織のあいだで合意は形成されていない。結果的に、これまでに商業利用されることのなかった森林資源を商品化したにもかかわらず、そこで労働する人物であっても都市生活を選ぶような状況がある。整備されているのが木材伐出を可能にする条件だけであることが問題なのだ。そしてこの制約ゆえに、コミュニティ企業という新たな経済活動をして、木材も人も集落から離れていく状況が生みだされている。新しい経済活動はこれから、先住民集落に何をもたらしてゆくのだろうか。

（近藤　宏）

66

先住民の権利と「リーガルプルーラリズム」

★先駆的なパナマの取り組み★

日本ではまだあまり聞きなれない「リーガルプルーラリズム」とは、多種多様な法のかたちが併存している状況を指す概念および考え方である。もともとは国家法のみを唯一の法と見なす立場への批判理論として、法社会学などの学問領域において使用されるようになった学術的な概念である。今日のラテンアメリカ諸国では、一国家内に各種法律（国家法）からなる国家の法システムと、先住民の伝統的な習わしや慣習からなる先住民の法システム（非国家法）とが共存する状態を推進するための政策関連用語としても用いられる。

ラテンアメリカ地域においてリーガルプルーラリズムへの注目が集まった要因の1つは、同化主義から多文化主義への移行という1990年代に顕著となった各国の動きにある。これはスペイン植民地時代より排除や統合の対象として虐げられ、権利の主体となることが妨げられてきた人びとつまり「先住民」の権利を回復し、これを保障することを目指す動きでもあった。国際労働機関（ILO）や国連など国際社会からの働きかけも重なり、各国の修正・改正後憲法には憲法史上はじめて直接的または間接的に先住民の法システムを国家の法システムと並んで承認する旨の文言が加えられた。先住民の諸権利の1つとして、独自の司法権や司法行政権が国政レベルで議論される状況が生まれたのである。

他方でパナマは、他のラテンアメリカ諸国に先んじ、1941年制定の憲法上ですでに先住民の司法権や司法行政権について言及していた。これは先住民特別行政区（コマルカ）と呼ばれる地理的空間の存在を前提としたものであり、植民地時代には入植者に対してまた国民国家としての独立以降は中央政府に対して、激しい抵抗運動を続けたことで知られるこの国の先住民の歴史を反映したものでもある。64章の紹介のとおり、現在のパナマには全部で5つのコマルカが存在する。最初に設置されたグナヤラ特別区（1938年当時の名称はサンブラス特別区）と、これに続いて83年に設置されたエンベラ＝ウォウナン特別区では、コマルカ設置当初からその区域内での先住民の司法権が公認されていたという法律上の解釈が可能である。例えばエンベラ＝ウォウナン特別区の場合、コマルカ設置法第15条に地方裁判所の1つとしてコマルカ裁判所を設置する旨が記されている。これに対してグナマドゥンガンディ特別区、ノベ＝ブグレ特別区、ワルガンディ特別区の状況は多少異なる。例えば1997年のノベ＝ブグレ特別区のコマルカ設置法第40条には、コマルカ内の司法機関（裁判所や検察庁）はパナマ司法府とパナマ公共省によって設置されるとの記載があるものの、コマルカ裁判所について規定する具体的な文言は見当たらない。

パナマでは、近隣諸国と比較するとより早い時期から先住民の司法権や司法行政権について言及する法律が存在したという事実がある一方で、これらの権利には常に何らかの制限が課されていたということも忘れてはならない。制限の1つは、例えば刑事司法が先住民の管轄権の範囲外に置かれて

パナマ最高裁判所外観（藤岡潔撮影）

きたことである。例えばグナヤラ特別区のコマルカ設置法では、同コマルカを管轄する先住民組織の司法権と司法行政権が認められてはいるものの、そこには「刑法の適応に関するものは除いて」という一言が明記されている（第12条）。ところが２００８年８月28日法律第63号によって新たな刑事訴訟法が可決されたことを受け、このような制約が今後は緩和されうる可能性が生じている。新しい刑事訴訟法の内容を少し見てみよう。例えば司法行政機関とその担い手について記した第30条では、パナマ最高裁判所や地方裁判所の裁判官と並んで、先住民の伝統的な政治組織を司法の担い手とする旨が明記されている。また第49条では、伝統的な政治組織に対して、先住民の慣習法ないしは当該コマルカを管轄する先住民組織の法に準じて、罰すべき行為を判断する権限が認められている。つまり、これまでは制限が設けられていた刑法の領域においても、先住民組織の司法権と司法行政権の行使が国家法と並列するものとして一定程度容認されたと見ることができるのである。

この新たな刑事訴訟法でも、殺人や薬物関連犯罪に該当する行為に限って国家法の優位性が明示されている。とはいえ、先住民の司法権や司法行政権がこれまで以上に広範囲で認められる状況が生まれたことは確かである。これに伴い一部のコマルカ内においては、例えば身体的懲罰をめぐっての解釈の相違も目立つようになっている。先住民の間で「伝統的」に行われてきたセポ（足枷）を今日実施することをめぐっての議論はまさにこの典型である。この種の論争は、各種メディアによって「普遍的人権に対する先住民の文化権」あるいは「近代的国家法に対する先住民の慣習法」という二項対立の構図で捉えられる傾向が強い。そこでは「人権」と「先住民の権利」が、また「国家法」と「先住民の慣習法」が絶対的に相反するものとして理解されがちであり、両者間の衝突や競合を不変的で不可避なものとする見方が今日も根強く残っている状況を見て取ることができる。

既存の司法機関の内部に目を移してみると、ここでも先住民の権利の保障を掲げた取り組みが推進されていることがわかる。例えば、2009年5月にパナマ最高裁判所の裁判官たちによって「先住民のための司法アクセス部門」設置に関する合意書が署名された。同部門は、パナマ司法府内に前年9月より設置されている「司法アクセスとジェンダーに関する部会」に帰属する新部局であり、そのトップには先住民の伝統的な政治組織より承認を受けた人物が任命されることになった。同部局はコマルカ内の先住民の独自の司法権を保障することに加え、コマルカ外での司法サービスをよりアクセスしやすいものに改善することを目的としており、具体的には先住民諸言語での司法通訳翻訳サービスの提供や、文化にもとづく抗弁を容認する仕組み（文化鑑定）の導入が検討されている。

ここまで見てきたとおり、司法領域における先住民の権利に関する取り組みや、リーガルプルーラリズムの実現に向けた法整備の現状を踏まえると、パナマの存在感は決して小さいものではない。今後、この国は近隣諸国にどのような影響を及ぼしていくのか。またこれらの取り組みに関して、ラテンアメリカ地域の国々の間でどのような相互影響が生じ、どのような形で連携関係が発展していくのか。これからの展開が注目される。

（額田有美）

67

越境する先住民女性

★ノベ＝ブグレ先住民特別区の季節農業労働者の現在★

ノベ＝ブグレ先住民特別区は、チリキ県など西部3県にまたがって位置する特別区（コマルカ）で、現在、国内5カ所に設置されている5つの先住民特別区のなかでもとりわけ厳しい経済・社会状況にある。国連開発計画の報告書『人間開発アトラス』（2015年）の、貧困状態を多面的に捉える目的で開発された指標である多次元貧困指標（MPI）によると、ノベ＝ブグレ先住民特別区のMPIは89・5で、グナヤラ特別区（82・3）やエンベラ＝ウォウナン（70・7）を凌ぎ、その数値はパナマ全体（14・1）のおよそ6倍に等しい。その実情を端的に示す事象が、ノベ＝ブグレ特別区に暮らす人びとが生き抜くための手段として特別区の外に出稼ぎに向かうことである。そしてその際、国境を越えてコスタリカへ移動する例が21世紀に入って増加した。

ノベ＝ブグレ特別区は1997年3月に4番目のコマルカとして設置され、主にノベ族とブグレ族の人びとが暮らしている。64章の表9でみるように、ノベ族はパナマの先住民のうち最も人口が多い民族集団であり、パナマ会計検査院統計局の2010年国勢調査によると、その数は約26万人にのぼる。これはパナマの先住民総人口41万7559人のうち、およそ62％の割合を占める数値である。他方、ブグレ族の人口は2万4912人で、先住民人口全体の6％ほどに留まる。20世紀末まではノベ族とブグレ族は両者をまとめた呼称であるグアイミとして認識されていたが、グアイミという呼称には侮蔑的な意味合いも含まれていることなどが指摘され、1997年のノベ＝ブグレ特別区の設置以降はノベ族とブグレ族あるいはノベ＝ブグレといった彼らの自称により近い民族名がこれに取って代わりつつある。

ノベ族やブグレ族は、1941年にパナマと隣国コスタリカの間で国境が画定される以前からこの地域に暮らしていた。つまりノベ＝ブグレ特別区からの国境を越えての移動は決して新しい現象ではなく、彼らはむしろ2カ国にまたがって生活してきた人びとであった。とはいえ、この点を考慮してもなお注目に値する近年の特徴は、これらの人びとの大多数がコーヒー農園などでの季節労働を目的とした一時的な移動を毎年繰り返しているということや、その移動人口に含まれる女性の存在が1990年頃より注目され始めたことである。

国際移住機関の報告によると、コーヒー農園などにおける季節労働を目的にパナマからコスタリカへと移動する先住民の数は毎年およそ1万5000人に上る。地域によっては、繁忙期の農園労働者のおよそ9割を先住民が占めており、この代表格がノベ族やブグレ族なのである。従来はこれらの労働者はもっぱら男性であり、国境を越えた移動も単身で行われるものだと考えられてきた。しかし今日では、一時的な移動人口のなかでの女性の存在も目に見えるようになっている。確かに両国をつなぐ国境周辺地域やコスタリカ側のコーヒー農園密集地域では、収穫期を迎える頃になると鮮やかな

ノベ＝ブグレ女性の民族衣装（筆者撮影）

原色を基調とした衣装に身を包んだ女性たちの姿を目にする機会が増える。ゆったりとしたワンピースのような独特の衣装と、その上になびく長い黒髪はノベ族やブグレ族の女性の代名詞であり、年齢もさまざまな彼女たちの多くはパナマから国境を越えてやってきた季節農業労働者かその家族である。

これらの女性たちが注目されるようになった背景には、経済的にも社会的にも過酷な状況下に生きる先住民の季節農業労働者の存在そのものが浮き彫りになったことと、そのなかでもとりわけ弱い立場に置かれた女性の存在が広く認識され始めたことがあろう。パナマ・コスタリカ両国で２０１２年に出版された『希望を求めて――ノベ族のコスタリカへの移動と若者へのその影響』(Idiáques 2012)のなかには、先住民労働者たちが出稼ぎに対して抱く希望や、越境の道中ないし越境先で直面する問題についてのさまざまなエピソードが収録されている。同書によると、ノベ＝ブグレ特別区出身者の多くは、男女ともに最初は同特別区に隣接するチリキ県のコーヒー農園地域などで労働に従事し始めたが、やがてより良い労働環境を求めてコスタリカ側へ移動するようになったのだという。なお、移動の動機となる「より良い労働環境」には、給与額だけでなく雇用主との人間関係や生活の質といった社会的な条件も含まれている。

他方、女性たちが被害を受けやすい問題としては、移動中、とりわけ出稼ぎ後にパナマへ戻る道中での強盗や、強姦などの性的被害がある。加害者は、移動者を狙う武装集団などの第三者だけではなく、一緒に越境する先住民男性（パートナーや親族を含む）である場合も少なくない。移動中に新しい女性を見つけたパートナーが行方をくらませたため置き去りにされたケースや、移動先でアルコール依存症になったパートナーや親族から暴力をふるわれたケースもある。

近年になりこの種の問題に対してパナマ政府は新たな取り組みを開始した。２００９年5月には、パナマ市において「パナマ・コスタリカ二国間労働省大臣会談」が開催され、パナマからコスタリカへのノベ＝ブグレの季節労働者とその家族の移動を把握し、適切に管理・保護するための合意書が署名された。14年からは国連難民高等弁務官事務所の支援を受けて、二国間共同の「チリティコス・プロジェクト」もスタートした。プロジェクト名にもなっている「チリティコス」とは、女性たちの移動ルートの出発点であるチリキ県の「チリ」と、移動先であるコスタリカの人びとを意味する「ティコス」からとった造語である。両国間を断続的に移動する女性のなかには妊婦もおり、越境後に働くコーヒー農園のなかで一人ひっそりと出産するケースが多いとされる。このため、いずれの国籍も有さない子どもたちが教育や医療などの基本的な公共サービスを受けることができないという事態が生じている。同プロジェクトは、これらの子どもたちへの国籍付与や身分証明書の発行を行い、適切な社会保障サービスの提供を目指す取り組みである。女性そして子どもたちの国境を越えた移動は今後も続いていくだろう。

（額田有美）

68

2つのアフリカ系民族

★エスニック・カテゴリーに織り込まれた「歴史」★

「俺はチョンボじゃないね！　コメココだ」。パナマ在住のアフリカ系住民について調査をはじめようとしていたある研究者に、計画に助言していたアフリカ系パナマ人の大学教員は言った（この逸話はカーティスの博士論文にある）。彼が言わんとしたのは、「自分は西インド諸島アフリカ系ではない。植民地期アフリカ系だ」ということである。こうしたエスニック・カテゴリーの区分は、パナマにおけるアフリカ系人口の大きな特徴である。

２０１０年の国勢調査におけるアフリカ系人口の項目を紹介しよう。アフリカ系の人口数は約31万人で総人口の９・２％にのぼるが、これらの人びとはさらにつぎの５つの細目にも回答するかたちで、自らのアイデンティティを申告している。すなわち、①植民地時代到来のアフリカ系、②西インド諸島アフリカ系、③黒人、④その他、⑤解答差し控えという５つである。最も回答数が多いのは「黒人」の約14万人であった。約７万８０００人が選んだ「植民地時代到来のアフリカ系」とはスペイン植民地時代であった16～19世紀までのアフリカ人奴隷の子孫を意味する。約６万５０００人が選んだ「西インド諸島アフリカ系」とは、カリブ海域へ導入されたアフリカ人奴隷の子孫で、19世紀半ば以降にカリブ海諸島からパナマに移住してきた人びとの子孫である。「黒人」という回答者が最も多いのだから、「西インド諸島」と「植民地時代」という区分が常に重視されるわけではないことには注意をしておこう。とはいえ、国勢調査票に設けられるほどその区分が社会に根ざしていることは疑いない。アフリカ系人口をめぐるこの線引きは、現在のパナマ地峡への黒人移動の歴史から生じている。

パナマにアフリカ系の人びとがはじめて到来したのは遅くとも1510年代であり、バルボアによる「太平洋発見」の遠征にも1人の黒人（奴隷だと考えられている）が参加していたことが知られている。その後ノンブレデディオス（のちポルトベーロへ移動）やパナマをはじめ初期植民都市の建設や太平洋とカリブ海を結ぶカミノ・レアルと呼ばれた2つの都市のあいだで銀を運ぶ労働力として黒人奴隷が動員された。もっとも植民地時代を通じてパマナ地峡にいた黒人のすべてが奴隷状態にあったわけではない。逃亡奴隷による反乱は16世紀には何度も組織された。例えば、バヤノという逃亡奴隷が統べる小王国が現在のバヤノ地域周辺につくられていた。ほかにも、カリブ海沿岸やダリエン地方には、植民地行政による統治の外で生活するパレンケ（逃亡奴隷の集落）がつくられるようになった。「植民地時代到来のアフリカ系」には逃亡奴隷となった人びとの末裔も含まれている。

西インド諸島アフリカ系もまた元アフリカ系奴隷の末裔であるが、地峡への来歴が異なっている。彼らの祖先は、カリブ海域のイギリス、フランス、オランダ植民地における奴隷解放後、19世紀半ばからの米国西部のゴールドラッシュに伴う大陸横断鉄道建設、バナナ・プランテーションの開設、レセップスの水平式運河建設、そして閘門式運河建設までの20世紀初頭まで続いたパナマ地峡の開発の

植民地時代に定住したアフリカ系の子孫が多く住む、サンミゲル湾の入り江の街ラパルマ（筆者撮影）

ために集まった労働者であった。鉄道建設にはジャマイカをはじめカリブ海地域からおよそ5000人が、フランスによる運河建設が始まる1880年から10年の間には5万人を超える労働者たちがアンティール諸島も含めカリブ海全域から集められ、建設事業主が米国に代わるとさらに15万人以上が到来した。

運河建設期のパナマが、マリーズ・コンデの小説『生命の樹』に描かれている。この物語では、グアドループ島のプランテーションから逃れ運河建設で稼ぐために多言語の飛び交うコロン市にやってきた男アルベールが登場する。彼は、ジャマイカ出身の妻となるライザや親友となるジェイコブと出会い、彼らと死に別れる経験を重ね、プランテーション以外の世界を知ってゆく。物語中に登場する黒人指導者マーカス・ガーヴェイの演説を彼の立ち寄ったコロンにて聞き黒人意識に目覚めていったアルベールは、運河建設が終わるとパナマを去り、グアドループ島で事業を始め、人びとから疎まれながらも成功を収めた。

アルベールのように運河建設終了終に帰国した者は多かったが、パナマに留まった西インド諸島出身者も一定数存在したうえに、建設終了後にも移住者は到来した。多くは英領西インド諸島出身であった。彼らは英語が母語である点を生かし、完成したばかりの運河地帯での単純労働や運河地帯とパナマ領土をつなぐビジネスに関わった。ただ運河完成後もパナマにいた彼らは、アルベールの物語にはない差別を経験した。

運河地帯で仕事に就くことができた者は、米国人と明確に異なる賃金体系の下で事実上の人種的隔離状態で暮らしていたとはいえ、通常はパナマ人でも入れない運河地帯での生活や教育はその外に比べれば恵まれていた。それゆえにパナマ人からの妬みを買っていた。パナマ人は同じ視線を運河地帯外の西インド諸島の人びとにも向けたため、彼らは厳しい差別に直面した。１９２６年には「望ましからざる移民」として、西インド諸島からのさらなる移民は禁じられ、すでにパナマで暮らしていた移民には重税が課されるようになった。寡頭支配勢力に対抗して都市部中産階級を中心に支持を集めたアルヌルフォ・アリアス政権は、憲法改正によって彼らの市民権を剥奪した（31章参照）。一方で植民地時代のアフリカ系の人びともパナマ社会の周縁部に位置しており、そのコミュニティがパナマ社会に位置づけられるようになるのは、オマール・トリホス将軍による国家・国民統合を待ってのことである。このように、奴隷制や運河建設や運河地帯などの米国の帝国主義的進出といった各国史を越える歴史的動向と深くかかわって、パナマ社会におけるアイデンティティをめぐるエスニック・カテゴリーはかたちづくられている。

さて21世紀のパナマでは、アフリカ系の人びとは別のかたちでパナマ社会に位置づけられるようになっている。２０００年から5月は「黒人民族の月」、5月30日は「黒人民族の日」という祝日になっている。１８２０年のスペイン領での奴隷廃止にちなんだもので、さまざまな文化活動が行なわれる。植民地時代に到来したアフリカ系の子孫が多く住むポルトベーロでは、ラテンアメリカ諸国から出演者の集まる「悪魔とコンゴの祭り」が開かれるほか、もとの運河地帯でも催しが開かれる。観光産業にも力を入れるパナマ国家の方針とも結び付き、社会に多文化的状況を創出し続ける取り組みが活性化している。

（近藤　宏）

69

中国系コミュニティの拡大

★旧移民と新移民★

パナマに最初の中国人移民集団705名が到来したのは、パナマがまだ独立していない1854年のことである。当時の中国はヨーロッパ列強が仕掛けた帝国主義的侵略によって250年以上続いた清朝の衰退期にあり、労働力不足が深刻であった米国やラテンアメリカ諸国へ送り込むために、中国人が半ば誘拐的な手段で集められていた時期である。パナマではカリブ海側のコロンと太平洋側のパナマ市を結ぶ地峡縦断鉄道建設が1850年に始まっており、マラリや黄熱病で労働者が次々と死亡する中で新たな労働力を必要としていた。

オランダ船が運んできたこの最初の中国人労働者たちは広東省、香港、マカオで集められ、大西洋を横断した61日の船旅で11名が死亡したとはいえ、無事にパナマまで運ばれてきた。1855年に鉄道が完成するまでにパナマに運ばれてきた中国人労働者の数は合計2万人に上っている。スエズ運河を完成させたレセップスが取り組んだ19世紀後半のパナマ運河建設にも、中国人労働者が中国からだけでなく米国やキューバで働いていた中国人たちが集められた。病死者や自殺者が続出したとされるこれらの初期移民のうち、賃金を蓄えて中国から家族を呼び寄せ、花嫁を送り出してもらって家庭をもち、経済的な成功を収めた中国人たちの数は19世紀末までにコロン市を中心に600以上の大小の店を構えるまでになっていた。しかし1903年にパナマがコロンビアから独立すると、パナマ政府は中国人を「好ましからざる住民」と認定して居住地域を制限し、さらに1913年には中国人に人頭税を課し、同時にパナマ社会への同化政策を強化した。この間の1904年に開始された運河建設工事にはスペインやイタリアをはじめとするヨーロッパ諸国の労働者に加えてカリブ海域の島々から多数の労働者が導入されたため、中国人コミュニティの独自の活動は衰退すると同時に、次世代以降の中国人のほとんどは地元パナマ人と結婚するようになった。

1928年に中国人のパナマ市民権取得を強制する法律が制定されると、経済的に安定した生活を築き上げた中国人たちはパナマ市民として暮らす道を選んだ。パナマ・ナショナリズムを掲げたアルヌルフォ・アリアス大統領による1941年の新憲法で中国人のパナマ市民権は剥奪されたが、46年には市民権の復活が認められている。このように20世紀半ばまでのパナマは、中国人移民にとって差別と迫害の「移民受け入れ国」であった。

一方、1949年に中華人民共和国を建国した中国政府は、78年までのほぼ30年にわたって自国民の海外移住を禁止し、出入国を厳しく取り締まったため、この間の中国人海外移住は台湾・香港・マカオなどからの少数にとどまっている。しかし78年に改革開放政策がとられると、様々な目的で海外へ出る中国人が増加した。とくに89年の天安門事件後には中華人民共和国を脱出していずれかの国へ密入国する中国人に対する諸外国の姿勢が「政治的難民」の受け入れ政策の一環として緩めら

移住150周年記念碑が建つアメリカ大橋西側の展望台「中巴公園」（筆者撮影 2017年）

れたため、90年代には中華人民共和国からの脱出移民が急増した。比較的入国しやすいパナマ、ボリビア、パラグアイなどの国に一旦入国した後に、さらに米国へ向かうのが一般的であった。さらに香港の「97年中国返還」が決定されると、香港人の海外脱出が始まった。しかし脱出した中国人がすべて米国に入国できたわけではなかったため、最初に入国した国にとどまった者も少なくなかった。最初に入国したボリビアやパラグアイからパナマまで移動して、米国への密入国を断念しパナマに定住した者も多い。

このような歴史的背景をもつ21世紀のパナマにおける中国人コミュニティは、160年以上の歴史を有する「旧中国移民」コミュニティと中華人民共和国からの移住者「新中国移民」コミュニティの2つのグループに分かれている。旧移民系の子孫の多くが混交を重ねており、パナマ国民である。とくにしたがってパナマにおける中国系コミュニティの規模を知るための統計はパナマ側にはない。1990年、2000年、2010年の過去3回の国勢調査で宗教別・人種別統計が取られなかったため、中国系の経済活動が顕在であるにもかかわらずコミュニティの規模は不明である。21世紀初頭の中国人（華人）移民の世界的な分布状況を調査した張長平の研究によると（参考文献参照）、2000年のパナマにおける中国系人口は約13～15万と推定されている。これは南北アメリカ大陸において米国（243万人）、カナダ（100万人）、ペルー（30万人）に次ぐ規模であった。この他に、パナマ人口の約10％を占めるという推定値やパナマ人の35％は中国人の血を受け継いでいるとする論考もある。これらの中国人のほとんどは台湾、香港、広東省からの移住者とその子孫で、パナマ市内の旧中華街を形成してきた。

一方、高度経済成長を続けて世界第2位の経済大国となった中華人民共和国からの移住者である「新中国移民」のパナマ入国は増加傾向にある。パナマ移民局の外国人移民統計によると、2010年から16年までの7年間の中国人移民認定数は合計3427名で、年平均では500名弱であったが、17年の前半期（1～6月）だけで631名に達していた。さらにこの年の6月には合法的に入国したが滞在ビザが切れて違法滞在者となっていた中国人約1万人に大統領令による恩赦が下され、2～10年の滞在許可が与えられた。2016年6月に開通した拡張パナマ運河（第三閘門）の第1号がパナマの配慮による中華人民共和国の中国援用運輸集団（コスコグループ）の大型船であったことや、2017年のパナマの対中国外交関係が台湾から中華人民共和国へシフトしたことなど（第40章参照）が注目されるなかで、台湾との関係もパナマは大事にしている。そして「旧移民」と「新移民」の対立を緩和させる支援もしている。

パナマ経済に関わる中華人民共和国と台湾の影響は大きい。パナマ運河の2つの出入港である太平洋岸のバルボア港には中華人民共和国のハッチンソン・ワンポア公社（香港資本）が、そしてカリブ海側のコロン港には台湾系の民間企業エバーグリーン社が、世界的大手コンテナ船会社としてコンテナ物流企業・港湾サービスに関わり、多くの雇用を生み出している。エバーグリーン社グループのコロン・ターミナル社（CCT）は1万TEU型コンテナ船の寄港可能な第4バースを完成させたばかりである。パナマ市内には、旧中国人街とは対照的な近代的ショッピングモール「エル・ドラド」に隣接した新中国人商店街が出現している。

（国本伊代）

70

ユダヤ系コミュニティ

★政治・経済の実権を握る知られざる存在★

強力な宗教的アイデンティティを基盤とした共同体を世界各地に保有するユダヤ人のパナマにおける地位は、政治・経済はもとより社会・文化面においても目立つ。パナマはユダヤ人が大統領として一国の実権を握ったことのある、イスラエルを除く世界で唯一の国でもある。世界的にユダヤ教徒のコミュニティの規模を正確に知ることは難しいが、2016年現在のパナマにおけるユダヤ系人口の規模は1～2万人と推定され、しかもその移住の歴史は古い。

パナマは1903年に独立するまでコロンビアの一地方にすぎなかった。しかもコロンビアは16世紀より新大陸の大半を支配下に置いたスペイン植民地の統治拠点の1つであったため、カトリック教徒しか住めない植民地社会における監視の目は厳しかった。そのようななかでもユダヤ人はスペインの新大陸征服期から存在し、信仰を隠しながらこの地域で生きてきた。もちろん異端審問所による監視の目が光る中でユダヤ教徒であることは厳禁であったから、植民地の統治機構が確立されるにしたがって信仰のために新天地を求めてこの地を去っていった者たちも多かった。それでもパナマ地峡のユダ人の存在は途切れることはなかった。しかし信仰によって結びついたユダヤ人コミュニティが公然と組織されるのはコロンビアがスペインから独立した後の19世紀半ばになってからである。１８４９年に最初のユダヤ人慈善協会が設立されている。

１８５０年代のパナマ地峡鉄道工事のさまざまな分野に関わったユダヤ人は、主としてユダヤ人コミュニティの存在が認められていたカリブ海のオランダ植民地キュラソー島とアルバ島からパナマ地峡に移動してきた人びとであった。そしてフランス人レセップスの運河建設が鉄道建設に続くと、カリブ海地域のセントトマス島やジャマイカ島からユダヤ人が到来し、１８７６年に「コル・シェアリト・ユダヤ人協会」を設立した。同協会は21世紀の現在まで存続し続け、貯蓄や共同墓地運営などの相互扶助組織に徹している。

このグループとは別に１８９０年にコロン市内に独自のユダヤ人共同体をつくったユダヤ人グループは、１９１３年にパナマで最初のユダヤ教礼拝堂を建設した。この時期には、アフリカのモロッコ、エジプト、中欧のブルガリアや中近東のパレスティナからユダヤ人移民が渡来してコロン市に定住し、別の礼拝堂を建設している。そしてさらにシリア、トルコ、ギリシャ、ペルシャからの移住者を受け入れたユダヤ人コミュニティは１９３３年にはシェッベット・アヒム慈善協会を設立した。パナマ地峡のコロンビアからの独立（１９０３年）と米国による新たな運河建設の時代には各地からユダヤ人がパナマに入国し、小商売・織物工場経営・輸出業・コーヒー農園経営などにも従事してその存在感を強めていった。以上のユダヤ人はセファラディム系ユダ人に分類される15世紀末にスペインを追放されて地中海沿岸地域に拡散したユダヤ人たちの子孫である。このセファラディム系ユダヤ人と

パナマ市のベツ・エル礼拝堂
内部（筆者撮影　2016年）

は異なる、東欧とロシアで迫害されて世界に拡散していったアシュケナジム系ユダヤ人がパナマに到着するのは、第一次世界大戦後である。

20世紀に入って迫害されたナチス・ドイツ、東欧、ロシアのアシュケナジム系ユダヤ人は、目指した米国が門戸を狭めたために門戸を開いていたラテンアメリカ諸国へ入国した。その最大の受け入れ国は労働者不足に直面していたアルゼンチンである。パナマもユダヤ人の受け入れには積極的で、相当数のアシュケナジム系ユダヤ人が入国したが、統計数字はない。主としてパナマ市内に定住した彼らは1963年にベツ・エル礼拝堂を建設し、ユダヤ人共同墓地を運営してパナマ市内のユダヤ人コミュニティの中心になっている。

2010年代のパナマにおけるユダヤ人社会は、先に紹介した15世紀にスペインから追放されて地中海沿岸地域へ拡散し、さらに新大陸のスペイン植民地各地に定住したセファラディム系ユダ人の子孫とイスラエルの地から11世紀に中欧へ逃亡し、さらに東欧とロシアに転住していったアシュケナジム系ユダヤ人が合わせて推定約1~2万人いるとされる。21世紀のパナマに存在するこの現代ユダヤ人コミュニティの人口の85%はセファラディム系で、アシュケナジム系は絶対的少数派である。しかし20世紀初期まで東欧やロシアで経済的・文化的繁栄を経験してきたアシュケナジム系ユダヤ人はイーディッシュ語（中世ドイツ語を原型として発達した言語）を共有し、広くラテンアメリカ諸国に拡散する現代ユダヤ人コミュニティとの接点を有している。

パナマ国内におけるユダヤ人はすでに紹介したように大統領を誕生させているほど政界における存在感があり、経済界ではブランド名「シトン・コーヒー」で有名なコーヒー農園の経営者、牧畜・養鶏場経営者、不動産・金融・保険・商業などの分野で活動しているだけでなく、フリーゾーンにおける貿易・小売業などにも多数進出している。個々人の職業としては技師・医師・弁護士・研究者・建築家・芸術家・公務員として活躍する人材を誕生させており、その目的のために子弟の教育に努力してきた。ユダヤ人コミュニティの保守派が１９５５年に設立したアルベルト・アインシュタイン校には幼稚園から高校まであり、ヘブライ語を含むユダヤ社会・文化の伝統を受け継ぐ教育を行っている。１９７９年に設立されたパナマ・ヘブライ・アカデミー校は宗教色が薄く、パナマの公教育制度を受け入れ、幼稚園から中等教育前期（日本の中学）までである。２０００年に設立された最も新しいイサアク・ラビン校はユダヤ教徒の伝統を受け継ぎながらも多文化教育を重視する、高い教育水準で知られている。

長い歴史過程の中で言語を含めて文化的差異を形成してきたセファラディム系とアシュケナジム系、さらに各内部で対立する保守派とリベラル派を含めた多様なユダヤ人コミュニティ全体を束ねているのがパナマ・ユダヤ人中央委員会である。同委員会は、パナマ政府やイスラエル政府との交渉を担っているほか、世界のユダヤ人コミュニティとの交流や相互支援の母体となっている。そして青年部、婦人部、各種慈善団体などの組織にコミュニティ・メンバーを取り込んで相互扶助組織を強化するユダヤ系社会は、人口では絶対的少数派であっても、影響力を有する集団である。

（グローリア・カレーニョ／国本伊代訳）

コラム10

パナマにおける多民族社会の光景

国本伊代

パナマの多民族性の特徴は、コロンブスの到達以前からパナマ地域に居住していた先住民族のほかに世界中から来たさまざまな民族集団が比較的平穏に共生していることであろう。

まずコマルカと呼ばれる先住民特別地区の外で見かける先住民は、都市部ではそれと判別することは難しい。街頭でささやかな商品を広げて観光客を待つ物売りの女性たちがその民族衣装でそれとわかる程度である。後述するボカスデルトーロで働くノベ族の人々もスペイン語を話すパナマ人であった。多民族性はむしろ経済格差によって判別できるように思われた。パナマ市で言うなら、中間層には購入できない高額な高層ビルのアパート群に住むのはユダヤ系・レバノン系・トルコ系・欧米系の有産階級である。彼らを判別するのは信仰のために通う教会である。高層ビルが建ち並ぶ新市街地で暮らすパナマ人はこの中間層上位の人々である。

外国企業関係者のほとんどはこの部に入る。世界中から集まっている外国企業の社員たちは、パナマの大学教授の月収に相当する家賃を企業負担で暮らしている。密集する高層ビルの合間には大手スーパーからミニスーパー、高級レストランから持ち帰りのできる安いレストランまであり、日常生活の便宜性は高い。なおこの新市街地の中心部にある超高級高層アパートに住む人々は車で1～2時間ほど離れた別荘地に住宅を持っており、別世界で暮らす大金持ちである。外国人ばかりではない。パナマ人の大金持ちたちもこのような暮らしをしている。

パナマ市やコロン市内には立ち入りが危険な地域がいくつもあるが、そこは貧困の集積地帯でもある。建物も道路も荒れ果て、住んでいる人々も明らかに無職か浮浪者の様相が濃厚である。パナマ市のカスコ・アンティグオと呼ばれる旧市街地はユネスコの世界歴史遺産に認定されて以来、この10数年間に国際的な観光地へと見事に変貌した。しかしそこから数ブロック外れると風景は一変して、街頭の物売りと雑然とした小さな商店の街並みになる。ここで見かける人々は先住民系、アフリカ系、アジア系、そしてそれらが混血したパナマ人たちである。

パナマ大学の正門（筆者撮影　2017年）

パナマ国民の民族多様性を外観で識別することは難しいが、それをパナマ大学で知ることができる。パナマ大学は学生数6万5000人（2017年）を超すマンモス大学である。ただしこの数字には全国に点在する分校で学ぶ学生数も入っている。首都パナマ市の新市街地の中心に近いエルカングレホ地区の緑豊かな広大な丘陵地帯に、パナマ大学の本校とも呼ぶべき19の学部を擁するキャンパスがある。パナマ大学には分校の他に「ヴァーチャル・キャンパス」が設置されており、遠隔の僻地においても大学教育を受けることができる。先に紹介したボカスデルトーロ県のコロン島で出会った観光案内所で働く青年はこのような方法で学んでいる最中の若者であった。ノベ族の出身で、先住民特別区の外で育ったこの青年はノベ語を話せるが、読み書きは出来ない。パナマ大学の本校キャンパスではノベ語のコースはあるが、ヴァーチャル・キャンパスには外国語教育はない。しかし本校の外国語教育センターには、英語・フランス語・ドイツ語・イタリア語・ポルトガル語のほかにロシア語・韓国語・中国語（2017年は休講）・日本語・トルコ語のコースがあり、さらに先住民の言語であるノベ語とグナ語のクラスが開講されている。

◆パナマ旧市街地カスコ・アンティグオの中華街◆

中華街入口の大門（国本伊代撮影　2017年）

中華街中心（国本伊代撮影　2017年）

◉参考・参照文献資料案内（邦語文献五十音順、欧文文献アルファベット順）（著者名五十音順）

【一般書】

アラウス他（若林庄三郎訳）『スペイン植民地下のパナマ』（近代文芸社、１９９５年）。

国本伊代・小林志郎・小澤卓也『パナマを知るための55章』（明石書店、２００４年）。

小林志郎『パナマ運河―百年の攻防と第二運河構想の検証』（近代文芸社、２０００年）。

――『パナマ運河メガプロジェクト―世界貿易へのインパクトと第三閘門運河案の徹底検証』（文真社、２００７年）。

佐藤次男『幻の潜水空母、帝国海軍最後の作戦パナマ運河爆砕』（光人社、２００１年）。

志賀櫻『タックス・ヘイブン―逃げていく税金』（岩波新書、岩波書店、２０１３年）。

島崎博『中米の世界史』（古今書院、２０００年）。

ハワーズ、デイヴィッド（塩野崎宏訳）『パナマ地峡秘史―夢と残虐の四百年』（リブロポート、１９９４年）

笛田千容「パナマ―運河の国の新たな挑戦と女性を取り巻く社会の姿」（国本伊代編『ラテンアメリカ―21世紀の社会と女性』、新評論、２０１５年）。

二村久則・野田隆・牛田千鶴・志垣光浩『ラテンアメリカ現代史　Ⅲ』（山川出版社、２００６年）。

細野昭雄・遅野井茂雄・田中高『中米・カリブ危機の構図―政治・経済・国際関係』（有斐閣、１９８７年）。

松井恵子『パナマ―歴史と地図で旅が10倍おもしろくなる』（三冬社　２０１６年）。

マルカー、デーヴィッド（鈴木主税訳）『海と海をつなぐ道―パナマ運河建設史』（富士出版社、２００４年）。

山本厚子『パナマから消えた日本人』（山手書房新書、１９９１年）。

――『パナマ運河百年の攻防―１９０４年から返還まで』（藤原書店、２０１１年）。

【参考文献・資料】

Ｉ部　数字で読む世界の中の21世紀のパナマ

(デジタル統計・文献資料)

アメリカ合衆国中央情報局（ＣＩＡ）［https://www.cia.gov/］

――― “The World Factbook.”

国際通貨基金（ＩＭＦ）［http://www.imf.org］

――― “World Economic Outlook Database.”

国連ラテンアメリカ・カリブ経済委員会（UN CEPAL）［http://www.cepal.org.población］

――― “Anuario Estadístico de América y Caribe.”

――― “CEPALSTAT/Database and Publications.”

――― “Observatorio de Igualdad de Género de América Latina y el Caribe.”

――― “Población Indígena en América Latina.”

国連開発計画（ＵＮＤＰ）［http://www.undp.org/］

――― *Human Development Report.* UNDP, 2000-2017.

世界銀行 (World Bank)［http://www.worldbank.org/］

――― “GINI Index.”

――― “Poverty and Inequality Indicators.”

――― “The Worldwide Governonce Indicators.”

――― “The Little Data Book.”

――― “World Development Indicators.”

世界経済フォーラム (World Economic Forum)［http://www.weforum,org/］

――― “Global Gender Report.”

トランスペアレンシー・インターナショナル（ＴＩ）［http://www.transparency-prg/］

――― “Corruption Perceptions Index.”

パナマ国立統計国勢調査研究所（ＩＮＥＣ）［http://www.contraloria.gob.pa/INEC］

——— "XI censo nacinal de población y vivienda."
——— "Encuesta del Mercado Laboral."
Centroamérica en cifras 1980-2000. San José, Costa Rica: Universidad de Costa Rica, 2002.
Jaén Suárez, Omar. *La población del Istmo de Panamá: Estudios de Geohistoria.* Madrid: Ediciones de Cultura Hispánica, 1998.
Revista Summa. [www.revistasumma.com/]

Ⅱ部　16世紀に拓かれた地球の十字路

Abbot, Willis J. *Panama and the Canal in Picture and Prose.* London: Syndicate Publishing Co., 1913.
García, Carlos. *Cuatro siglos del Canal.* Panamá: Editorial Universitario, 2001.

Ⅲ部　運河建設の実現に向けて

De la Esoriella, Ricardo III. *Panamá, resumen histórico ilustrado del Istmo, 1501-1994.* Panamá: Antíguas Films, 1994.
Díaz Espino, Ovidio. *How Wall Street Created a Nation.* New York & London: Four Wallis Eight Windos, 2001.
Oliver, Carl R. *Panama's Canal.* New York: A Franklin Watts Library Edition, 1990.
Schott, Joseph L. *Rails across Panama: The Story of the Building of the Panama Railroad 1849-1855.* New York: The Bobbs-Mervill Co. Inc., 1967.
Sullivan, Johon. *Report on Historical and Technical Information Relating to the Problem of International Communication by Way of the American Istmus.* Washington, D.C.: Government Printing Office, 1883.
Varille, Philipípe Burau. *The Creation, Destruction and Resurrection.* London: Constable & Co. Ltd., 1913.

Ⅳ部　パナマ運河の建設

Avery, Ralph Emmett. *America's Triumph at Panama.* Chicago: The I.W. Walter Co. 1913.
Bethell, Leslie, ed. *Cambridge History of Latin America.* VII. Cambridge: Cambridge University Press, 1990.
Dual Jr., Miles P. *And the Mountains Will Move: The Story of the Building of the Panama Canal.* Westport, N.N.: Greenwood Press, 1975.

Jorden Jr. William. *Panama Odyssey.* Austin: University of Texas Press, 1984.
MacCullough, David. *The Path between the Seas: The Creation of the Panama Canal 1870-1914.* New York: Simon & Schuster, Inc., 1963.

Ⅴ部　米国がつくったパナマ運河とパナマの運命

小澤卓也「パナマ運河の返還と国旗をめぐるナショナリズム」（『アメリカ研究』８号、２００３年）。
本橋正『アメリカ外交史概説』（東京大学出版会、１９９３年）。
Atlantic-Pacific Interoceanic Canal Study Commission. *Interoceanic Canal Studies 1970.* Washington, D.C.: Government Printing Office, 1993.
Bethell, Leslie, ed. *Cambridge History of Latin America.* VII. Cambridge: Cambridge University Press, 1990.
Commission for the Study of Alternatives to the Panama Canal. *A Feasibility Report.* Panama City: CAS Office, 1993.
Gurdián, Reymundo. *Visión nacional sobre el canal y las aréas revertidas.* Panamá: Editorial Universitaria “Carlos Manuel Gasteazoro”, 1999.
Falcoff, Mark. *Panama's Canal.* Washington, D.C.: American Enterprise Institute, 1998.
Randal, Stephen and Gaeme Mount. *The Caribbean Basin: An International History.* London & New York: Rourtledge, 1998.

Ⅵ部　米国からの自立を目指す21世紀のパナマの政治・経済

外務省「日本・パナマ外相会談共同プレス・ステートメント」（２０１４年３月３日）。

———「日・パナマ首脳会談」（２０１６年４月20日）。

カーペンター、マリー（黒沢令子訳）『カフェインの真実—賢く利用するために知っておくべきこと』（白揚社、２０１６年）。

澤田好史「パナマで人工ふ化キハダ稚魚・幼魚の海面生簀での飼育に成功」『養殖ビジネス』（第53第２号、33—36頁、２０１６年）。

ジェトロ（JETRO）「外資に関する奨励—パナマ・中南米・国・地域別にみる」（２０１７年３月）。［https://www.jetro.go.jp/world/cs_america/pa/invest_03.html］

――――「ニューヨーク事務所「中南米ビジネス拠点の比較と米国企業の活用事例」（『ＪＥＴＲＯレポート』、２０１４年３月号）。
東洋経済編『海外進出企業総覧　国別編』（東洋経済、２０１７年）。
西澤裕介「中米諸国の政治・経済動向」（『ＪＥＴＲＯレポート』、２０１７年３月）。
――――「米州のハブ機能の強化が進むパナマ」（『ラテンアメリカ時報』、２０１４夏号）。
日笠徹「パナマ―コロン・フリーゾーン」（『ラテンアメリカ時報』、２０１５／１６年冬号）。
細野昭雄『南米のチリをサケ輸出大国に変えた日本人たち』（ダイヤモンドビッグ社、２０１０年）。
ホフマン、ジェームズ（丸山健太郎 日本語版監修）『ビジュアルスペシャルティコーヒー大事典』（日経ナショナルジオグラフィック社、２０１５年）。
丸谷雄一郎『ウォルマートのグローバル・マーケティング戦略』（創成社、２０１３年）。
丸谷雄一郎『グローバル・マーケティング戦略』（有斐閣、２０１７年）。
丸谷雄一郎「ウォルマートの中米地峡市場における現地適応化戦略」（『東京経済大学会誌』第２８６号、39―65頁、２０１４年）。
CGTN America.“In historic move, Panama and China establish diplomatic relations.” [https://america.cgtn.com/2017/06/12/panama-establishes-diplomatic-relations-with-china]
Congressional Research Service.“Panama: Background and U.S. Relations.” [https://fas.org/sgp/crs/row/R43620.pdf]
Global Trade Atlas [https://www.worldtradestatics.com/gta]
New York Times. “ Ministers at OAS Meeting Fail to Agree on Venezuela Resolution.” [https://www.nytimes.com/reuters/2017/06/19/world/americas/19reuters-mexico-oas.html]
Organization of American States. “ Message from OAS Secretary General on Venezuela.” [http://www.oas.org/en/media_center/press_release.asp?sCodigo=E-047/17]
Sarah Harper, Hector M. Guzman, Kyrstn Zylich, and Dirk Zeller. “Reconstructing Panama's Total Fisheries Catches from 1950 to 2010: Highlighting Data Deficiencies and Management Needs.” *Marine Fisheries Review*, Vol.76(1-2).
U.S. White House. “Readout of President Donald J. Trump’s Meeting with President Juan Carlos Varela of Panama.” [https://www.whitehouse.gov/the-press-office/2017/06/19/readout-president-donald-j-trumps-meeting-president-juan-carlos-varela]

Ⅶ部　モノ・カネ・ヒトの交差点

ＡＮＡ総合研究所『航空産業入門』（第2版、東洋経済新報社、２０１７年）。

オーバーマイヤー、バスティアン／フレデリック・オーバーマイヤー（姫田多佳子訳）『パナマ文書』（ＫＡＤＯＫＡＷＡ、２０１６年）。

合田寛『これでわかるタックスヘイブン巨大企業・富裕層の税逃れをやめさせろ』（合同出版、２０１６年）。

中沢夏樹「コパ航空―米州のハブ実現に向け路線を広げる」（『ジェトロセンサー』、第６６８号、64～65頁、２００６年）。

村上英樹「ＬＣＣ参入後の航空市場形態」（『運輸と経済』第72巻第12号、２０１２年）。

ラブルース＆クトゥジス（浦和起央訳）『麻薬と紛争―麻薬の戦略地政学』（三和書籍、２００２年）。

渡邉哲也『パナマ文書―「タックスヘイブン狩り」の衝撃が世界と日本を襲う』（徳間書店、２０１６年）。

Panamá. Dirección de Migración. Servicio Nacional de Migración. "Aprobados por migración 2010-2017." [https://www.panamatranita.gob.pa/]

Ⅷ部　グローバル化の中のパナマ社会の変化と課題

オーバーマイヤー、バスティアン／フレデリック・オーバーマイヤー（姫田多佳子訳）『パナマ文書』（角川書店、２０１６年）。

国際協力機構（ＪＩＣＡ）「世界の様子：国別生活情報、各国における取り組みパナマ」（ＪＩＣＡ、２０１５年）。

――「ＯＤＡ国別開発方針・パナマ共和国」（ＪＩＣＡ、２０１６年）。[http://www.mofa.go.jp/mofa/area/panama/data.html.section5]

橘　玲『永遠の旅行者』（上下、幻冬舎、２０１３年）。

――『タックスヘイブン』（幻冬舎、２０１６年）。

――『マネーロンダリング』（幻冬舎、２００３年）。

手島龍一『汝の名はスパイ、裏切者、或いは　詐欺師―インテリジェンスの畸人伝』（マガジンハウス、２０１６年）。

日笠徹・明智洸一郎・一柳二郎・狩谷求「パナマ共和国の今」（『ラテンアメリカ時報』、２０１４年夏号）。

平岩弓枝『パナマ運河の殺人事件』（角川文庫、１９９１年）。

ル＝カレ、ジョン（田口俊樹訳）『パナマの仕立屋』（集英社、１９９９年）。

Araúz, Harry Brown. “Elecciones 2014: el realineamiento del sistema de partidos panameño.” *Revista Panameña de Política,* 2015: 55-82.

Araúz, Harry Brown. MPI (Migration Policy Institute).“America’s Emigrants: U.S. Retirement Migration to Mexico and Panama.” [http://www.migrationpolicy.org/article/americas-emigrants-us-retirement-migration]-mexico-panama).

——— “Central American Immigrants in the United States, April 5,2017.” [http://www.migrationpolicy.org/article/central-american-immigrants-united-states]

UN (United Nation), Department of Economic and Social Affairs, Population Division. “Trend in International Migrant Stock: The 2015 Revision.”

——— “Total International Migrant Stock, and by Destination and Origin.” [http://www.un.org/en/department/desa/population/migration/data/estimate2/estimate15 shtml]

UNWTO (United Nations, World Tourism Organization).*Tourism Highlights 2016* (UNWTO, 2017).

World Bank.“Migration and Remittance Data, Annual Remittance Data: Inflow/ Outflow, April 2017.” [http://www.worldbank.org.en/topic/imigrationremittancediasporaissues/brief/mig]

World Economic Forum. *The Travel and Tourism Competitiveness Report 2017* (WEF, 2017).

Ⅸ部　自立と国際的地位を確立したパナマ

馬木昇『パナマ便宜置籍船の法律実務―株式会社法船舶登記登録法・船舶抵当法』（成山堂書店、１９９３年）。

榎本喜三郎『「便宜置籍船法」問題論集』（近藤記念海事財団、１９９９年）。

Gandasagui, Marco A. “El desino de las exbases militares de EE.UU. en Panamá.” [www.vecinosconflicto.com]

“List of former Unitd States Military Instalations in Panama.” [https://en.wikipedia.org/wiki/list-of-former-United-States-military-instalations-in-Panama]

Selser, Gregoria. “ Las bases militares de EE.UU. en Panamá: El destino de Comando Sur y de la Escuela de las Américas.” *Nueva Sociedad*, no.63 (1982).

コンデ，マリーズ（菅啓次郎訳）『生命の樹あるカリブの家系の物語』（平凡社、１９９８年）。
張長平「華人の世界分布と地域分析」（東洋大学『国際地域学研究』第12号、２００９年）。
Avni, Haim. *Judíos en América: Cinco siglos de historia.* Madrid: Editorial Mapfre, 1992.
Bolaños, Rocío Rodrigo.“Vulnerabilidad a la violencia en la inmigración: mujeres nicaragüenses y panameñas en el tránsito migratorio hacia Costa Rica.” Carlos Sandoval, ed., *El mito roto: inmigración y emigración en Costa Rica.* San José, C.R.: Editorial UCR, 2015.
Curtis, Ariana A. “Becoming More and More Panamanian: Contemporary Constructions of West Indian Identity in Urban Panama." Ph.D. Diss. American University, 2012.
Centro de Comunicaciones Organización Sionista Mundial. [http://izionist.org/esp.panama/]
Chen, B.A. *Cómo, cuándo y porqué llegaron los chinos a Panamá.* Panama: Manament Development Corp., 2006.
Colegio Albert Einsten. [http://iae.edu/new/jewish-life/]
Congregacion Kol Shearit. [http://congksi.blogspot.mx/2011/11/instaracion-de-la-logia-carlos-zelenka.html]
Dayán de Mizrachi, Sell y Nadhji Arjona. *La saga de los sefaraditas del Medio Oriente en Panamá.* Panama: Sociedad Israelita de Beneficencia Shevet Ahim, 1986.
Idiáquez, José. *En búsqueda de esperanza: migración ngäbe a Costa Rica y su impacto en la juventud.* San José, C.R.: Servicio Jesuita para Migrantes, Panamá: Servicio Jesuita a Refugiados, 2012.
IWGIA (International Working Group for Indigenous Affairs). *The Indigenous World: Panama.* Copenhagen: IWGIA, 2010-2016.
Kondo, Hiroshi. “Conflicto interétnico y autonomía indígena: Una historia corta de la comarca Embéra-Wounaán.” *CATEDRA* (Revista de la Faultad de las las Humanidades de la Universidad de Panamá), núm.13, 2016.
Mon, Ramon. “Mecanismos de adaptación psicológica y procesos de integración de los inmigrantes chinos.” *Revista Cultural Lotería*, no.459 (2004).
——— “The Chinese of Panama Also Have a Story to Tell.” *ReVista,* Spring 2013 (Harvard University David Rockefeller Center for Latin American Studies, 2013).
OACNUDH (Oficina Regional para América Central del Alto Comisionado de las Naciones Unidas para los Derechos Humanos).

Diagnóstico sobre la situación de los derechos humanos de los pueblos indígenas en América Central. Panamá: OACNUDH, 2011.

Panamá. INEC. *Diagnóstico de la población afrodescendiente en Panamá con base en los datos del XI Censo de Población y VII Vivienda de 2010*. Panamá City: INEC, 2015.

——— *Diagonóstico de la población indigena de Panamá con base en los censos de Población y Vivinda 2010*. Panamá City: INEC, 2015.

PGN (Procuraduría General de la Nación). *Código Procesal Penal de la República de Panamá: Comentado*. Panamá: Oficina de Implementación del Sistema Acusatorio, 2016.

Tam, Juan. *Huellas chinos en Panamá.: 150 años de presencia*. Panamá: Unico Impresores, 2006.

Valiente López, Aresio. *Derechos de los pueblos indígenas de Panamá*. San José, Costa Rica: Impresora Gossestra Internacional S.A., 2002.

動・防災・環境への支援」（国本伊代編著『カリブ海世界を知るための 70 章』、明石書店、2017 年）など。

額田　有美（ぬかだ　ゆみ）［66、67］
大阪大学大学院人間科学研究科博士後期課程。
【主要著作】
『裁判員裁判時代の法廷通訳人』（大阪大学出版会、2016 年）；主な論文に “El perito cultural como traductor cultural: análisis cualitativo del peritaje cultural en Costa Rica”（『ラテンアメリカ研究年報』第 35 号、2015 年）など。

藤岡　潔（ふじおか　きよし）［52］
元在パナマ日本国大使館専門調査員。国際基督教大学教養学部国際関係学部卒業。神戸大学大学院国際協力研究科博士後期課程中退。在パナマ日本大使館および在エクアドル日本国大使館にて専門調査員を歴任。パナマ在住。

丸谷　雄一郎（まるや　ゆういちろう）［43、44、47、49］
東京経済大学経営学部教授。商学修士(中央大学)。グローバル・マーケティング論専門。
【主要著作】
『グローバル・マーケティング論（第 5 版）』（創成社、2015 年）、『ウォルマートのグローバル・マーケティング戦略』（創成社、2013 年）、『ラテンアメリカ経済成長と広がる貧困格差』（創成社、2009 年）、『変貌するメキシコ小売産業―経済開放政策とウォルマートの進出』（白桃書房、2003 年）。主な共著:『グローバル・マーケティング戦略』（有斐閣、2017 年）、『小売 & サービス業のフォーマットデザイン』（同文舘出版、2016 年）、『ドミニカ共和国を知るための 60 章』（明石書店、2013 年）、『現代メキシコを知るための 60 章』（明石書店、2011 年）など。

1900-1950（共著、DVD Editado por:Tribuna Israelita,Comunidad Ashkenazí de México, Centro de Documentación de la Comunidad Ashkenazí,Comunidad Maguén David,y Archivo General de la Nación.México, D.F.:2005）、El convenio ilusorio: refugiados polacos de Guerra en México,1943 -1947 (共著、México: Cartapadio、1998) など、メキシコ近現代史およびメキシコにおけるユダヤ人コミュニティを対象とした論文著作多数。

＊国本　伊代（くにもと　いよ）［1、2、3、4、5、6、7、8、9、10、11、12、13、14、50、53、57、59、60、61、62、69、コラム 1、9、10］
編著者紹介を参照。

小林　志郎（こばやし　しろう）［15、16、17、18、19、20、21、22、23、24、25、26、27、28、41、46、48、51、コラム 2、3、4］
パナマ運河研究家。早稲田大学大学院商学研究科修了。中南米地域経済開発調査。JETRO アルゼンチン駐在。元「パナマ運河代替案調査委員会日本政府代表」（1986—1991 年）。アルゼンチン開発調査(1995 年)。パナマ政府返還地域開発アドバイザー(2000 － 2002 年)。パナマ港湾開発調査（2002 － 2004 年)。パナマ運河閘門評価調査（2003 － 2004 年)。

【主要著作】
『ニカラグアを知るための 55 章』（共著、明石書店、2016 年)、『ラテンアメリカを知る辞典』（共著、平凡社、2013 年)、『パナマ運河、百年の攻防と第二運河構想の検証』（近代文芸社、2000 年)、『現代中米・カリブを読む』（共著、山川出版社、2008 年)、『パナマ運河拡張メガプロジェクト』（文真堂、2007 年)、『パナマを知るための 55 章』（共著、明石書店、2004 年)。

近藤　宏（こんどう　ひろし）［56、64、65、68、コラム 8］
立命館大学衣笠総合研究機構専門研究員。立命館大学先端総合学術研究科一貫制博士課程修了。博士（学術)。

【主要著作】
「毒と贈り物—先住民エンベラにおける社交の想像から見る贈与」（岸上伸啓編『贈与論再考』臨川書店、2016 年)、「毒蛇と獲物 — 先住民エンベラに見る動物殺しの布置」（奥野克巳・シンジルト編『動物殺しの民族誌』、昭和堂　2016 年)、「動物－論理の発見:隷従・憎悪に抗する思考としての構造人類学」（渡辺公三、石田智恵、冨田敬大編『異貌の同時代』以文社、2017 年)、訳書にエドゥアルド・ヴィヴェイロス・デ・カストロ『インディオの気まぐれな魂』（共訳、水声社、2015 年)、エドゥアルド・コーン『森は考える』（共訳、亜紀書房、2016 年）などがある。

杉浦　篤（すぎうら　あつし）［42、54、55、63、コラム 6、7］
日本ボリビア協会専務理事。神戸大学経済学部卒。トヨタ自動車、関西デジタル本、ウィルソンラーニング・ワールドワイドなどに勤務。

【主要著作】
「日本の ODA 政策とドミニカ共和国」、「顔の見える ODA 政策」、「新しい支援政策の現場を見る」（国本伊代編『ドミニカ共和国を知るための 60 章』、明石書店、2013 年)、「カリブ海の観光産業」、「日本とカリブ海域とのヒトとモノの交流」、「カリブ海域諸国への日本の開発援助」、「日本のカリブ海域水産産業への支援」、「カリブ海域の気候変

【執筆者紹介】（［　］は担当章、50 音順、＊は編著者）

石垣　泰司（いしがき　やすじ）［38、39、40］
東北大学法学部および米国オハイオ州オバリン大学政治学科卒業。（公財）日本国際フォーラム評議員 / 東アジア共同体評議会議長。外務省国際連合局担当官房審議官、法務省入国管理局総務課長、在サンパウロ総領事、ドミニカ共和国大使（ジャマイカおよびバハマ兼任）、レバノン大使、フィンランド大使（エストニア兼任）を歴任。退官後、東海大学法学部教授、東海大学法科大学院教授、外務省参与（アジア・アフリカ法律諮問委員会日本委員）などを務める。
【主要著作】
「テロとの戦いにおける国際機構の役割と人権問題」（『慶應法学』、2006 年号）、『国際機構』（庄司克宏編、岩波書店、2006 年）、『国際関係法辞典』（国際法学会編、三省堂、2005 年）、「ハイチ・ドミニカ共和国関係の歴史的考察及び展望」（『外務省調査月報』1994 年度 No.2）、「欧州に拡大する域内国境管理撤廃レジーム（シェンゲン体制）に関する一考察」（『東海法学』、2003 年号）など。

太田　潔（おおた　きよし）［45］
天理大学非常勤講師。
【主要著作】
「現代コスタリカのコーヒー事情（2）―コーヒー産業の進化」、「現代コスタリカのバナナ事情―新たな挑戦へ」、「パイナップル生産―断トツ世界一の輸出国」（国本伊代編『コスタリカを知るための 60 章』、改定増補版、明石書店、2016 年）、「メキシコにおけるスペイン市民戦争難民についての一考察―その経緯、規模および状況」（『季刊 iichiko』、第 98 号、2008 年 ）、「コスタリカ・コーヒー栽培農民の生き残り戦略―グローバル市場自由化の大波のなかで」（石黒馨・上谷博編『グローバルとローカルの共振―ラテンアメリカのマルチチュード』、人文書院、2007 年）など。

小澤　卓也（おざわ　たくや）［29、30、31、32　33、34、35、36、37、58、コラム 5］
立命館大学大学院文学研究科博士後期課程修了。文学博士（立命館大学）。現在、神戸大学大学院国際文化学研究科准教授。
【主要著作】
『ラテンアメリカはどこへ行く』（分担執筆、ミネルヴァ書房、2017 年）、『教養のための現代史入門』（共編著、ミネルヴァ書房、2015 年）、『コーヒーのグローバル・ヒストリー―赤いダイヤか、黒い悪魔か』（単著、ミネルヴァ書房、2010 年）、『先住民と国民国家―中央アメリカのグローバルヒストリー』（単著、有志舎、2007 年）ほか。

カレーニョ、グローリア（Gloria Celina Carreño Alvarado）［70］
メキシコ国立定期刊行物資料館専門司書。メキシコ国立自治大学（UNAM）講師（情報・資料処理技術講義）。メキシコ・ユダヤコミュニティ Comunidad Maguen David 歴史資料室管理責任者。サンニコラス・デ・イダルゴ・ミチョアカン大学卒（メキシコ史専攻）。
【主要著作】
El Archivo Histórico de la UNAM.*Cincuenta años de aportaciones y vinculación con la sociedad*（共著、México, Ciudad de México: UNAM-IISUE、2017）、*Los niños de la Hacienda de Santa Rosa: Una historia de refugiados polacos en México 1943-1947*（共著、México, D.F.: Impresora y Encuadernadora Progreso, 2010）、*Estudio Histórico Demográfico de la Migración Judía a México,*

【編著者紹介】

国本　伊代（くにもと　いよ）

中央大学名誉教授。日本ボリビア協会理事。（公財）海外日系人協会評議員。歴史学博士（テキサス大学オースティン校）、学術博士（東京大学）、日本ラテンアメリカ学会理事長（1998 〜 2000 年）。歴史学・ラテンアメリカ近現代史専攻。

【主要著書・論文】

『カリブ海世界を知るための 70 章』（編著者、明石書店、2017 年）、『コスタリカを知るための 60 章』（改定増補版、編著者、明石書店、2016 年）、『ラテンアメリカ—21 世紀の社会と女性』（編著者、新評論、2015 年）、『ビリャとサパタ』（世界史リブレット・人、山川出版社、2014 年）、『ドミニカ共和国を知るための 60 章』（編著者、明石書店、2013 年）、『現代メキシコを知るための 60 章』（編著者、明石書店、2011 年）、ジョン・ヘミング『アマゾン—民族・征服・環境の歴史』（共訳、東洋書林、2010 年）、『メキシコ革命とカトリック教会—近代国家形成過程における国家と宗教の対立と宥和』（中央大学出版部、2009 年）、『メキシコ革命』（世界史リブレット、山川出版社、2008 年）、『メキシコの歴史』（新評論、2002 年）、『ラテンアメリカ—新しい社会と女性』（編著者、新評論、2000 年）など。

エリア・スタディーズ　42

パナマを知るための 70 章【第 2 版】

2004年 8 月31日　初　版 第 1 刷発行
2018年 1 月31日　第 2 版 第 1 刷発行

編著者　国　本　伊　代
発行者　大　江　道　雅
発行所　株式会社 明石書店
〒 101–0021 東京都千代田区外神田 6-9-5
電話 03（5818）1171
FAX 03（5818）1174
振替　00100-7-24505
http://www.akashi.co.jp/

組版／装丁　明石書店デザイン室
印刷／製本　モリモト印刷株式会社

（定価はカバーに表示してあります）　ISBN978-4-7503-4619-9

エリア・スタディーズ

1 現代アメリカ社会を知るための60章
明石紀雄、川島浩平 編著

2 イタリアを知るための62章【第2版】
村上義和 編著

3 イギリスを旅する35章
辻野功 編著

4 モンゴルを知るための65章【第2版】
金岡秀郎 著

5 パリ・フランスを知るための44章
梅本洋一、大里俊晴、木下長宏 編著

6 現代韓国を知るための60章【第2版】
石坂浩一、福島みのり 編著

7 オーストラリアを知るための58章【第3版】
越智道雄 著

8 現代中国を知るための44章【第5版】
藤野彰、曽根康雄 編著

9 ネパールを知るための60章
日本ネパール協会 編

10 アメリカの歴史を知るための63章【第3版】
富田虎男、鵜月裕典、佐藤円 編著

11 現代フィリピンを知るための61章【第2版】
大野拓司、寺田勇文 編著

12 ポルトガルを知るための55章【第2版】
村上義和、池俊介 編著

13 北欧を知るための43章
武田龍夫 著

14 ブラジルを知るための56章【第2版】
アンジェロ・イシ 著

15 ドイツを知るための60章
早川東三、工藤幹巳 編著

16 ポーランドを知るための60章
渡辺克義 編著

17 シンガポールを知るための65章【第4版】
田村慶子 編著

18 現代ドイツを知るための62章【第2版】
浜本隆志、髙橋憲 編著

19 ウィーン・オーストリアを知るための57章【第2版】
広瀬佳一、今井顕 編著

20 ハンガリーを知るための60章【第2版】 ドナウの宝石
羽場久美子 編著

21 現代ロシアを知るための60章【第2版】
下斗米伸夫、島田博 編著

22 21世紀アメリカ社会を知るための67章
明石紀雄 監修 赤尾千波、大類久恵、小塩和人、落合明子、川島浩平、高野泰 編

23 スペインを知るための60章
野々山真輝帆 著

24 キューバを知るための52章
後藤政子、樋口聡 編著

25 カナダを知るための60章
綾部恒雄、飯野正子 編著

26 中央アジアを知るための60章【第2版】
宇山智彦 編著

27 チェコとスロヴァキアを知るための56章【第2版】
薩摩秀登 編著

28 現代ドイツの社会・文化を知るための48章
田村光彰、村上和光、岩淵正明 編著

29 インドを知るための50章
重松伸司、三田昌彦 編著

30 タイを知るための72章【第2版】
綾部真雄 編著

31 パキスタンを知るための60章
広瀬崇子、山根聡、小田尚也 編著

32 バングラデシュを知るための66章【第3版】
大橋正明、村山真弓、日下部尚徳、安達淳哉 編著

33 イギリスを知るための65章【第2版】
近藤久雄、細川祐子、阿部美春 編著

エリア・スタディーズ

34 現代台湾を知るための60章【第2版】
亜洲奈みづほ 著

35 ペルーを知るための66章【第2版】
細谷広美 編著

36 マラウィを知るための45章【第2版】
栗田和明 著

37 コスタリカを知るための60章【第2版】
国本伊代 編著

38 チベットを知るための50章
石濱裕美子 編著

39 現代ベトナムを知るための60章【第2版】
今井昭夫、岩井美佐紀 編著

40 インドネシアを知るための50章
村井吉敬、佐伯奈津子 編著

41 エルサルバドル、ホンジュラス、ニカラグアを知るための45章
田中高 編著

42 パナマを知るための70章【第2版】
国本伊代 編著

43 イランを知るための65章
岡田恵美子、北原圭一、鈴木珠里 編著

44 アイルランドを知るための70章【第2版】
海老島均、山下理恵子 編著

45 メキシコを知るための60章
吉田栄人 編著

46 中国の暮らしと文化を知るための40章
東洋文化研究会 編

47 現代ブータンを知るための60章
平山修一 著

48 バルカンを知るための66章【第2版】
柴宜弘 編著

49 現代イタリアを知るための44章
村上義和 編著

50 アルゼンチンを知るための54章
アルベルト松本 著

51 ミクロネシアを知るための60章【第2版】
印東道子 編著

52 アメリカのヒスパニック=ラティーノ社会を知るための55章
大泉光一、牛島万 編著

53 北朝鮮を知るための51章
石坂浩一 編著

54 ボリビアを知るための73章【第2版】
真鍋周三 編著

55 コーカサスを知るための60章
北川誠一、前田弘毅、廣瀬陽子、吉村貴之 編著

56 カンボジアを知るための62章【第2版】
上田広美、岡田知子 編著

57 エクアドルを知るための60章【第2版】
新木秀和 編著

58 タンザニアを知るための60章【第2版】
栗田和明、根本利通 編著

59 リビアを知るための60章
塩尻和子 著

60 東ティモールを知るための50章
山田満 編著

61 グアテマラを知るための65章
桜井三枝子 編著

62 オランダを知るための60章
長坂寿久 著

63 モロッコを知るための65章
私市正年、佐藤健太郎 編著

64 サウジアラビアを知るための63章【第2版】
中村覚 編著

65 韓国の歴史を知るための66章
金両基 編著

66 ルーマニアを知るための60章
六鹿茂夫 編著

エリア・スタディーズ

67 **現代インドを知るための60章**
広瀬崇子、近藤正規、井上恭子、南埜猛 編著

68 **エチオピアを知るための50章**
岡倉登志 編著

69 **フィンランドを知るための44章**
百瀬宏、石野裕子 編著

70 **ニュージーランドを知るための63章**
青柳まちこ 編著

71 **ベルギーを知るための52章**
小川秀樹 編著

72 **ケベックを知るための54章**
小畑精和、竹中豊 編著

73 **アルジェリアを知るための62章**
私市正年 編著

74 **アルメニアを知るための65章**
中島偉晴、メラニア・バグダサリヤン 編著

75 **スウェーデンを知るための60章**
村井誠人 編著

76 **デンマークを知るための68章**
村井誠人 編著

77 **最新ドイツ事情を知るための50章**
浜本隆志、柳原初樹 著

78 **セネガルとカーボベルデを知るための60章**
小川了 編著

79 **南アフリカを知るための60章**
峯陽一 編著

80 **エルサルバドルを知るための55章**
細野昭雄、田中高 編著

81 **チュニジアを知るための60章**
鷹木恵子 編著

82 **南太平洋を知るための58章** メラネシア ポリネシア
吉岡政德、石森大知 編著

83 **現代カナダを知るための57章**
飯野正子、竹中豊 編著

84 **現代フランス社会を知るための62章**
三浦信孝、西山教行 編著

85 **ラオスを知るための60章**
菊池陽子、鈴木玲子、阿部健一 編著

86 **パラグアイを知るための50章**
田島久歳、武田和久 編著

87 **中国の歴史を知るための60章**
並木頼壽、杉山文彦 編著

88 **スペインのガリシアを知るための50章**
坂東省次、桑原真夫、浅香武和 編著

89 **アラブ首長国連邦（UAE）を知るための60章**
細井長 編著

90 **コロンビアを知るための60章**
二村久則 編著

91 **現代メキシコを知るための60章**
国本伊代 編著

92 **ガーナを知るための47章**
高根務、山田肖子 編著

93 **ウガンダを知るための53章**
吉田昌夫、白石壮一郎 編著

94 **ケルトを旅する52章** イギリス・アイルランド
永田喜文 著

95 **トルコを知るための53章**
大村幸弘、永田雄三、内藤正典 編著

96 **イタリアを旅する24章**
内田俊秀 編著

97 **大統領選からアメリカを知るための57章**
越智道雄 著

98 **現代バスクを知るための50章**
萩尾生、吉田浩美 編著

99 **ボツワナを知るための52章**
池谷和信 編著

エリア・スタディーズ

100 ロンドンを旅する60章
川成洋、石原孝哉 編著

101 ケニアを知るための55章
松田素二、津田みわ 編著

102 ニューヨークからアメリカを知るための76章
越智道雄 著

103 カリフォルニアからアメリカを知るための54章
越智道雄 著

104 イスラエルを知るための60章
立山良司 編著

105 グアム・サイパン・マリアナ諸島を知るための54章
中山京子 編著

106 中国のムスリムを知るための60章
中国ムスリム研究会 編

107 現代エジプトを知るための60章
鈴木恵美 編著

108 カーストから現代インドを知るための30章
金基淑 編著

109 カナダを旅する37章
飯野正子、竹中豊 編著

110 アンダルシアを知るための53章
立石博高、塩見千加子 編著

111 エストニアを知るための59章
小森宏美 編著

112 韓国の暮らしと文化を知るための70章
舘野晳 編著

113 現代インドネシアを知るための60章
村井吉敬、佐伯奈津子、間瀬朋子 編著

114 ハワイを知るための60章
山本真鳥、山田亨 編著

115 現代イラクを知るための60章
酒井啓子、吉岡明子、山尾大 編著

116 現代スペインを知るための60章
坂東省次 編著

117 スリランカを知るための58章
杉本良男、高桑史子、鈴木晋介 編著

118 マダガスカルを知るための62章
飯田卓、深澤秀夫、森山工 編著

119 新時代アメリカ社会を知るための60章
明石紀雄 監修　大類久恵、落合明子、赤尾千波 編著

120 現代アラブを知るための56章
松本弘 編著

121 クロアチアを知るための60章
柴宜弘、石田信一 編著

122 ドミニカ共和国を知るための60章
国本伊代 編著

123 シリア・レバノンを知るための64章
黒木英充 編著

124 EU（欧州連合）を知るための63章
羽場久美子 編著

125 ミャンマーを知るための60章
田村克己、松田正彦 編著

126 カタルーニャを知るための50章
立石博高、奥野良知 編著

127 ホンジュラスを知るための60章
桜井三枝子、中原篤史 編著

128 スイスを知るための60章
スイス文学研究会 編

129 東南アジアを知るための50章
今井昭夫 編集代表　東京外国語大学東南アジア課程 編

130 メソアメリカを知るための58章
井上幸孝 編著

131 マドリードとカスティーリャを知るための60章
川成洋、下山静香 編著

132 ノルウェーを知るための60章
大島美穂、岡本健志 編著

エリア・スタディーズ

133 現代モンゴルを知るための50章
小長谷有紀、前川愛 編著

134 カザフスタンを知るための60章
宇山智彦、藤本透子 編著

135 内モンゴルを知るための60章
ボルジギン・ブレンサイン 編著　赤坂恒明 編集協力

136 スコットランドを知るための65章
木村正俊 編著

137 セルビアを知るための60章
柴宜弘、山崎信一 編著

138 マリを知るための58章
竹沢尚一郎 編著

139 ASEANを知るための50章
黒柳米司、金子芳樹、吉野文雄 編著

140 アイスランド・グリーンランド・北極を知るための65章
小澤実、中丸禎子、高橋美野梨 編著

141 ナミビアを知るための53章
水野一晴、永原陽子 編著

142 香港を知るための60章
吉川雅之、倉田徹 編著

143 タスマニアを旅する60章
宮本忠 著

144 パレスチナを知るための60章
臼杵陽、鈴木啓之 編著

145 ラトヴィアを知るための47章
志摩園子 編著

146 ニカラグアを知るための55章
田中高 編著

147 台湾を知るための60章
赤松美和子、若松大祐 編著

148 テュルクを知るための61章
小松久男 編著

149 アメリカ先住民を知るための62章
阿部珠理 編著

150 イギリスの歴史を知るための50章
川成洋 編著

151 ドイツの歴史を知るための50章
森井裕一 編著

152 ロシアの歴史を知るための50章
下斗米伸夫 編著

153 スペインの歴史を知るための50章
立石博高、内村俊太 編著

154 フィリピンを知るための64章
大野拓司、鈴木伸隆、日下渉 編著

155 バルト海を旅する40章　7つの島の物語
小柏葉子 著

156 カナダの歴史を知るための50章
細川道久 編著

157 カリブ海世界を知るための70章
国本伊代 編著

158 ベラルーシを知るための50章
服部倫卓、越野剛 編著

159 スロヴェニアを知るための60章
柴宜弘、アンドレイ・ベケシュ、山崎信一 編著

160 北京を知るための52章
櫻井澄夫、人見豊、森田憲司 編著

161 イタリアの歴史を知るための50章
高橋進、村上義和 編著

——以下続刊

◎各巻2000円
（一部1800円）

〈価格は本体価格です〉

米墨戦争前夜のアラモ砦事件とテキサス分離独立 アメリカ膨張主義の序幕とメキシコ
世界歴史叢書　牛島 万　◉3800円

カリフォルニアのワイン王　薩摩藩士・長沢鼎
宗教コロニーに一流ワイナリーを築いた男
上坂 昇　◉2600円

アメリカを動かすスコッチ＝アイリッシュ
21人の大統領と「茶会派」を生みだした民族集団
越智道雄　◉2800円

超大国アメリカ100年史 戦乱・危機・協調・混沌の国際関係史
松岡 完　◉2800円

アメリカの黒人保守思想　反オバマの黒人共和党勢力
上坂 昇　◉2600円

映画で読み解く現代アメリカ　オバマの時代
越智道雄監修　小澤奈美恵、塩谷幸子編著　◉2500円

カナダ移民史　多民族社会の形成
世界歴史叢書　ヴァレリー・ノールズ著　細川道久訳　◉4800円

現代アメリカ移民第二世代の研究 移民排斥と同化主義に代わる「第三の道」
世界人権問題叢書86　アレハンドロ・ポルテス、ルベン・ルンバウト著　村井忠政訳　◉8000円

物語　アメリカ黒人女性史（1619－2013）
絶望から希望へ　岩本裕子　◉2500円

アメリカのエスニシティ　人種的融和を目指す多民族国家
アダルベルト・アギーレ・ジュニア、ジョナサン・H・ターナー著
神田外語大学アメリカ研究会訳　◉4800円

肉声でつづる民衆のアメリカ史【上巻】
世界歴史叢書　ハワード・ジン、アンソニー・アーノブ編　寺島隆吉、寺島美紀子訳　◉9300円

肉声でつづる民衆のアメリカ史【下巻】
世界歴史叢書　ハワード・ジン、アンソニー・アーノブ編　寺島隆吉、寺島美紀子訳　◉9300円

まんがで学ぶアメリカの歴史
ラリー・ゴニック著　明石紀雄監修　増田恵里子訳　◉2800円

トランスナショナル・ネーション　アメリカ合衆国の歴史
イアン・ティレル著　藤本茂生、山倉明弘、吉川敏博、木下民生訳　◉3100円

叢書グローバル・ディアスポラ6　**ラテンアメリカン・ディアスポラ**
駒井 洋監修　中川文雄、田島久歳、山脇千賀子編著　◉5000円

グローバル化時代を生きるマヤの人々
宗教・文化・社会　桜井三枝子　◉4700円

〈価格は本体価格です〉